安纳托利亚勇士

赫梯人简史

〔澳〕特雷弗·布赖斯 著

蒋家瑜 译

李政 审校

商务印书馆
The Commercial Press

Trevor Bryce

WARRIORS OF ANATOLIA:

A Concise History of the Hittites

Copyright © 2019 Trevor Bryce

This translation is published by arrangement with Bloomsbury Publishing Plc.

谨以此书献给吾之爱妻纳恩（Nan），

感谢她对本书以及我整个学术生涯中很多

其他项目的不懈支持和耐心。

推荐序

一部思路新颖、编排巧妙、思想活跃的历史文化成果

《安纳托利亚勇士：赫梯人简史》（*Warriors of Anatolia: A Concise History of the Hittites*）一书是澳大利亚赫梯学学者布赖斯新近出版的一部成果。作者长期以来从事赫梯历史文化的研究，先后出版了《赫梯早期历史阶段主要的历史文献》（1983）、《赫梯世界的生活与社会》（2002）、《古代近东诸大王间的书信》（2003）、《赫梯人的王国》（1998、2005）和《新赫梯诸王国的世界》（2012）等著作。在本书中，他站在整个古代近东世界的视野下，结合他本人对赫梯国家历史文化发展重大事件、重要人物和特色文化现象的把握和认识，紧跟国际赫梯学前沿学术研究动态，注重吸纳新史料和新成果，另辟蹊径，选取了二十五个专题，内容丰富，涉及面广泛，展现了赫梯历史的跌宕起伏和丰富多彩、特点鲜明的文化成就。因此，本书可谓作者书写的一部思路新颖的赫梯人的文化简史。

本书的一大特色是编撰体例的创新，突破了以往出版的赫梯历史文化类著作通常采用的编撰体例，不再简单以任何历史阶段、王朝更替或文化领域的分层作为全书的框架，目录中更是没有出现任何一个赫梯

国王的名字。巧妙的是，本书还成功地掩盖了以时间轴为书写逻辑的安排。在扼要介绍赫梯文明的重现之后，作者更多是以赫梯人的笔触和赫梯历史文化的一些典型现象来讲述他们的历史文化，带着我们进入赫梯人的历史文化的语境之中。

从揭幕赫梯时代的晨曦开始，作者接着叙述他选取的其他二十二个特色主题，串联起赫梯历史文化的进程和特色。"一位生病国王的遗产"和"如今杀戮已司空见惯"勾勒了赫梯国家早期的历史，前一章节揭示了哈图西里一世的历史贡献，确立了赫梯国王应具备的品质；后一章节借用赫梯人自己的总结，指出赫梯国家王权争夺的尖锐化和斗争的残酷状态，展示了铁列平国王建立王位继承法的雄才大略。本书秉持赫梯历史早期帝国的观点，从"一个帝国的环境""打造一个帝国""雄狮还是猫咪？"和"从濒临灭亡到霸权的开端"这些别出心裁的认识角度出发，把握赫梯国家在早期帝国时期面临的各种挑战，显示了赫梯国王在复杂多变的困难条件下的能力和在政治、军事和外交政策等方面的不懈努力。在此基础上，作者将赫梯国家发展史上出现的濒临灭亡的窘境与重新崛起建构起来，再次强化了赫梯历史发展的动态过程。

本书接着以"最伟大的王国""诸神的中间人：赫梯的大王""别无选择的国王""与埃及的战争""国王的所有兵马：赫梯军事机器""将要成为国王之人"和"精英联谊会：王室弟兄俱乐部"等专题，再现了诸如苏皮鲁流马一世、穆尔西里二世、穆瓦塔里二世和哈图西里三世等国王的世俗和宗教职责，他们的胆识、魄力、英勇顽强和足智多谋，战胜古埃及法老的辉煌战绩，赫梯人的军事文化特征，以及赫梯国王在近东大国世界中兄弟地位的确立和巩固。这样的叙事视角同样不拘一格，表达方式巧妙多样，更加具有吸引力，有力地突出了赫梯国王的伟大，准确地把握了赫梯国家强有力的发展和成为古代近东地区最伟大的一个国家的历程，赫梯帝国不再是一个神话故事，不是自封和乞求来的，而是创造和赢得的结果，这份大国尊重是赫梯国王政治、军事和外交政策全面胜利的结果。

勇士的历史终将谢幕。本书挖掘出赫梯帝国晚期赫梯国家内部存在的主要矛盾，在分析"为帝国的生存而战"和"帝国的灭亡"这两方面的基础上，作者尽可能梳理了一代帝国灭亡的可能的各种原因，除了海上民族的入侵，重点讨论了赫梯国家内部面临"到处都是王权种子"的危机和考古学家们关于帝国灭亡的最新观点，当然，作者也大胆地提出了他关于赫梯国家灭亡的一个假设。虽然瘟疫这个提法具有十足的迷惑力，但是，或许，这个大胆的观点有些过于异想天开了！

对赫梯文化的展现尽管不是面面俱到，但是，本书专题关注的领域恰恰也是特别值得赏识的，无不体现出它们在赫梯文明史上的特殊价值。女性在赫梯国家社会生活中的地位如何？作者为何选取这个议题？本书通过"女人、婚姻与奴隶"和"权力合伙人：赫梯国伟大的王后们"这两个部分回答了赫梯国家不同社会地位的女性的权益和地位。女性（包括女奴）在婚姻、生产劳动所得、财产拥有、宗教活动乃至量刑等各个方面的权益都得到不同程度的保护，这样的情况在诸如《赫梯法典》等文献中得到证实。一个独特的文化现象是，在赫梯国家，王后的身份和地位可以延续，并不随其丈夫的去世而结束。因此，在赫梯历史上出现了两位王后与三代国王、多位王后与两位国王分享国家管理权力的现象。她们除了作为王后具有强大的政治地位，还享有最高女祭司这样的称号和宗教特权，在赫梯国家的经济生活中很可能也握有大权。正如作者指出的"令人敬畏的普都海帕"，事实上，诸如阿什穆尼卡尔、来自巴比伦的塔瓦娜娜和塔努海帕等王后在赫梯历史和文化的创造活动中也都发挥了不同程度的影响力。

"司法与普通百姓"和"请勿言性，我们是赫梯人"这两个专题的命名吊足了读者的胃口。前者以讨论《赫梯法典》和某些训诫条例等文献为中心，重在展示法律给予赫梯国家普通百姓等群体权益的保护和公平正义原则的贯彻，凸显其民法的价值和正义的精神；后者展示了赫梯国家性行为的规范和文明化的程度，不仅兄妹婚是他们的一项禁忌，诸如家庭成员之间的其他一些性行为、人与动物之间的性行为也受到严格的禁止或者规范。我们不得不承认，赫梯国家的法律精神和性行为规范的历史文化价值在古代世界同样具有特殊价值。

赫梯人的宗教文化同样受到特别的关注。"神庙与官府之城：都城"这一部分介绍了哈图沙都城的格局和主要建筑，包括暗门、城墙和宫殿，特别是结合丰富的图片介绍了神庙建筑的规模、分布情况和神庙遗址内部的结构等内容，点明了赫梯人的都城是一座名副其实的神庙和诸神之城。作者看到了赫梯国的神灵们的数量之多，将赫梯国家概括为"千神之国"。这个总结既体现出赫梯人的宗教观，也表明赫梯宗教文化兼收并蓄的博大胸怀。从亚泽勒卡亚这个露天宗教祭祀场所的介绍到赫梯人的节日庆典活动的交待，赫梯人的宗教活动的核心内容和他们与神灵的主仆关系以及誓言关系也清晰地呈现出来。一千个神灵的毁灭既可以作为对作恶者的诅咒，一千个神灵的保护也可以是赫梯国王向他们的支持者发出的一句祝福。

"健康、卫生和治疗"体现在赫梯国家洁净思想和行为的建立、贯彻以及疾病的治疗等方面。无论是物质层面，还是精神层面，洁净与否被赫梯人视为罪恶是否产生的一个重要来源，它不只是赫梯国家宗教意义上对神灵是否亵渎的体现，也是人们日常生活中关切的重大问题，上至对国王的洁净服务，下至百姓日常生活，赫梯人认识到洁净是他们远离罪恶和保持健康生活状态所必需的。因此，除了他们的医疗文化，所谓的老妇人也在他们的健康与疾病治疗的生活中扮演着比较重要的角色。

当然，虽然目录标题没有顾及，作者在相关专题也兼顾了赫梯人的语言、楔形文字和象形文字以及他们的神话史诗文化等内容，这使得我们的认识少了一份遗憾。

阅读本书常常带给我们一些意外收获，不仅开阔了视野，加深了对赫梯历史文化的理解和认识，有助于改变以往对这个古代文明的狭隘认识，还发现了其潜在的更多的历史文化价值，建立世界古代文明学习和研究的整体观，更加全面认识和看待古代世界文明的起源和发展，认识人类早期文明的多样性和特殊性，摒弃"四大文明"的陈旧观念，重新建立人类古文明起源和发展的客观体系。

本书突破了一般的史实简单叠加和叙述方式单一的模式，史实的呈现角度新颖，且多以叙事的方式展开，有一定的情节化，读来令人回味无穷。作者活跃的思维贯穿其中，一些大胆的想法时常能够引发读者的疑问和好奇。与此同时，作者将各章内容的关联呈现给读者，使得全书各章结构看似独立，实际上，内容环环相扣，没有丝毫脱节，这也增加了本书的故事性和整体性。

看得出来，作者的心愿在正文意犹未尽。在书后，他提供了"赫梯的统治者"和"赫梯历史要事梗概"两则附录，弥补了这部分内容在正文部分的缺失，也使读者有了一个把握赫梯历史编年和重大事件的线索。此外，注释、参考文献以及索引的补充和编排使得本书不失学术价值完整性的同时，它的可读价值和收藏价值也进一步得到体现。

总之，这是一部特别给人以启发和想象力的历史文化普及性专业书籍，作者运用巧妙诙谐的语言和表达方式，概括和总结，勾勒复杂多变的赫梯历史，思考和提炼出赫梯历史文化的特点，不乏个人的一些具有挑战性的观点，揭示了赫梯历史文化发展的动态特征和与同时代其他地区不同的一些历史文化现象。另一方面，作者视野开阔，不时联系和对比古代世界其他地区的历史文化现象，涉及古希腊历史文化和希伯来《圣经》等领域，大大提升了对赫梯历史文化认知的价值和高度。

正如作者自己所言，"希望你享受一个收获满满且愉快的阅读过程"。

译者蒋家瑜博士大学本科专业是英语语言文学，有着较好的翻译训练基础。另一方面，他在硕士和博士阶段分别学习了亚述学和赫梯学，曾留学德国柏林自由大学，参加了在土耳其举办的赫梯学大会，接受了比较系统的专业训练，阅读了数量比较丰富的赫梯语文献，系统学习了赫梯历史文化和赫梯学专题等课程，完成了赫梯学方向的博士学位论文《赫梯人的安塔赫舒节日：文献整理、翻译与研究》，因此，译者有着比较扎实的专业学习背景，了解国内外赫梯学学术研究动态，很好地理解了作者的思想，比较出色地完成了这本书的翻译任务，译文翻译准确，值得一读。

赫梯学长期以来不受国人的重视，老一辈学者的观念根深蒂固，赫梯历史的短暂被认为其文献资料也一定匮乏，而且难以为继进行研究，这个认识长期以来禁锢了我们的视野和远见，影响着一代又一代学子，即便赫梯学的研究如今取得了翻天覆地的变化，我们却依然视而不见，赫梯学不受重视的现状也没有根本改变，这不能不说是一件可悲的事情。

面对国外赫梯学研究的巨变，新文献的出土和新成果的问世已经改变乃至推翻了我们以往的认识，赫梯历史文化已经被重新书写。因此，有必要重新审视赫梯人的文明史。赫梯人的文献编撰史表明，上古时期赫梯文明史的短暂不等同于文献资料的有限，不能简单认为其文献的编撰一定没有特色和缺乏史料价值，不能认为其没有历史影响力的重大事件。事实上，赫梯人的《年代记》的书写被认为是人类历史上最早的历史编纂学的范例，其强大的叙事性、历史背景和因果关系的运用以及客观历史的陈述等都凸显了赫梯人书写文化的突出价值。今天，对赫梯人的遗址考古在不断推进和扩大，赫梯人的文献在这些年不断有新的发现，赫梯学受到西方年轻一代学者的重视，投身于这个冷僻方向的研究，国际学术队伍不断壮大。未来，赫梯历史文化的研究必将迎来一个又一个春天。

63年前，生活·读书·新知三联书店出版了捷克赫梯学家赫罗兹尼的《西亚细亚、印度和克里特上古史》一书的中译本，*这本书的核心是作者全面展示了他破译赫梯语的研究成果，引发了中外学术界的轰动。欣喜的是，**今天，商务印书馆能够重视出版赫梯学领域的专业图书，第一次从国外购买此书的版权，组织翻译这部具有较强

---

* 谢德风、孙秉莹译《西亚细亚、印度和克里特上古史》，生活·读书·新知三联书店，1958年。——笔者注

** 20世纪80年代中期，林志纯教授和杨炽教授建立了中国的赫梯学，培养了中国的赫梯学子，为本书的翻译和校对打下了比较坚实的基础。我们在此向我们的老师们表示真诚的感谢。——笔者注

学术性的赫梯历史文化研究的成果，这不愧又是一次魄力之举，值得高度赞赏。我们因此多了一份感慨和欣慰！也平添了一份喜悦。《安纳托利亚勇士：赫梯人简史》是一部比较全面展示赫梯历史文化特点的成果，它的出版弥补了我们国家外国古代历史文化译著出版领域中的一项缺憾，是国内出版的第一部完整意义上的赫梯学专业类普及性译著，因此，我们更加相信这部译著的出版将为赫梯学与古代安纳托利亚文明研究在中国的普及和发展助一臂之力。

李 政

北京大学外国语学院西亚系教授

2021 年 8 月

插　图

（除特别注明外的所有插图均由作者提供。）

致　谢

首先，我要感谢 I. B. 陶里斯（I. B. Tauris）出版社的编辑亚历克斯·赖特（Alex Wright），他邀请我写作这本书，不仅对书的类型提出了建议，还见证了这本书从无到有的出版过程。我还要真诚地感谢 I. B. 陶里斯出版社的其他编辑人员，他们见证了这本书的完稿。

在本书的各个准备阶段，昆士兰大学历史与哲学研究院在基础设施方面提供了重要的支持，在此也一并致谢。

我还想对提供了插图的以下诸位的无私奉献表达特别的谢意，他们分别是保罗·巴特勒（Paul Butler）、乌穆特·乔马克（Umut Çomak）、托尔加·奥尔内克（Tolga Örnek）和乔纳森·塔布（Jonathan Tubb）。具体信息会在插图列表中体现。[*]

---

* 因版权问题，这部分插图并未用于中译本。——编者注

目录

引　言

　　如今到安卡拉的任何地方，你都会发现赫梯人的痕迹。你可以招手拦下"赫梯租车服务"的出租车，让它把你拉到一个名为"赫梯餐馆"的地方，或者你也可以和司机谈好价格，驱车前往东部 160 公里开外的赫梯都城哈图沙（Hattusa）。在那个名为博阿兹卡莱（Boghazkale）的现代村庄，你可以在一个带有"欢迎来到哈图沙"（WELCOME TO HATTUŞA）字样的旅馆过夜。回到安卡拉后，你可以入住一家名为"卢伽尔"（LUGAL）的酒店，该词在赫梯铭文里的意思是"国王"。沿着一条去往安卡拉中心商业区的大街，你会看到一头雄鹿的巨像，雄鹿的两侧分立着两头公牛，这三头动物被一个圆盘状的拱形圈框在一起。该纪念像是一座古安纳托利亚雕像的巨型复制品，雕像寓示着赫梯人与现在的本地人之间可能存在的联系（尽管雕像原品实际上属于赫梯人之前的时代）。继续环顾四周，在从饼干到汽车的各种现代物品上，你都会发现赫梯人的印记。

　　毫无疑问，如果你想更多地了解土耳其人在青铜时代的这些先辈，那考察当地书店值得作为一个起点。我最近去安卡拉，在郊区的商场里发现了一家书店，它有一堆关于赫梯人的书籍，几乎比旁边丹·布朗（Dan Brown）、克莱夫·库斯勒（Clive Cussler）的著作以及其他机场

图1 现代的赫梯式迎宾。

畅销书还要多。事实上，当时我穿着短袖，胸前印有"Hititleri"（土耳其语的"赫梯人"）字样，衣服背面是 12 位全副武装的赫梯神灵队列，这让我购物时享受了折扣。回到宾馆后，我享受完土耳其软糖中的最后一块——它们是当地一位东道主赠送的礼物，装在一个精美的玻璃容器中，容器表面环饰着一排金色的赫梯雄鹿。

在邀请我写赫梯人时，I. B. 陶里斯出版社的编辑亚历克斯·赖特说，他希望这本书为学生和普通读者提供的不仅限于赫梯历史和文明的关键信息。当然，此类信息是了解这些"安纳托利亚勇士"的基础。但亚历克斯也同样在寻求"多一些大胆，少一些刻板""全新的角度和崭

图 2　雄鹿容器。

新的视野"，他想找到一些东西，以便能让本书读者"在所探讨的话题上以新奇且兴奋而又意想不到的方式"来进行思考。在本书的写作过程中，我一直将这条忠告铭记于心。我往往因自己的一些想法而陷于险境，有时也会把身为读者的你牵扯进来。我将诚邀你一起思考散落在书中的诸多问题和疑惑。准备好接受这份邀请了吗？一双全新的眼睛也许恰好能够发现那些逃过了专业学者法眼的事情。

　　无论如何，倘若你发现我的书有些许颠覆传统和离经叛道，我亦无法表示歉意，那就是我的本意。但需要强调的是，我对此已颇为谨慎。最重要的是，本书目的是提供有关赫梯历史和文明的可靠导论，这将触及赫梯世界的多个方面，在某些方面会有更深的探究，并在长期悬而未决的问题上提出许多新的想法和途径。我希望所有这些都是限定在历史可靠性甚至是可证性（至少目前是这样）的范围之内。

让我们概览一下时间和空间的范围。赫梯文明所涵盖的时代跨越了500年，即从公元前17世纪到公元前12世纪早期。用现代考古学的术语来说，赫梯历史始于青铜时代中期末，持续到青铜时代晚期末。附录二的历史要事梗概将提供更多的细节。令人遗憾的是，我们没有王表（在其他几个古代文明中都有）来提供赫梯国王确切的统治时间。因此我们只能将一些大概日期对应他们的统治，少数情况下可能还要将这些日期与埃及和巴比伦的国王们相关联。但那也不能排除其复杂性。对此我无法深入探讨，仅仅是简单地给出三种有关赫梯历史年代学的建议——高位、中位和低位的年表。本书所采用的即是中位年表。

那下文经常突然出现的术语"安纳托利亚"（Anatolia）又如何呢？事实上，这一术语源自希腊语 anatole，"升起"。它被用来指代希腊人眼中的"（太阳）升起"之地。早在公元10世纪，"安纳托利亚"就被用于指称现代土耳其，尤其指占它（土耳其半岛）三分之二的西部，有时更具体地指代土耳其的中部高原。Anadolu 则是该名字的土耳其语形式。安纳托利亚的一个最显著特征是其高原海拔超出了海平面1000米。赫梯的核心区域——赫梯人的王国则位于高原的中北部，现在我们称之为赫梯人的腹地。高原的北部以蓬蒂克山脉（Pontic mountains）为界，南抵托罗斯山脉（Taurus ranges），向东并入亚美尼亚山脉（Armenian mountains）。这些山脉将高原与安纳托利亚其他区域明显地区分开来。在西部，高原更加缓和地坡降至爱琴海海岸。

叙利亚也将在我们的赫梯人故事里占有突出的位置，因为它在青

图3 安纳托利亚（美国国家航空航天局卫星地图）。　　　注：书中地图系原书地图

铜时代晚期的近东世界中提供了国际主导权的关键。这是因为它地处这个世界的十字路口，西北连接安纳托利亚，东邻美索不达米亚，南抵阿拉伯半岛，西南为埃及。很多国际交往的路线都经过此地，和平与军事目的兼而有之。在青铜时代的语境下，我们用"叙利亚"指代介于幼发拉底河与地中海东部之间的广袤区域（现代政治国家叙利亚当然是延伸过了幼发拉底河）。自青铜时代以降，在近东历史上的很多时期，那个时代的霸主们都在寻求对该区域的控制，也常常为此相互攻伐。正如你所见，叙利亚不仅密切关系到赫梯王国的兴衰，同样也关系到该王国如何逐步重现于世。

在试图重建赫梯人生活的世界时，我们尽可能地让赫梯人替自己说话。现在通过英译本我们可以相对容易地读到他们大部分的重要文献。我已经在参考文献和注释中用星号标出了这些文献。

写作此书最富挑战性的一个任务在于，我要遵守出版社 85,000 字的限制，尽可能综合描述赫梯人。"简明"是本书副标题中的关键词。如果读者想更深地了解赫梯人，我已在注释中就许多话题的讨论给出了更详细的参考资料，此处不再赘述。

引言至此而止，希望你享受一个收获满满且愉快的阅读过程。

第一章　失落世界的重现

想象一下，你乘坐时光机，穿越到3500年前的过去，来到土耳其中部的一座城市，城市由巨石和泥砖建成，周围的城墙则蜿蜒至你目力所及之处。所有人都好奇地盯着你。"水（Water）！"你脱口而出，因为你首先感受到了一股强烈且干燥的夏日热浪。人们立即明白了你的意思。有人匆匆离去，拿来一只装满液体的碗。将碗递给你时，他说："水（Watar）！"

一个陌生世界的显露

让我们前往公元1834年，确切地讲是7月28日这一天。就在我们时间旅行所至的地方，此时正站着一位名叫夏尔·特谢尔（Charles Texier）的法国人，他凝视着眼前荒凉的废墟，满脸疑惑。因为那就是整个城市此时的样子。特谢尔原本是由法国文化部派遣而来，想在此地附近寻找一个名为塔维母（Tavium）的古代凯尔特人的定居点。然而塔维母所处的时代是古罗马统治土耳其时期。特谢尔对此时脚下的这座城市一无所知，但他意识到，它比塔维母更加古老，规模也更加庞大。那些在其辉煌时期令人印象深刻的建筑和巨大的城墙如今已完全消失，但其墙体的石基和建筑的地基依然见证了这座城市曾经的辉煌。遗留下的数座雄伟的城门也是如此，其中一座尤其引起了特谢尔的关注。这座城门上雕刻着一个超过两米高的人像，它戴头盔、着短裙、手持斧与剑，显然描绘的是一位勇士。但那也就是特谢尔所能讲述的一切，因为他从未见过其他类似的肖像。

当一些本地人把他带到这座伟大的城市附近一块巨型露天岩石旁边时，他更加困惑不解。它被称为"亚泽勒卡亚"（Yazılıkaya）——土耳其语，意思为"刻画的岩石"。特谢尔在此看到了两排雕刻的肖像，身着奇装异服且彼此靠近。紧挨着个别肖像，还有一些符号，虽然磨损

图 4　今天的亚泽勒卡亚。

但依然可辨，是一些奇怪的图画符号。这些符号也许代表着一种文字形式，它们的图画特征让人联想到埃及的象形文字。但它们完全不像埃及的象形文字。在岩壁上还刻画着另外一些奇特的图像：一把直插入土的人首形剑；一组12个完全相同的人像，它们身着短裙、头戴圆锥帽、脚穿足尖上翻的鞋、手持半月形弯刀，俨然呈现出奔跑或疾走状态。还有两幅人像则头戴圆边帽、手拿尾部卷曲的权杖。这些人像中有一个人像与另一个更高大的人像相伴，后者戴着有角的圆锥帽，手臂以看似护佑的姿势环抱其同伴。一些奇怪的"象形文字"符号也刻写在人像的旁边。特谢尔痴迷于他的发现，对很多人像进行了素描。但它们究竟是什么，他却一无所知。

揭　秘

数十年后，奇怪的城市和附近刻画的露天岩石之谜才得以解开。此事如何完成本身即是一个引人入胜的故事，它由几条不同的线索组成。让我们挨个考察这些线索，并考虑它们之间如何交织，以便得出最后的答案。

线索一:《圣经》中有一个为人熟知的族群，名为"赫人"（Hittîm），我们称为"赫梯人"（Hittites）。有时他们被称为"赫人（Heth）之子"——因此德语中对赫梯人的命名为 Hethiter。《圣经》中有几个赫梯人是我们熟知的，例如命途多舛的乌利亚（Uriah），他因被大卫王派往战场而死，如此一来，大卫才能够自由地亲近他美丽的妻子拔示巴（Bathsheba）。《圣经》涉及的大部分内容显示，赫梯人只是众多小部落中的一支，这些部落生活在巴勒斯坦南部的犹地亚山地（Judaean hillcountry）。但在《旧约》的少许段落里，有迹象表明存在一个具有更高地位和权力的"赫梯国家"。最为著名的即是在《列王记下》中，阿拉米人对另外一人说："这必是以色列王贿买赫人的诸王和埃及人的诸王来攻击我们！"（《列王记下》7：6）。这一片段能断代到公元前9世纪先知以利沙（Elisha）的时期，它不仅提及赫梯诸王，还将这些国王的地位等同于埃及的法老。

线索二：1822年，法国学者让-弗朗索瓦·商博良（Jean-François Champollion）成功破译了埃及象形文字以及用它书写的语言，这一成功与著名的罗塞塔（Rosetta）石碑密切相关。它成为向我们揭示数以千计的埃及铭文内容的起点。这些铭文中有时提到一个名为Ht（发声常为Kheta）的国家。这显然曾是一个重要的国家。法老拉美西斯二世（错误地！）*宣称在著名的卡迭什之战（Battle of Qadesh）中战胜了它，此役发生于叙利亚西部的奥龙特斯河（Orontes River）。一位更早的法老图特摩斯三世（Tuthmosis III）在他征战叙利亚北部时与它也有接触。

线索三：1830年代，以古波斯语、巴比伦语和埃兰语三种语言书写的悬崖铭文（位于伊朗西部的所谓"贝希斯敦铭文"）为东方学家亨利·罗林森（Henry Rawlinson）破译最重要的古代近东语言提供了钥匙，其中就包括（随后被破译的）亚述语。亚述铭文（特别是时间断代在公元前两千纪晚期到公元前一千纪初几个世纪的那些文献）中的一些段落提及一个名为哈梯（Hatti）的国家，它似乎与幼发拉底河以西、叙利亚北部的一些地区有着特定的关系。

线索四：50年之后，1887年，在埃及一个名为阿玛纳（el-Amarna）

---

* 实际上是败给了赫梯，因此作者在括号中用了"错误地"予以揭示。——译者注

的地方出土了一批泥板，现在统计出的数量为 382 块。阿玛纳位于古代城市埃赫塔吞（Akhetaten）的遗址上，该城新建于公元前 14 世纪中期，本为法老埃赫那吞（Akhenaten）的都城。这些泥板里有 350 块是法老和他的附属国以及外国统治者之间的往来通信记录。如同亚述的记录一样，很多泥板都提到了一个赫梯国家，其中一例即是给一位赫梯国王的书信。

线索五：19 世纪初，一位古怪的瑞士商人约翰·路德维希·布克哈特（Johann Ludwig Burkhardt）广泛游历近东地区，他身穿东方的服饰，并自称谢赫·易卜拉欣（Sheik Ibrahim）。在造访叙利亚城市哈马（Hama）时，他在巴扎（市场）偶然见到一块石头，它被用于建造房屋。他把石头上一些奇怪的符号解释为一种书写形式，有点类似但又十分不同于埃及的象形文字符号。在出版于 1822 年的《叙利亚和圣地之旅》（*Travels in Syria and the Holy Land*）一书中，他记录了他的发现。

50 年后，在哈马的巴扎建筑物上，人们发现了另外三块有相似刻画的石头，而在阿勒颇的清真寺墙体内，人们也发现一块带有类似铭文的石头。翌年（1872 年），一位名叫威廉·赖特（William Wright）的爱尔兰传教士接到土耳其当地帕夏的许可，撬开这些石头（当地人强烈反对，他们认为这些石头具有神奇的治疗魔力），将它们运往君士坦丁堡做进一步研究。这些石头上的符号很明显类似特谢尔在亚泽勒卡亚发现的那些符号，它们属于同一种古代文字。这种文字如今在很多地方都有发现，不仅在叙利亚，还有安纳托利亚半岛，甚至向西远到安纳托利亚的爱琴海海岸。

合理的错因

现在我们要把这些部分都放在一起。1880 年，圣经考古协会在伦敦举办的一次里程碑式的演讲中，一位学者型牧师——尊敬的阿奇博尔德·亨利·塞斯（Archibald Henry Sayce）大胆地提出了一个非常新颖的观点：《圣经》中的赫梯人是一支建立了庞大帝国的民族，其帝国疆域从安纳托利亚延伸到叙利亚的大部分地区。他的这一结论很大程度上是基于"象形文字"在这些区域的广泛分布——塞斯认为这种文字是赫梯人的书面语言——即便当时谁也不知道这些铭文说的是什么（事实上，威廉·赖特早在数年前就已将此观点发表在一篇名不见经传的文章中，但只有塞斯相信该观点）。

塞斯的演讲可被视作重现一个失落世界的起点。考虑到它的规模（塞斯在他对帝国大小的论断上显然是正确的）以及与它同时代的埃及、亚述和巴比伦并未从人们的认识中消逝这个事实时，它起初究竟是如何失落的？我们将会回到这一问题上，但此时要先对塞斯的观点做一些重要的纠正：

（a）"赫梯人"从不自称赫梯人；

（b）"象形文字"并非以赫梯语书写；

（c）帝国的行政中心并不在叙利亚〔幼发拉底河的卡赫美士（Carchemish）是一个称心如意的地点〕，而是在安纳托利亚中北部；

（d）赫梯帝国时间断代上并不属于铁器时代（自公元前两千纪晚期以来），而应是之前的青铜时代，尤其是青铜时代晚期（自公元前 17 世纪到公元前 12 世纪）。

那塞斯是如何做到既合理正确，又同时存在着谬误偏差的呢？

赫梯语的破译

为了解答这一问题，我们需要前往 20 世纪初。1906 年，德国亚述学家胡戈·温克勒（Hugo Winckler，从当时的描述看，他是一个相当不友善之人）和他的土耳其同行特奥多尔·马克里迪（Theodor Makridi）开始在 70 多年前令夏尔·特谢尔困惑不解的这座城市进行首次大规模挖掘。然而，我们也应承认，对该遗址的第一次官方挖掘是由考古学家埃内斯特·尚特（Ernest Chantre）在 1893—1894 年主持的。该遗址的现代名是博阿兹柯伊（Boghazköy），今天被称为博阿兹卡莱。此处一开始就出土了大量泥板。几乎毫无疑问，该遗址就属于伟大的赫梯帝国的一部分，十年前尚特的挖掘业已证实了这一点。温克勒能够释读相当一部分泥板，因为它们以阿卡德语（亚述语和巴比伦语是其两种主要方言）书写。数十年前，这门语言就已经被破译了，在其所处的时代，它作为国际通用语而广泛流行。但是，大部分泥板却以一种奇怪的、不为人知的语言书写。这肯定就是赫梯人的语言。

早在挖掘的第一年里，从能被释读的文献中可以清楚地看到，该遗址的古代名叫哈图沙。这些挖掘出来的文献毫无疑问地表明，哈图沙是赫梯世界一个非常重要的城市。但它们所证明的却远不止于此！当温克勒研读每天都会用筐装载给他的这些泥板和泥板残片时，他偶然发现一块令他尤为兴奋的特殊的泥板。它是一份和平条约的阿卡德语副本，

13

签约双方为著名的法老拉美西斯二世（有时被称为拉美西斯大帝）与伟大的赫梯国王哈图西里（Hattusili）。除赫梯都城之外，还有什么地方能出现这样的文献呢？温克勒所挖掘的遗址正是赫梯帝国的核心！〔平心而论，我们应该指出，将该遗址视为赫梯都城的实际功劳是属于一位东方学家乔治·佩罗（Georges Perrot），他 20 年前就撰文声称，赫梯帝国的都城是博阿兹柯伊而并非卡赫美士。但直到温克勒的挖掘才为这一论断找到了确凿的证据。〕

阿卡德语泥板为该城和它所统治下的帝国提供了重要的信息。但这一信息却非常有限，用在大部分泥板上的语言（毫无疑问是"赫梯人"的语言）被释读之前，这种状况将依然如此。此项工作由捷克学者贝德日赫·赫罗兹尼（Bedřich Hrozný）在第一次世界大战期间最终完成，他自兵役中解放出来并从事了这项工作。先前很多学者的尝试都失败了。人们至少能够看懂书写该语言所用的文字，因为它曾通用于近东世界。它的发明与青铜时代早期（公元前三千纪）美索不达米亚的苏美尔人有关。他们用芦苇的三角形末端把他们的语言压刻在软泥上，这些芦苇则采自底格里斯河与幼发拉底河的岸边。现代学者称这种文字为"楔形文字"，以拉丁语中表楔形之意的词 cuneus 为依据，因为这种制作下所产生的即是楔状外形。这种创造的文字被包括赫梯文明在内的很多文明广泛采用，在近东世界使用了数千年。

因此，尽管哈图沙泥板上的未知文字所记录的语言依然晦涩难懂，但它们在字面上是能够看懂，或者可以发音的。著名的重大突破来了！在研读文本时，赫罗兹尼偶然间遇到一个句子，音译成我们的字母后读作：nu NINDA-an ēzzatteni wātar-ma ekutteni。NINDA 是一个古苏美尔语字符，这是代表一个单词的符号，它被用于书写不同语言的其他楔形

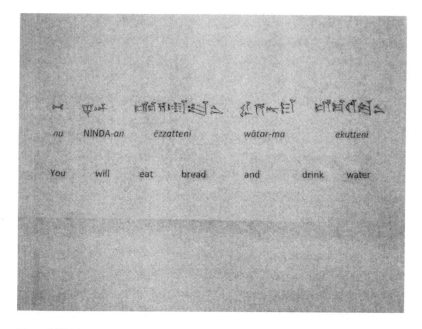

図5 关键性句子。

文字中，并没有什么变化。NINDA 意思是"面包"，因此这句话似乎与食物有关。ēzza-(tteni) 让赫罗兹尼联想到拉丁语 edo 和德语 essen，二者意思均为"吃"。eku-(tteni) 则让人想到拉丁语的 aqua，寓示着该词与水有某种联系。最令人意想不到的是，wātar(-ma) 一词让人想起德语的 Wasser 和英语的 water。赫罗兹尼推断 ēzzatteni 和 ekutteni 是动词第二人称复数形式，意思分别是"吃"与"喝"。由此他将整句话释读为"你们将吃面包，并喝水"。

但他的发现的真正意义在于这句话所得出的结论——赫梯语属于一个非常庞大的语系，我们称之为印欧语。该语系的成员广泛涵盖一系列语言，既有古代的也有现代的，包括梵语、希腊语、拉丁语、英语、德语和现代罗曼诸语。在这些以书面形式保存下来的语言里，赫梯语如今被确定为其中最早的语言。赫罗兹尼的句子为释读和理解德国发掘者在赫梯都城发现的以该语言书写的数千块泥板和泥板残片提供了钥匙。

一位更早的学者曾在 15 年前就把该语言视为印欧语，但在把功劳归于他之前，我们应该暂缓一下。阿玛纳泥板中有两篇是法老和一位国王之间的往来信件，后者是安纳托利亚一个名为阿尔查瓦（Arzawa）国的国王。不同于大部分的阿玛纳泥板，它们所用的语言并非阿卡德语，而是当时的一种未知语言。1902 年，挪威学者 J. A. 克努特松（J. A. Knudtzon）在未能翻译信件的情况下宣称，它们的语言是印欧语中的一支。他当时显然并不知道它是赫梯人的语言。因为那时的赫梯人只是从近乎 3000 年的默默无闻中刚刚重现。遗憾的是，克努特松失去了深信不疑的勇气。他在学术同行们持续不断的反对声中妥协了。他们声称这个想法过于荒谬。毕竟那个时代几乎所有的已知语言都属于闪米特语族，例如阿卡德语和后来的诸如阿拉米语、希伯来语和阿拉伯语。一种与拉丁语、希腊语、英语和法语等相关的语言在如此早期的历史上就出现在世界的这片区域，这种想法非常荒唐与牵强。因此克努特松迫于压力，放弃了他的主张，赫罗兹尼则不得不重新开始。

第二章　赫梯人如何讲述他们自己？

古文字的释读

赫罗兹尼把古代赫梯人的帷幕渐渐拉开，揭示了赫梯人以及他们所生活的世界。那就让我们来探索一下这个世界。但我们首先需要谈一谈泥板、写在上面的楔形文字、文字的书写者和他们这些记录的保存之处。显然大部分的记录都是写在易得的材料——泥板之上，这种主要书写材料在近东世界的使用至少可以回溯到公元前四千纪。

苏美尔文字和所有接下来的楔形文字是由音节构成的。也就是说，一个符号或者一组符号代表一个音节。单元音可独立存在，也可以是辅音＋元音、元音＋辅音、辅音＋元音＋辅音，偶尔也有元音＋辅音＋元音。有时一个符号可以代表一个词，如"神""国王""国家"或者"城市"。苏美尔语对这些词的读法分别是 DINGIR、LUGAL、KUR 和 URU。现代学者称它们为字符。字符有时纯粹是为了表示紧随其后的词语的性质，这种情况下，我们称之为"限定词"。因此，如果 LUGAL 后面紧随着人名，那我们可以知晓探讨中的此人即为一位国王；倘若一个名字前有 URU，我们就知道它是一座城市的名字。在诵读文献时，限定词则不必大声地发音。

由此来看，音节文字由大量的符号构成亦不足为奇，因为你需要考虑到元音和辅音相结合的所有可能性。事实上，最成熟的音节楔形文字包含了 700 多个符号组！如果看图 5，你会发现有些符号组由三个或者四个甚至更多单独刻压的"楔"印构成，每个符号组都表示一个单独的音节。因此，掌握这些文字基本的读写能力必然意味着多年的学习。字母文字则简单得多。我回想起学生时代仅用一个小时就掌握了希腊语字母表，它共有 24 个字母，它们很多都与拉丁字母表中的字母相近。相比之下，我花费一年时间才掌握了赫梯文字的基础，这已算得上仁慈，因为它仅有 300 多个符号组，比其他音节楔形文字更为简短。

在公元前一千纪，近东已经形成了数种字母文字，最著名的莫过于阿拉米语文字，它非常简单易学，由此解释了这种文字为何得以广泛使用。阿拉米语成为那个时代的国际通用语。在叙利亚和巴勒斯坦沿海，腓尼基人发明了一种字母，希腊字母由此演变而来，并扩展成了罗马字母。这些字母以线形符号构成，即符号被画在适合的书写物表面，例如纸莎草和皮革。但在公元前 14 世纪末期或公元前 13 世纪早期，在叙利亚西北部的乌加里特（Ugarit）王国，人们就已经发明了字母文字，它是用楔形文字符号刻压在泥板表面上的。

书吏与他们的泥板

显而易见的问题在于，既然字母文字比音节文字更容易学习和使用，那音节楔形文字为何还在近东世界延续如此之久且广泛传播？所有这些也许与在获得读写术时的传统以及相对"封闭的作坊"有关。在所有古代近东文化中，书吏构成了一个专业化的精英阶层。鉴于大部分人基本上目不识丁，书吏的业务在所有阶层中都必不可少，即使对他们的王族主人而言亦是如此。掌握读写术的难度越大，能够从事此业之人就越重要，他们所享特权亦越多。书吏们——尤其是行业顶端的那些人——所享有的地位，完全值得他们在获取专业技术时所要求的多年训练以及毫无疑问的乏味付出。一些最重要的书吏会成为国王的亲信和智囊。行业最底层的那些书吏则作为簿记员和誊写员，他们期待通过更高层次的要务来实现职业的发展。

因此，想象一下我们可以称为"赫梯世界书写室"的地方，书吏们在此完成了大部分的工作。书写体制的创立与宫廷和神庙密切相关，这二者是赫梯世界都城和地方的中心。赫梯的属国肯定也有此类机构，强加于当地统治者的条约副本在此得以保存，同时还有往来于附庸及其宗主之间的信件和信件的副本。黏土是这些文件最常见的书写材料。但有一种特殊类别的书吏，他们在木料上书写，我们可以从泥板上提及的"木板书吏"得以知晓。

遗憾的是，木板文献未能保存下来，故而我们只能猜测其内容或者作用。它们极可能用于暂时性事务，例如备忘录或公告，或者用于临时性记录账目、谷物分配、物品清单等类似事宜。在安纳托利亚西南海岸曾发现了一艘青铜时代的船只残骸，根据其中的木板遗存来判断，木板可能是双折式的，即两块带铰链的板，板面的凹坑以蜡来填充。写在上面的任何内容可以被轻易地抹掉，一旦需要进行特殊的记录时，这些木板就可以再次被使用。

用于长期或无限期保存的记录则刻写在泥板上。但由于泥板未经烘烤，这在近东世界几乎没有例外，它们的内容在旧泥板损坏之前就需要不断地重抄到新泥板上。重要的文档需要单独标出，分门别类地保存在宫廷和神庙的档案室木架上。所有这些本质上都是宫廷和神庙官僚们所制作的官方文档。赫梯世界仅有少数私人档案得以面世；最著名的被发现于乌加里特的杰出商人和其他市民家中，该地是叙利亚西北部一个赫梯附属国的都城。

然而，都城的一部分和赫梯世界其他中心被大火所毁灭，这些官方或者私人的档案如果不是被意外烘烤的话，它们在赫梯王国覆灭后也不会被长久保存。当贮存泥板文献的房屋被大火毁灭时，存放泥板的架子倒塌，架上之物被砸毁，散落一地。在此过程中，它们经历火烤，由此幸存至今。但即便如此，赫梯都城和王国其他中心的大量文字记录已然永远地丢失了。

我们几乎没有机会去寻找到赫梯世界里一些最为重要的档案原件，例如法老拉美西斯二世和赫梯的哈图西里三世之间的著名条约，他们两人的地位相当。我们从该条约的副本可以得知，它最初被刻写在银板之上。黄金、青铜或者是铁质的板也都曾用于刻写重要的档案，其中铁在青铜时代是一种非常贵重的金属。但所有有此类金属板都消失了，仅有一个例外。1986年在对哈图沙一个城门（"斯芬克斯门"）外的斜坡挖掘中，十分偶然地发现了一块完整无缺的青铜板，它保存完好，品相极佳。它是一款条约，签约双方为赫梯国王图塔里亚四世（Tudhaliya IV）和他最重要的臣属、一位赫梯王室成员库伦塔（Kurunta）。正如我们将要看到的（第二十三章），它还有一些非常重要的历史信息。我们几乎再无可能如此幸运了，但谁知道呢？

赫梯人提供的信息

因此，我们现在可以提出两个基本问题：现存的泥板都包含了哪些信息？我们该如何利用这些信息重构赫梯世界的历史和文明画卷？虽然泥板常常支离破碎，它们却涵盖了非常广泛的话题。它们的内容包括：（a）一系列的王室《年代记》，叙事性地记载了一位国王的军事功绩；（b）国王和外国统治者以及臣属统治者之间签订的条约；（c）国王（有时是他们家族中的其他成员）、外国统治者、臣属统治者和高官之间的往来信件；（d）王室敕令或公告，国王会在其中宣布诸如王位继承一类的事件；（e）节日文献，阐述了很多年度敬神庆典中要遵循的程序——也告诉我们很多赫梯世界的宴会和娱乐活动；（f）200条赫梯法典集的残存副本，它告诉我们赫梯世界的罪行与处罚，包括婚前协议在内的婚姻条款，性禁忌，农业和商业，以及奴隶以上的各社会阶层；（g）传说和神话文献，有些来源于赫梯人之前的安纳托利亚居民，有些源自近东其他文明。

第三章　赫梯时代的黎明

让我们现在开始绘制一幅赫梯世界的画卷。[1] 我们已经注意到，赫梯王国的官方用语是印欧语的一支。但并不能确定操该语言的人来自何处或者何时来。然而大部分学者认为，他们属于一个更大族群印欧人中的一支，源自黑海北岸的某处，也许是俄罗斯草原。大约在青铜时代早期的某些时候，他们与另外两支印欧人一起到达了安纳托利亚北部，因为我们很快就会提及这两支民族，姑且称为帕莱人（Palaians）和卢维人（Luwians）。有些学者则认为，说印欧语的民族一直都在安纳托利亚，直到公元前两千纪才有了明显的族群认同。

该千纪的早期即是如此，在所谓的青铜时代中期，我们就能够识别首次出现在安纳托利亚的印欧语人名。他们被外来的亚述商人记录在文献里，这些亚述商人在亚述和安纳托利亚中北部的城市与王国之间建立了一系列的贸易殖民地。他们的总部是一个名为卡尼什（Kanesh）或奈沙（Nesa，现代的屈尔泰坡，Kültepe）的地方，有时也写作内沙（Nesha），它位于克孜勒厄尔马克（Kızıl Irmak）河（"红河"）的南面。该河在赫梯文献中叫马拉桑提亚（Marassantiya），古代希腊和罗马人称之为哈利斯（Halys，"盐"）河。

此时，该河流域内的地区主要是我们称为哈梯人的民族所有，他们于此定居的时间可能要追溯到数百甚至数千年前。其中有一个王国名为哈梯，都城是哈图斯（Hattus）。到亚述殖民时代末期，这一地区爆发了不少冲突。其中一位名叫阿尼塔（Anitta）的国王征战并击败了哈梯国王，毁灭了哈图斯。他下令在城址上撒上种子，不准再住。阿尼塔的根基在奈沙，这是由其父皮塔那（Pithana）将王国所在地从一个名叫库萨尔（Kussar）的地方迁移至此的，库萨尔可能位于托罗斯山脉东南段。在亚述商人贸易的这片地区，不断增加的动荡局势导致了贸易活动在公元前 18 世纪中期突然终止。接下来的这个时期持续数十年甚至更久，我们对此了解甚少，亦无书面记载。

一个王国的浮现

那就让我们进入赫梯时代的黎明。关于赫梯王国的兴起和早期发展，我们知道哪些呢？我们大部分的信息来自最古老文献的后世幸存副本，这些副本以我们所谓的"赫梯语"书写，它是印欧语的一种。（即便不是所有文献，但有很多早期的文献起初都是用阿卡德语书写，它是一种闪米特语。）事实上，赫梯人称他们的语言为"奈沙的语言"。这一叫法可追溯到亚述人商业殖民时期，此时它大概就是奈沙所用的主要语言。该语几乎肯定是奈沙的统治阶层所说。因此，严格意义上说，我们应该称赫梯语为"奈沙语"。仅仅是因为遵从现代惯例，我们才称它为"赫梯语"。

从赫梯历史上一个相当早的时期开始，王国的管理层就使用这种印欧语作为官方用语。因此，一般认为至少赫梯社会的上层具有印欧民族的血统来源。但此处仍有点问题。传统观点认为，我们所说的赫梯人这支印欧民族横扫了安纳托利亚中北部，并将他们的统治强加于本地居民哈梯人，但该观点不再能够站得住脚了。说印欧语者和讲哈梯语之人早在赫梯王国建立前的几个世纪就开始混合了，我们不能再谈因民族源起而导致的种族冲突。目前我们最好这样说，公元前17世纪早期，一个保持着印欧人传承的族群在安纳托利亚中北部建立了一个王国，开启了一个在余下的青铜时代里都统治着哈梯的王朝。

至少这个王朝最初所统治的民众主要是哈梯人。哈梯语的残余还保留在赫梯文献的许多段落中，它们通常具有仪式性质，且以术语hattili（说哈梯语的）为标记。但在更广泛和更普遍的层面上，"哈梯"一词贯穿了赫梯的历史。我们所谓的"赫梯王国"就是指赫梯和其他近东文献中提及的"哈梯国家"（Land of Hatti）。而被我们称为"赫梯人"的民族则可以简单地理解为"哈梯国家的人民"。也就是说，王国的居民对他们自己的界定，并非根据统治阶层的民族认同，而是以居住区的传统地名来定义，[2] 他们的数量随着各民族人口的增长而增多。我们坚持使用"赫梯王国"和"赫梯人"的术语——如今我们对此更加了解——仅仅是反映了一个古老的假设，即我们书中的主题和《圣经》里被称作 Hittîm 的民族有关，其对应的英语即是 Hittites。如果非要说青铜时代的"赫梯人"和《圣经》中的"赫人"存在着某种联系的话，那他们之间就是一种非常微弱的关系。[3]

我们也已经知晓，在安纳托利亚存在着另外两支印欧人。如同说奈沙语之人一样，他们在亚述殖民者的文献中已经得到了证实——帕莱人与卢维人。在某些赫梯语（奈沙语）文献中包含着用他们的语言书写的段落，且通常是仪式性质，这些语言被冠以术语 luwili（亦即"说卢维语的"）和 palaumnili（"说帕莱语的"）。说帕莱语之人生活在黑海南部的部分山区，古典时期称此处为帕夫拉戈尼亚（Paphlagonia）。卢维人分布更为广泛。几乎可以肯定的是，到赫梯帝国末期，在赫梯世界的总人口中，说卢维语之人是最大的群体，他们覆盖了广大的安纳托利亚中部、南部和西部地区。在接下来的铁器时代，他们继续广泛出现在安纳托利亚，尤其是在安纳托利亚南部，同样也包括叙利亚北部地区。他们构成了我们称为新赫梯王国（Neo-Hittite kingdoms）的基础。

现在开始利用主要发现于赫梯都城的文献来重构赫梯世界的历史。我们将从一个常被称为《铁列平敕令》（下文简称《敕令》）的文献开始。[4] 它由公元前 16 世纪后期一位名叫铁列平的国王颁布，我将在后文中解释该文献的主要目的。这里只需一句足矣，它那漫长的历史序言就是我们关于赫梯王国早期历史信息的最重要来源。它以一位名叫拉巴尔那（Labarna）的国王为开端，给我们讲述了他的军事成就。此人的王朝中应该还有两位甚至更多的成员在他之前为王，但他是我们知道其统治的第一人。[5] 在公元前 17 世纪前半叶（据我估计），他统治着安纳托利亚中北部地区众多小国中的一个。在亚述殖民时代末期，该地区更早的王国崩溃后，这些小国才得以出现。

征服或者被征服，这就是新时期的生存法则。确保不被近邻吞并的唯一方法就是击败他们——以先发制人的攻击来吞并他们。这就是拉巴尔那所做之事。根据《敕令》的记载，一个接一个的国家陷落于他的军队之手，他控制了自克孜勒厄尔马克河（此后我们将以赫梯语名字"马拉桑提亚"来称呼它）以南延伸至地中海的一大片疆域。他可能还通过武力将王国扩张到了河流以北，进入了后来成为赫梯版图的核心区域——赫梯的腹地。国家的统一和臣民们（从军队到王室家族的所有成员）对国王的无限忠诚，这是拉巴尔那成功的关键，至少在《敕令》

25

里是如此认为的。

铁列平有充分的理由去强调这些品质。因为内部争斗和叛乱似乎一直困扰着拉巴尔那统治的最后一些年头。他的儿子兼可能的指定继承人，也叫拉巴尔那（根据我的王朝重构），他成为王国北部一次政变的牺牲品。一个独立的政权在此处名为沙纳胡伊达（Sanahuitta）的城市建立起来了。[6] 拉巴尔那所建立的王国是否已经瓦解？

针对这个问题，新的王位继任者回应了一个强有力的"不！"。也许是拉巴尔那一世的孙子兼新国王自称"伟大的国王""塔巴尔那""哈梯国王""库萨尔（城）的统治者"。（塔巴尔那是拉巴尔那的变体，本身就变成了一种王衔，如同尤利乌斯·恺撒之后，罗马皇帝的头衔采用了"恺撒"一样。）这些头衔的最后一个似乎显示了库萨尔是他的王室所在地。你将回想起数代之前，在皮塔那尚未迁都奈沙时，这座城曾是皮塔那和他儿子阿尼塔的龙兴之地。也许新的国王和他的继承者们来自皮塔那和阿尼塔家族的另一个旁支；该旁支留在了库萨尔。我们并没有任何家族关联的确凿证据。但皮塔那和阿尼塔的功绩却成为赫梯王朝传统中不可或缺的部分。

一座被诅咒的城市的复活

让我们再回到这位新的国王。几乎可以肯定的是，他做出了迁都的重大决定。他在杂草丛生的废城重新定居，此处在亚述殖民时期被称为哈图斯。阿尼塔毁灭过哈图斯，并对它进行了诅咒。尽管如此，拉巴尔那重建此城，并以哈图沙来命名。为了纪念迁都之举，他改名哈图西里，即"哈图沙之人"。

那究竟是什么促使他在一个破旧废弃的遗址上建立了一座新的都城呢？

首先，哈图沙拥有建设王室城堡和宫殿的理想位置。这是一片广阔平坦的高地，它因东面和北面的天然屏障而易守难攻。城堡东侧有一深壑，河谷经由此处，继续向北后到达一处陡然峭壁，现在名为比于卡亚（Büyükkaya，"巨石"）。当参观遗址并攀爬沟谷或者驻足在比于卡亚上时，你就会理解这些天然屏障是如何易守难攻。因此你也将会明白现代村庄博阿兹卡莱的名字——"峡谷城堡"（以前叫博阿兹柯伊，"峡谷村"），它就与该遗址毗邻。当结合了它那令人印象深刻的防御工事时，哈图沙的天然防卫至少使得其堡垒区域能够免受敌人的攻击。

此城还有一些其他重要的自然特点。当时这一地区还有茂密的森林——它为供应大量的木材发挥了极其重要的作用，这些木材不仅被用来建造哈图沙的城防、王宫、神庙和居所，同样也用于工具、武器和运输工具的制造。另外一个特点在于，有七处泉眼可以为整座城市全年提供充沛的水源。哈图西里可能也认为迁都于此，他就能够更好地坚持并维护对动荡的王国北部地区的统治，尽管库萨尔作为王族的老家，它在赫梯王室传统中仍占有崇高的地位。

但把哈图沙作为都城也有许多不利因素。首先，因为坐落于安纳托利亚高原上，它处于一个极端恶劣的环境条件之下——夏季酷热干燥，冬季严寒，以至于都城常常被大雪包围，与赫梯其他遍布在安纳托利亚和叙利亚北部的广袤土地和属地相互隔绝。再考虑到国内对农产品的高度依赖，干旱和狂风骤雨一方面会引发该地农作物歉收，或者另一方面会导致应季食物供应的短缺。其次，虽然天然和人为工事的结合在御敌时能够给予都城有效的保护，但马拉桑提亚流域的这一整片地区——赫梯人的腹地在外敌入侵时却又十分脆弱。事实上，它确实多次遭受类似情况的入侵，著名的就有来自美索不达米亚北部和叙利亚北部的胡里人（Hurrian），但同样也来自其他民族。

另选新都也许还帮助哈图西里重申了他对王国北部的控制，通过击溃当地的反叛势力并摧毁其大本营沙纳胡伊达，他最终实现了这一目标。但统治中心的北移又潜在地削弱了他对南方疆域的控制，这极大地拉远了他的施政之地与叙利亚北部的距离，而后者在赫梯世界的历史上扮演着重要的角色。此外，我们还应看到，赫梯人的腹地深处内陆。它在商贸和军事意义层面上并没有出海口，在少数情况下，当它需要进行海上军事活动时，大多需要依靠代理方——通过沿海地区的附属国或者盟友提供船只，而甲板上的水手们则可能是赫梯士兵。

这很可能也非哈图西里所愿。实际上在一次征战中，为了获得对黑海南部的永久性直接控制，他可能曾率军直抵黑海岸边，古典材料中将此处称为蓬蒂克地区。但如果那是他的夙愿，他或者他的继任者都未曾实现。事实上，蓬蒂克地区被一个名叫卡什卡人（Kaskans）的彪悍山区民族所占据，他们不断越过轮廓不清的边境线，袭扰着赫梯的北疆，劫掠城市与村镇。纵观赫梯历史，卡什卡人一直是赫梯北侧的心腹大患。虽然很多国王成功地侵占过卡什卡人的土地，但却从未彻底地征服过后者，或者哪怕暂时性地控制过他们其中的任何一支。

我们还需要考虑一下从库萨尔迁都到哈图沙的现实意义。新的迁居之城不仅要从头开始建设，还至少必须迅速地落成基本的防卫设施，以此来补充天然防御工事，然而在后来两位名叫汉提里（Hantili）的国王中，有一人宣称自己第一个修建了城墙。各种神庙和宫殿都需要建造。当然还有在城中安置居民以及为他们修建居所和其他设施的事宜。

迁居哈图沙及其周边地区本身就是一台大手术，需要一系列的技巧和体力来进行维持，它牵扯从库萨尔和其他城市及地区而来的大规模移民。在整座城市充分发挥作用的过程中，为了维持人们的生活，还需要尽快地种植粮食作物和果园，牧场则需要备好牛羊。

总而言之，哈图沙有充足的理由不该成为都城，它是一座极易受到自然力影响和敌人攻击的城市，又坐落在国土统治的边缘。但事实却是它成了都城。甚至它控制下的王国一度成为近东世界最强大的政治和军事力量。

国际舞台上的赫梯人

为了把赫梯提升至强国地位，哈图西里迈出了重要的一步，他多次率军越过托罗斯山脉，征战叙利亚。其中有两次被记录在现存的国王的《年代记》里，它们最初被刻写在一个非常类似金像的物品上，但现已丢失。[7]从安纳托利亚中北部向东南，越过托罗斯进入叙利亚，光是运输一支大规模军队的后勤就必然复杂且令人望而却步（我们将在第十八章探讨战争的后勤）。一旦军队抵达叙利亚，他开启的军事行动即牵扯巨大的风险。因为他攻击的所有城市都是强国雅姆哈德（Yamhad）的附庸或盟友，这是叙利亚的第一个大国（你以前也许并未听过雅姆哈德，但肯定知道它的都城阿勒颇）。进攻雅姆哈德的任何一个附庸或盟友，实际上就是攻击雅姆哈德自身。这样的行动几乎不可避免地会让这个大国的全部军事力量都降临到入侵者身上。

但哈图西里无所畏惧地继续前进。很显然如果风向有误的话，他点的火就会吞噬自己以及整支军队。他围困、劫掠和毁坏了阿勒颇最重要的一位盟友，即奥龙特斯河北弯道处的阿拉拉赫（Alalah，现代的阿特沙奈丘，Tell Atchana），并且继续蹂躏了数个更多的受雅姆哈德庇护之地。然而他得逞了！因为一些我们不知道的原因，雅姆哈德的国王并未采取任何报复行动（除非类似行动被记载于文献的缺失部分，见下文），哈图西里得以安全返程，他的马车满载着被征服国家的战利品。

《年代记》告诉我们，在哈图西里"第一次"远征叙利亚之后（我们需要对此进行更仔细的研究），国王显然中止了那里的行动，并把他的注意力转向了相反的方向。安纳托利亚西部、远至爱琴海的大部分地方被一个区域联盟所占据，它们被统称为阿尔查瓦国家。后来证明，即便成为赫梯的附属国时，他们对许多赫梯国王而言都是一个麻烦的群体。但这些是阿尔查瓦和赫梯王国早期阶段的关系。阿尔查瓦以一句话进入了我们的故事——哈图西里去往那儿似乎只是进行一次偷袭，带回了牛羊作为战利品。除了仅有的掠夺牲畜之行，他的西征（我们不知道他往西有多远）有何目的呢？我们根本毫无所知。但我们的文本里可能只保留了征战阿尔查瓦的结果，即俘获并向国内运送了大量的牲畜。后来的国王们在军事征战结束时，牛羊成为他们获胜带回的战利品中常见的一部分。

但文献还告诉我们一个重要事件，当哈图西里率军前往阿尔查瓦时，他的离去促使一支来自东部的民族对其核心区发动了攻击。他们是胡里人，赫梯人最可怕的对手之一。在接下来的两个世纪里，赫梯人和胡里人将陷入几乎持续不断的战争状态。此次胡里人的入侵在赫梯国王的众多附属国里引发了新一轮的反叛，只有哈图沙毫发无损。哈图西里的统治，更毋庸说他的王国，都面临着严重的危机。他采取的应对措施仅简要地记载于《年代记》中。他显然是将胡里人赶出了国土（虽然文献并没有告诉我们此事），并通过发动残酷的惩罚性攻击来着手恢复对背叛者的权威。在"下"一年里，他重申了对剩余反叛者的控制，他们早先曾逃过了前者的怒火。沙纳胡伊达就包括在内，它最后被攻占并被摧毁。

整个入侵的经过，攻击与反击都为我们提供了一个先例，它是一个反复出现的主题，贯穿了赫梯历史：远离赫梯权力中心的大规模军事行动会让国土暴露于险境之中，敌人将穿过松懈的边境，入侵几乎是来自任何一个地方。这凸显了赫梯国王们都要面对的一个持续存在的问题——长期性的人员不足。赫梯大部分历史上，在不让本土防御陷入极度险境的前提下，它根本没有足够的力量发动对远距离敌人的大规模军事行动。敌军对本土的成功袭击通常会引发多米诺效应，这会导致王国的很多附属国发生叛乱。各位国王如何处理这一问题，我们稍后将做更细致的考察。

再回到哈图西里的《年代记》。在《年代记》的"第五年"和有记录的最后一年，国王都曾返回过叙利亚。与他早前越过托罗斯山脉的袭击相比，这是一场更具雄心且更加深入的征战。哈图西里宣称自己犹如一头暴怒的雄狮，他率军剑指叙利亚，当一座座城池在其军队面前陷落时，一场毁灭与掠夺的狂欢随之而来。一辆辆马车满载着掠夺而来的战利品，它们都来自被毁灭的城池。他们的雕像、家具、金银以及其他贵重物品都被从宫殿、神庙和其他地方搬出，并被运送到哈图沙。有两位当地统治者曾为保卫他们的城池而苦战，他们被获胜的赫梯国王施以冷酷无情的报复，即被套在了满载着他们的城池掠夺物的马车上。如同驮物的牲畜一般，他们把马车拉拽回征服者的都城。哈图西里因他们的命运而幸灾乐祸。

哈图西里的一项成就尤为值得称道。他在叙利亚的怒火越过了幼发拉底河,触及了美索不达米亚的西部边缘。只有另一位国王曾实现了这一跨越,他宣称:名扬四海的美索不达米亚君主萨尔贡——阿卡德之王,在七个世纪以前从另一个方向越过了此河。

所有这些都是我们从哈图西里的《年代记》中得知。它是我们了解赫梯王国早期历史最重要的文献之一,但在某些方面却有不少问题。首先,哈图西里可能统治了30年,甚至更久。倘若如此,仅从表面上看,他的《年代记》只涵盖了其统治的一小段时间,也许是早期阶段。然而,我们必须谨记,《年代记》的现存版本并非原稿,它只是一系列抄本中的最后一个版本,这些抄本由历朝历代的书吏不断复写传抄而成。这个版本的时间可能是公元前13世纪,即在原稿创作完成的三或四个世纪以后。

那么这一最终版本到底有多接近原稿呢?让我来做如下推测。我们知道,公元前14世纪早期,赫梯王国几乎被敌军毁灭,哈图沙城本身也几近夷为平地(稍后我将谈及此事)。在这场灾祸期间,很多城中所存的记录必然有所遗失。但在毁灭泥板档案库的大火中,有些泥板也许因为意外烘烤而幸存下来,或者完整无缺,抑或残缺不全。这正是如今我们对许多意外烘烤的泥板和泥板残片进行检索时所遇到的情况。我认为,即便文档的主体部分已经丢失,《年代记》的泥板抄本残片也确实存在。从这些碎片上,后世的书吏试图拼接《年代记》中所载的一系列事件,以此努力重建文档。他们所做之事就是将幸存的碎片进行合乎逻辑且有连贯性的汇编,并将这些碎片所记载的事件精简压缩到一个长达五年的时间段里。但这样一来,他们就把实际上可能相隔多年发生的事件归到了一起——如果哈图西里确实统治长久的话。在这个统治期间，他也许对叙利亚发动过多次征战。但有一件事非常清楚，他从未成功地占领过他在叙利亚的首要目标——雅姆哈德王国的都城阿勒颇城。直到他统治结束，阿勒颇依然毫发无损。

哈图西里在叙利亚与其他国家和地区的军事成就令人赞叹，纵然就我们的角度而言，他的对外征战看似纯粹是一场赤裸裸的冒险，因为这对他的王国没有多少长远的政治、战略或者物质利益。那些落入他的军队之手的叙利亚国家和城市，完全不可能被并入他的王国。早期的赫梯国王既没有组织能力，也没有人力去考虑扩大对这些或者任何其他被征服国家的主权统治，毕竟这些地区远离他们的权力中心。哈图西里的征战只不过是横冲直撞和突袭劫掠——为了征服之故而征服。

话虽如此，国王的开拓之举为他赢得了作为一名伟大勇士的美名，在近东地区王室思想观念中这是最重要的王权属性之一。他的战场功绩就其范围而言远超第一位拉巴尔那，这从被洗劫城市所带回的大量掠夺物上得以充分体现，这些掠夺物扩充了赫梯宫廷和神庙的财富，有一部分则留给国王的官员和其他忠实随从，以当作他们服务的报酬。除此之外，哈图西里的辉煌战绩也向他的对手们证明了新兴王国已经令人生畏的军事能力。赫梯国如今已是不可小觑的一股力量。

在结束这一部分故事前，我们还应该提及哈图西里远征叙利亚的一个重要副作用。这些征战还帮助安纳托利亚在亚述殖民时期结束后间接地引入或者重新引入了文字。这是因为来自被征服城池的书吏，他们作为国王战利品的一部分，几乎肯定被夹杂在囚徒里，然后被带到了哈图沙。这些被引进的书吏供职于都城的宫廷和神庙官僚机构，成为赫梯世界第一批制作书面文件之人。他们用楔形文字来书写——但其笔迹是用以书写阿卡德语的巴比伦体，而并非商业殖民者所用的亚述体。也许在他们到来后很快就开始形成了一个本土的书吏阶层。虽然巴比伦语很可能一度暂作赫梯官僚机构的正式用语，但赫梯书吏最终开始将他们的语言用于书面文件，这可能始于公元前 16 世纪中期。在某个过渡阶段，文件以这两种语言书写——我们称为双语文献。

第四章　一位生病国王的遗产

我们现在来看看哈图西里统治末期或者至少这位国王身患重病时期的历史可能是什么样子的。有关此事的信息来自赫梯档案中一份非比寻常的文件。它通常被称作《哈图西里的遗诏》（下文简称《遗诏》），并被保存在公元前13世纪的一份抄本上，该抄本是赫梯语-阿卡德语的双语文本，[1]它记载了发生在赫梯王室祖籍库萨尔的一幕。我们从文中得知，国王哈图西里在该城期间身染重疾。

让我们根据《遗诏》所载来重现这一场景及其发生的背景。

一位生病国王的遗赠

哈图西里病势严重，也许是不治之症。一旦驾崩，他那已经处于危机中的王国也将陷入混乱。王室内部的激烈纷争让一事至关重要，即在他驾崩前确保王位继承做到万无一失。他的高级军官们和其他达官贵人们都已被宣召到卧榻前——因为他有一些要事告知他们。

这些重要人物都是王国内最有权势群体的代表，他们聚集在一起，在国王准备说话时鸦雀无声。一名书吏已经被召来记录他的每一句——也许是他将要说的最后一句话，它们也许对王国的生死存亡至关重要。

赫梯国已经饱受动乱之苦，国王将此主要归咎于他的一双儿女的背叛。他让众人想起他们的"罪行"。其子胡兹亚（Huzziya）曾被任命为塔帕桑达（Tappassanda）的地方长官（除此之外一无所知），他被蛊惑参加了当地的叛乱，反叛了他的父亲。胡兹亚很显然在王国内部广受欢迎，并且很可能是下一个王位继承人，如今他却因叛国罪被捕。然而他的失势只会扩大和加剧国王臣属之间的不满。王国内还有新的叛乱，显然是这位王子的姐妹所为。国王哈图西里最终重申了对这片国土的权威，并流放了自己的女儿，但他的许多臣属已被屠杀。

接着，继承权问题又再次出现。鉴于他的儿子已在争斗中出局，国王哈图西里转向了他的外甥，并宣布将他任命为新的拉巴尔那，即指定的继承人。但这一任命也惨淡收场。业已证明，这位外甥并不适合担当王者之责——因此哈图西里告知众人："他面目可憎，从不伤感流泪，毫无怜悯之心，冷酷无情！"众人还被告知，他屡次无视国王的教诲，反而只听信他铁石心肠的兄弟姐妹和恶贯满盈的母亲之言。借助一个奇怪混合式的动物隐喻，这位国王称他的姐妹为"毒蛇"，当听闻她的儿子被废黜时，她就"像公牛般怒吼"。但这位国王别无选择，他的外甥必须离开。外甥的统治只会给王国招致更多的杀戮和混乱，此事绝不能够发生。他不得不被剥夺所有权力，并像国王的女儿一样（可能儿子亦是如此）被逐出了都城。"至此为止，［家中］无人再敢忤逆我意。"国王哈图西里如此叹息道。

然后我们来看看本次集会的主要目的。由于哈图西里否定了他的外甥，另外可能的王位继承者就只剩一人——国王的孙子穆尔西里（Mursili）。这就是国王向众人所宣布之事。但问题在于，穆尔西里仍是孩童，过于年幼而无法担当王权重任。但除此之外又别无他选。我们现在就完全能够理解国王与本国主要显贵们的会面是何等重要之事。因为他们不仅要支持（又一个）王位继承人，而且此人在未来几年内甚至还不能有效地驾驭这个依然非常不稳定的王国——如果他的祖父实际上就快要驾崩了的话。

到目前为止，还没有固定的王位继承法则。可以确定的是，下一任国王似乎毫无疑问地会与其前任来自同一个家族。但在这个家族内部，该职位是竞争性的，这取决于哪位家庭成员能够成功地为自己争得足够的派系支持，并解决对手和敌人，而王国本身也会在此过程中遭受重创。这就是为何紧急召开的议会支持了生病国王的选择，这对于王国的稳定和安全也可谓至关重要。但哈图西里所求的可并不仅限于他们的同意。尽管在新王年幼期间也许会任命一位摄政者，但保护幼主并教导其掌握王权，让其既可做管理者又能为勇士，这一要务落在了如今围聚在哈图西里床榻边的群臣身上——倘若他们应允了国王所托。

除了书吏插入的一些阐述性注释，《遗诏》几乎可以肯定是对国王所说言语一字不差的记录——并非像大多数王国的官方文件那样，是经过后来整理和编辑的版本。我们不要忽视此事的意义。这些是印欧语系中最早得以保存下来的口语。一位国王跨越了3500多年来与我们进行直接交谈。

照目前来看，这篇演讲犹如一锅大杂烩。国王就继承问题向众人发言时，有些话相当正式、合理，直击要点，给他年幼的继任者提出了忠告，教导他应该如何为王者的艰巨职责做好准备。但演讲中的其他部分充满了愤愤不平的私人控诉，针对的即是被指控背叛了国王的那些人——尤其是他的姐妹，"一条像公牛般怒吼的毒蛇"。她尤其要对她儿子的成长负责。

尽管他们罪恶滔天，国王依然对那些背叛他的人展现了慈悲怜悯之心。叛逆的女儿（可能也有儿子）和被摈弃的外甥并没有被明正典刑。他们所受的惩罚只是被简单地流放出都城，并于所在之处舒适安全地生活。在国王的臣属里，任何人过去所犯的不忠和背叛也不会再受到任何指责。宽恕和仁慈将是全面且无条件的。这契合了和平与和谐的新精神，也正是国王留给他的继任者和臣属们的遗产。

我们现在来看《遗诏》的结尾。国王吩咐，他所说的一切都要记录下来，并每月都宣读给穆尔西里听。然后，他的演讲以给其新继任者的最后一条建议而结束。看上去似乎如此，国王倒在榻上，静默不语，书史则放下笔。但随后国王暂时精神一振，他转向床榻边的一个女人，她被唤作哈斯塔雅尔（Hastayar）。我们并不知晓她与国王的关系。她几乎可以肯定是一位亲密的女眷——可能是他的正妻，也可能是位受宠的妾妃。在叮嘱她数语之后，他最终说道："为我沐浴净，搂我入胸怀，免我染尘埃，（依偎）你胸怀。"〔P. 格德盖布雷（P. Goedegebuure）的译文。〕这些是私语，并不打算记录在案。但遵照他的旨意，书史听到国王又说话，就急忙拿起笔，记下他所说之话，从而确保它们能够永久留存。如此伟大的赫梯统帅，想到自己会死就突然害怕不已，他让哈斯塔雅尔紧抱自己，让他挣脱死亡的枷锁。

这些事件的真相？

纵然这份文档引人入胜，它也留下许多无法解答的疑问。需要记住的是，我们被告知的一切都是直接从国王嘴里说出来的，并没有任何确凿的证据。那有关他对自己家族背叛与阴谋的公然指控，我们是否应该接受呢？国王的控诉是言过其实吗？透过字里行间来看，我的印象是他并未受到广大臣属的积极拥戴，至少在他统治时期，反对他的叛乱也并非完全毫无理由。更重要的是，这种对国王的敌意似乎并未殃及他所有的家庭成员。哈图西里的孩子们似乎就广受欢迎与支持。甚至连被摈弃的外甥也可能是受到了不公的诽谤而已。在两人多次摩擦之后，他才被国王抛弃，而此事的责任也许不该全部归咎到这位外甥身上。虽然他被流放出都城已是不争的事实，但国王向众人保证，他会被赋予优厚的待遇，这可能表明他并非没有极具影响力的支持者。哈图西里所做的承诺可能就是默许了这一点，即以此来平息因罢黜他而引起的怨恨。从《遗诏》中可以清楚地看到，臣属们并未质疑当前王朝统治国家的权利。恰恰相反，许多不满似乎出自一种担忧，即王权将会从自己的手中滑落。这片国土上如此明显的敌对目标是国王，而并非他的王朝。

然后是《遗诏》所发生的背景问题——库萨尔城，王室家族的祖籍。国王在此所为何事呢？库萨尔很可能在王国中继续占有重要地位，而哈图西里也许在巡察所有重要城市的途中逗留于此，并且此时还病倒了。另外一种可能则是，如果此时王国形势持续不稳，哈图西里可能认为离开哈图沙并回到库萨尔才算更安全——至少在与继承相关的问题得以完全解决之前。

我们还应该怀疑《遗诏》是否真的属于哈图西里生命的最后时刻。它像人们常说的那样，是临终之言吗？国王很可能从病中康复，也许只是发烧而已。基于后来一份文档里简短但费解的记载（我们稍后将谈及），他有可能不仅恢复了健康，还继续他在叙利亚的征战，并在那里被杀了。事实上，我们并不能肯定此时他已经开始了远征叙利亚。合理的假设是，只有在他确信自己对王国的掌控是彻底安全的情况下，他才会冒险远离家乡，并携带大量的资源用于叙利亚地区的军事开拓。

一位当之无愧的继任者

无论如何，他实现了最终的王位接班愿望，他的孙子（亦即养子）穆尔西里确实继承了王位。但在那之前，哈图西里很可能继续统治了若干年。在军事义务方面，穆尔西里跟随了他祖父的脚步，这毫不夸张，因为他在叙利亚的远征更进一步。这一切的巅峰是他最终赢得了哈图西里没有获得的奖品——阿勒颇城。伴随着占领并毁灭了该城，他给予雅姆哈德王国致命一击。文献中的一个片段为我们讲述此事，因此我们才得知，在攻占阿勒颇时，穆尔西里"为他父亲（亦即他的祖父/前任）的血报仇雪恨"。这也许意味着，哈图西里在与阿勒颇的持续斗争中已然丧生，留下了他的未竟事业。因此，这表明了哈图西里并未死于库萨尔，反而是后来，也许在更晚些时候才死于叙利亚。

如今他的继承者因战胜了阿勒颇而锐不可当，需要寻求另一个世界去征服。他率军直抵幼发拉底河，顺流而下，剑指巴比伦。他围困此城，占领、抢劫并摧毁了它。因此，在巴比伦国王沙姆舒-迪塔纳（Samsu-ditana）统治期间，该王朝已统治古巴比伦王国近 300 年之久，却至此戛然而止。BBC 纪录片《哈图沙的黑暗之主》（*The Dark Lords of Hattusa*）生动而血腥地再现了赫梯人攻陷巴比伦。根据国王姐夫汉提里的记载，穆尔西里洗劫巴比伦之举"触怒了众神"。但我们也应看到，当汉提里做此论断时，他几乎是正在打磨自己的斧头。

满载着征服阿勒颇和巴比伦之后的战利品，穆尔西里开始了班师回朝的路途。与其前任一样，他并未试图吞并自己征服的土地或者在其上建立统治权。事实上，他的征服为其他势力填充因巴比伦王朝倒塌而遗留下的真空地带铺平了道路。在接下来的岁月中，来自东方的民族加喜特人（Kassites）建立了一个统治王朝，它在余下的青铜时代里主导着整个巴比伦。更直接的问题在于，赫梯人在叙利亚的征服推动了该地区敌人的成长与扩张，它是赫梯最危险的对手之一，我们已经数次见过他们了，即胡里人。

第五章 "如今杀戮已司空见惯"

尽管在余下的王国历史中，穆尔西里确保了自己在赫梯光荣榜上的一席之地，但在东征胜利的数年后，他就成为自己家族阴谋的牺牲品。他被自己的姐夫汉提里暗杀了。铁列平在他的《敕令》中哀叹道："如今（王族中的）杀戮已司空见惯。"有人可能会认为，行凶者很快就会死于非命。但事实并非如此，汉提里成功地活到了相当高寿的年龄。为了赢得应有的认可，汉提里紧随那位被谋杀的前任，并担负着前任作为勇士的责任，他延续了赫梯人在叙利亚的远征，一直抵达了幼发拉底河的卡赫美士。但在他统治期间，王国遭受了严重的挫折。可怕的胡里人进一步入侵，他们公然肆虐、任意掠夺赫梯的腹地，但在被赶出这片土地之前，他们依旧未能攻占哈图沙。

王位继承新规

汉提里之死再次引发了王室内部大范围的王位争夺战，他最初的三位继任者——兹坦达（Zidanta）、阿穆那（Ammuna）和胡兹亚都是通过阴谋和杀戮获取了王权。王国一直都在饱受摧残——附庸们纷纷叛乱，土地遭逢大旱。铁列平声称，诸神参与其中，他们厌倦了王族内部持续不断的纷争，这样的王室犹如处于自毁的模式。到了胡兹亚统治末期，赫梯已濒临瓦解。现在是胡兹亚的姐夫——铁列平隆重登场的时候了。通过为自己篡夺王位的形式，铁列平终结了胡兹亚的统治，他公布了一份安慰性声明，不再有杀戮和报复行动。胡兹亚和他的五位兄弟幸免于难，但为了安全起见，篡位者将他们流放到一个地方，在此处，他确保他们无法发动政变或者任何其他形式的报复行动。

铁列平始于公元前 1525 年左右的统治是否标志着一个新时代的开启？在军事方面，通过赢回他前任统治期间赫梯丢失的许多属地，他确立了作为战争领袖的资格。但最重要的是，他试图把稳定带给赫梯人的最上层社会——尤其是王位。这就为我们引出了他的《敕令》的主要目的：为王位继承制定不变的规则。引向这一点的长篇历史序言虽然为我们提供了有用的历史资料，但它的设计也主要是为了强调一个不言而喻的理念：一个王国团结才能强大，在面对敌人时才能取得伟大的成就；一个王国分裂则会成为敌人的猎物，并有被消灭的风险。一个王国无法团结，除非它从一位国王到下一任之间存在着顺利且正规的继承流程。这就是《敕令》的关键条款：

> 让王子——尤其是长子成为国王！倘若没有长子，就让次子成为国王！但如果没有王子和后嗣，那应该让人们为长公主选定驸马，并让他成为国王！

首先，国王应该由他正妻的儿子接任。如果他的正妻没有子嗣，那他妃嫔所生的儿子也有资格。但倘若他的正妻和妃嫔都无子嗣，那他女儿的丈夫就具备资格了。驸马（antiyant-husband）就是女婿，正式"加入"

43

到他妻子家庭中，并被她父亲作为儿子来收养。通过这种方式，"国王之子"成为下一任国王的可能性得到了扩大。事实上，王国历史上就有数起国王的女婿或者养子成为下一任国王的案例。

新规有用吗？

当然，这一切引出了一个重要的问题。谁能保证仅凭这些话就能结束过去有着极大破坏性的继位之争？责任首先必须要由国王的家人和王国最有权势的官员们来承担。但借用罗马诗人尤维纳利斯（Juvenal）的名言："谁来监督监督者呢？"（quis custodiet ipsos custodes?）铁列平已然想到了这一点。继承规则的执行被赋予一个名为"判库"（panku）的议会。panku 本意是赫梯语形容词"所有的、全部的"，它作为一个术语偶尔出现在赫梯历史早期，表示某种具有监督和司法权力的议会，它确切的构成并不清楚。事实上，它可能会根据所要履行职能的差异而有所不同。在这种情况下，铁列平呼吁一批特定的高官和宫廷官员来监督新规，如果它们被破坏，那就会采取措施。这项措施包括一个审判密谋反对在任国王的流程。倘若被发现有罪，即使身为王族中人，他们也将会获刑！因此，国王个人神圣不可侵犯。

新规有多少成效呢？其结果可谓喜忧参半。像汉提里一样，铁列平可能是自然死亡。但他之后的一系列继任者们大都软弱无能，往往通过常见的阴谋、暗杀和篡位的途径来接任。尽管这些国王看似维持了对大多数王国属地的控制，但他们却不再能够赢得他们王国在哈图西里和穆尔西里在位时所享有的地位和权力。实际上，王国的生存一直都受到它的老对手胡里人的威胁。他们在哈图西里统治时就已经入侵过赫梯的腹地，在穆尔西里的行刺者兼继任者汉提里统治时期，他们更是毫无阻拦地再次入侵。

米坦尼和埃及王国的加入

以胡里人为主的一群国家让胡里人的威胁变得更大了，它们形成了一个强大的政治军事联盟，名为米坦尼（Mittani）王国，它的都城位于瓦苏卡尼（Washshuganni，具体位置不详）。米坦尼的军队自他们在美索不达米亚的北部家乡出发，穿过叙利亚北部，进入了安纳托利亚半岛的最东部，并对该地的大部分区域宣示了统治权。米坦尼军队的核心里有一个可怕的精锐战车军团，名叫"马尔延努"（maryannu），在他们不懈的推进下，赫梯王国的核心地带似乎迟早会被征服。铁列平最初的继承者们里，几乎没有一人能够阻止他们。

但东线传来的也并非全是坏消息。因为另外一个主角——埃及王国已经登上了国际舞台。在公元前15世纪中叶，法老图特摩斯三世追随他早先同名者图特摩斯一世（Tuthmosis I）的脚步，对叙利亚再次发起了征战，并为埃及在叙利亚南部和巴勒斯坦这一大片地区的权力奠定了基础。对赫梯而言的好消息是，埃及的冒进抑制了米坦尼的帝国野心——这才是对赫梯疆土更为直接的威胁。法老也不可能有任何野心将其征服扩及遥远的安纳托利亚，即便他有军事资源去达成此事。因此，当埃及人活跃于叙利亚时，赫梯可以松一口气了，它的一位国王（我们不知道具体是谁）还表示了自己对图特摩斯的感激之情，并用进贡礼物来确保自己的友好善意。米坦尼的其他邻居，巴比伦和亚述的国王也都这样做了——毫无疑问，他们相信埃及已经有效地结束了米坦尼对他们也有的军事野心。

一切好得令人难以置信。虽然图特摩斯在军事方面取得了成功，但他的征战却并未在叙利亚或者巴勒斯坦建立长久的统治。在他的统治即将结束之际，当地发生了多次反对埃及统治的叛乱；在他死后，埃及暂停了在该地区更进一步的活动。这为米坦尼国王沙乌什塔塔尔（Saushtatar）提供了新的机会，他以令人闻风丧胆的精锐战车军团为先锋，重申了他的王国对叙利亚大部分地区的所有权。他首先入侵美索不达米亚北部的亚述，攻占其都城阿淑尔（Ashur），将昔日的大国降到了附庸的地位。然后他越过幼发拉底河，率军踏上了征服和毁灭之路，从叙利亚北部直抵地中海沿岸，而紧邻的即是赫梯王国的南部领土。这个仍饱受长期内部不稳的王国，再一次面临着来自它最危险敌人的重大威胁。

这一切将我们引向了公元前 14 世纪早期，赫梯历史上一个新时代的开始。它有时被称为赫梯新王国，但却始于另一场谋杀。时任国王穆瓦塔里（Muwattalli）被一个名叫图塔里亚的人的拥护者们血腥地处决，其王位亦被后者获得。这对他的统治而言是一个不吉利的开端。但图塔里亚巩固了王位，发动他的军队进行了一系列新的军事开拓，这为赫梯重新崛起为一个国际大国铺平了道路——它是青铜时代晚期近东世界的四大强国之一。

第六章 一个帝国的环境

在第七章里，我们将看到图塔里亚如何着手为赫梯帝国奠定基础。随后，我们将目睹帝国的胜利、挫折、灾难和复兴的进程，直到它最终崩溃于公元前12世纪早期。但首先让我们尝试着重构这些发展所处的自然环境。

图3是安纳托利亚和叙利亚北部的卫星图像，它突出了我们的故事所涵盖地区的主要外观特征。现在看图6《赫梯人的世界》[1]。主要基于我们书写材料给出的信息，这里提供了一幅重构的城市、城镇、王国和国家的布局，它们组成了赫梯人的世界。考古遗迹、地貌特征和其他资料常常补充这一信息。但仍有很多只是推测。这就是考古学家詹姆斯·梅拉尔特（James Mellaart）曾经描述的问题，即"以赫梯地理著称的猜谜游戏"。我们倒也不必如此悲观。自梅拉尔特40年前做此论断以来，学者们已经在赫梯世界的政治地理研究上取得了长足的进步。

重构赫梯世界的地图

无论如何，寻找赫梯人控制下的叙利亚土地总比找到赫梯在安纳托利亚大多数的城市和国家要少一些猜测。这是因为我们能够将书面记

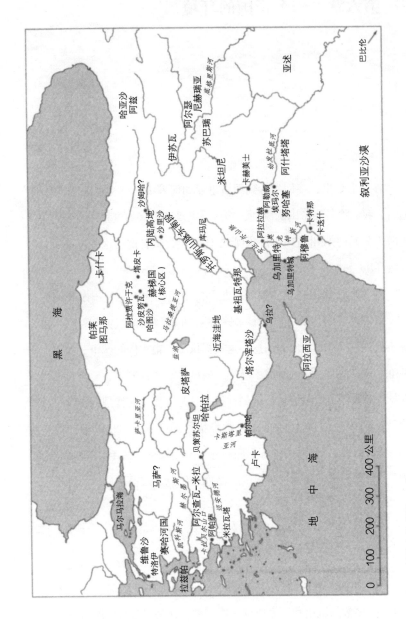

图 6 赫梯人的世界。

48

录中的许多叙利亚城市名与实际遗址相匹配——例如幼发拉底河边的卡赫美士、阿勒颇（赫梯人称其为哈拉颇，Halab/p）、阿拉拉赫（奥龙特斯河北弯道处的现代土丘阿特沙奈）。因此通过大量幸存的泥板档案和建筑遗迹，我们也能辨认出青铜时代叙利亚西部的乌加里特王城，并且对以其为都城的王国（也叫乌加里特）的范围和界线有一个相当清楚的认识。与此类似，埃及在叙利亚南部和巴勒斯坦控制下的许多城市和领地也能够精确地定位，因为它们的后裔至今都还存在，例如黎凡特沿岸的贝鲁特、比布鲁斯（Byblos）、西顿（Sidon）和提尔（Tyre）。以这些城市作为标记，尽管它们的准确边界仍不确定，但我们能够以相当高的精确度来重构叙利亚、巴勒斯坦的诸城邦和较大的王国的网络。

青铜时代晚期的安纳托利亚则是一个相当不同的情况。但让我们从有利的一面开始说。赫梯的都城哈图沙几乎是在 20 世纪早期的遗址挖掘开始时就被辨认出来了。近些年还在"腹地区域"里面或者附近发现了许多其他赫梯城市。从都城的书写记录中，我们早已知道它们，但却不清楚它们的准确位置——直到它们的遗址被挖掘，并在那儿发现了泥板档案，它们的身份才得以确立。它们中最值得注意的是重要的赫梯城市沙皮努瓦（Sapinuwa，现代的奥尔塔柯伊，Ortaköy），它在哈图沙东北 60 公里。如今结合考古和文字证据可以表明，这是王国的一个重要行政管理中心，可能是赫梯军队的一个基地，并且是一个重要王宫（国王巡视此地时的居住之所）的所在地。在宫殿建筑群中发现了大约3000 块泥板。虽然并未完全公开出版，但它们为我们提供了该地日常事务的重要信息，很多都是赫梯国王和地方官员之间以及官员之间的往来书信。我们将回到这个问题上来。

像沙皮努瓦一样的遗址相当特殊。更常见的是，有些遗址明显是赫梯的，或者有一个阶段是赫梯的，但却没有文字材料来鉴定它们。一个典型的例子就是现代名叫阿拉贾许于克（Alaca Höyük）的遗址，它在哈图沙东北约 40 公里。阿拉贾许于克已经是一个引人瞩目的青铜时代早期遗址，该阶段中存在的 13 座"王家"竖井墓就证实了这一点。这些墓穴有着丰富的陪葬品，其中最显眼的是宗教仪式所用的盘状和弧状物，它们每种都含有别具风格的公牛或雄鹿抑或二者兼有，而且通常由镶嵌着金或者银的青铜制作而成。正如我在引言部分提到的，它们其中的一个巨型复制品已经被竖立在安卡拉，用以提醒我们土耳其的古代遗产。在赫梯时代，阿拉贾许于克很有可能是一个重要的崇拜中心——也许是文献中名为阿丽娜（Arinna）的城市，太阳女神的城市。它高大的入口通道保存完好，两侧是斯芬克斯，并且还装饰着栩栩如生的娱乐和庆典场景，外加一幅对国王和王后站在雷雨神祭坛前的描绘——所有场景可能都取自一场节日庆典。该城市也包含一些遗迹，可能有一座宫殿、一些居民区和数座庙宇——但遗憾的是，没有文字材料来确定它在赫梯时代的称谓。

当我们在安纳托利亚进一步向西移动时，重构赫梯世界地图的努力变得更加棘手。从文献中，我们知道了许多位于安纳托利亚半岛西半部分的国家和城市，但当涉及它们大部分的实际位置所在时，考古或者文字材料上都没有准确的信息。我们所知道的是该地的大部分都被一个区域联盟占据，赫梯文献中称其为阿尔查瓦诸国。它可能覆盖了从盐湖（Salt Lake）到爱琴海之间的大部分地区。我们已经遇到过阿尔查瓦，它曾被作为赫梯国王哈图西里一世一次掠夺性远征的目标。这一联盟的核心似乎已经是一个特定的王国，名为阿尔查瓦，我们通常称它为阿尔查瓦国（Arzawa Proper）或者小阿尔查瓦（Arzawa Minor），以便将它与用阿尔查瓦标签来称呼的其他地方区别开来。

我们能够很确定自安纳托利亚爱琴海岸边延伸而来的内陆区域。根据文献，它的主要城市阿帕萨（Apasa）也许就靠近古典时代的遗址以弗所（Ephesus，它的名字可能就源自赫梯的城市）。最近在以弗所附近的山丘上就发现了青铜时代晚期的陶器和可能是青铜时代晚期的一段防御城墙。这些可能就是阿尔查瓦的城市阿帕萨的残迹。以弗所的古典时代地层之下可能还有更多大量的青铜时代遗存。倘若如此，或即使并非如此，这都说明了试图寻找西部的青铜时代材料所要面临的一个主要问题。后来的时代这一地区多次有人居住，最初是自公元前两千纪晚期以来，希腊移民到此处的很多地方，这使得青铜时代的任何遗存总有可能被后来的移民破坏或者是不可挽回地被掩埋在下面。正如一位沮丧的青铜时代考古学家所言："我们无法获得真正有趣的东西，因为所有这些古典时代的弃物都压在了它的上面！"

纵然青铜时代更多的赫梯时期遗存得以为人所知，但在它们之中去发现书写记录的机会仍然十分渺茫。未经烘烤的泥板早就碎成灰了。在青铜时代世界其他地方能够幸存下如此大量的泥板纯粹是一件非常幸运之事，因为它们是在毁灭其所在城市的大火中偶然地被烘烤。我们知道，安纳托利亚西部的许多国家，尤其是阿尔查瓦诸国，肯定有书吏机构，因为他们的统治者与赫梯国王常常以书面形式交流——诸如书信、条约，等等。但这些交流仅幸存于赫梯都城的档案中。

遗憾的是，在安纳托利亚西部，没有一个青铜时代的遗迹中曾发现过文字记录，例如现在一个名为贝策苏尔坦（Beycesultan）的地方，它靠近迈安德（Maeander）河的源头。在其青铜时代晚期，贝策苏尔坦也许是阿尔查瓦联盟中一个重要的城市，它在文献中被多次提及。但此处却没有任何文字信息，我们无法说明它的身份。

在遥远的西北部，名叫特洛伊（荷马的伊利俄斯，Ilios）的遗址已经被许多学者视为赫梯文献中一个名叫维鲁沙（Wilusa）王国的中心。可能作为阿尔查瓦联盟的一部分，它肯定有档案机构，因为我们知道赫梯和维鲁沙国王之间存在着书面记载的外交联系。但在特洛伊的广泛挖掘并未显示在青铜时代那儿有文字书写的任何蛛丝马迹。特洛伊文字书写的最早证据是一枚青铜凸面印章，上面刻写了它的拥有者的姓名及职业（他是一名书吏），其时间介于公元前1050年到公元前1000年之间。这是青铜时代结束后很久的时间了。但尽管缺少确凿的证据，大部分学者赞成将荷马的特洛伊等同于赫梯的维鲁沙——而今天该遗址入口处的纪念匾额上就写着"伊利俄斯-维鲁沙"（ILIOS WILUSA），这就是试图让此事毫无疑问。

碰巧的是，在西部地区，我们确实有一篇虽然残缺但却幸存下来的青铜时代铭文，它可能有助于将该地区的一些政治地理拼接在一起。这是一篇石刻铭文，伴有一幅浮雕，位于伊兹密尔（Izmir）往东约28公里处的一个山口（名叫卡拉贝尔，Karabel）。该浮雕描绘的是一个配有弓、矛和剑的男性人物。希腊历史学家希罗多德在公元前5世纪游览此遗址时，宣称该人物是一位名叫塞索斯特里斯（Sesostris）的埃及国王，埃及铭文（原文如此）因而被读作："我用我的双肩征服了这片土地。"希罗多德完全搞错了，上面的文字实际上是我之前提到的象形文字，我们还会谈及。我们暂时简单说说安纳托利亚碑铭学家戴维·霍金斯（David Hawkins）已经正确破译铭文的事情，他认为该浮雕人物是一个名叫塔尔卡斯纳瓦（Tarkasnawa）的男人，他是米拉国（Land of Mira）的国王。[2] 如今我们知道米拉是阿尔查瓦诸国之一，这一古迹很

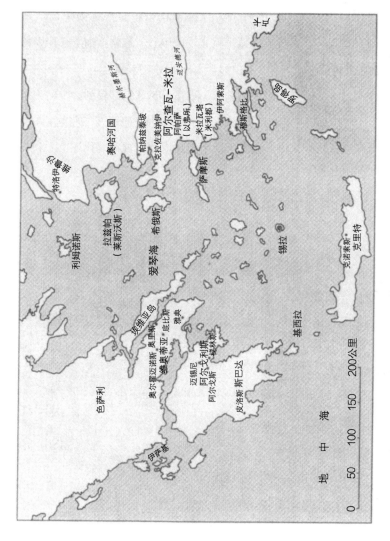

图 7 青铜时代晚期的希腊与安纳托利亚西部。

53

可能就位于它的北部边界上。除此之外，赫梯文献还告诉我们，在阿尔查瓦还有另一个王国，名为赛哈河国（Seha River Land），拉兹帕（Lazpa）是它的附属国。大部分学者认为拉兹帕就是希腊人称为莱斯沃斯（Lesbos）的岛屿。而维鲁沙似乎就靠近该国——这就增加了它作为特洛伊地区的可能性，古典文献中称其为特洛亚（Troad）。

还有另一个看似有希望的关联。很多赫梯文献都提到一个名为米拉瓦塔（Milawata）或者米拉万达（Millawanda）的地方，它坐落在爱琴海沿岸或者延伸至海。很有可能米拉瓦塔就是古典时代城市米利都

图 8　古典时代的米利都，狮子湾。

（Miletos）在青铜时代的前身，它建在迈安德河河口处。考古挖掘显示，青铜时代的人们已经广泛定居在这个遗址上，而在公元前14世纪末以及公元前13世纪的头几十年里，该遗址处在强烈的希腊影响之下。我们将看到，有充分理由相信，一位希腊国王在这一时期是这一地区的霸主。尽管考古和文字材料似乎都支持了将米拉瓦塔视为米利都在青铜时代的前身，它们实际上却并不能证明这一点。还是需要再一次找到确凿的证据，例如出自遗址的泥板。

赫梯文献中的希腊人？

说到希腊人——在20世纪20年代，有一位瑞士学者名叫埃米尔·福雷尔（Emil Forrer），他曾对被破译不久的赫梯文献进行了研究，尤其对一些文献感兴趣，这些文献能够显示赫梯与安纳托利亚西部直抵爱琴海的许多国家之间有直接的联系。如今，考古挖掘已经指出了存在希腊人的证据，尤其以人工制品的形式分布在爱琴海沿岸及其内陆的各个地区。这一时期的希腊人通常被称为迈锡尼人，这是他们的现代名，它源自这样一个事实，即希腊南部的迈锡尼城堡如今被视为青铜时代晚期最重要的希腊遗址；而实际上，希腊传统中的迈锡尼是阿伽门农的城市，他在传说中名留青史，是特洛伊战争里希腊联军的统帅。

福雷尔推断，赫梯人肯定已经接触或者至少知道了青铜时代的希腊人，后者启发了荷马的史诗《伊利亚特》和《奥德赛》，在青铜时代之后的四个世纪或者更晚的时间它们才得以被创作。这促使他在赫梯文献中去寻找希腊人。而他发现了他们！或者他在1924年的一份报告中如此断言。他的观点是基于荷马将特洛伊的希腊战士称为阿卡亚人（Achaians）；荷马也称他们为达纳人（Danaans）或者阿尔戈斯人（Argives）。而赫梯文献中提到了西部一个叫阿黑亚瓦（Ahhiyawa）的地方，偶尔还有阿黑亚瓦的国王。基于这一切，福雷尔得出了这样的结论，阿卡亚就是希腊的青铜时代名字，或者至少是它的一个名字，而阿黑亚瓦则是这一名字的赫梯语写法。因此，他宣称已经在赫梯文献中找到了荷马所说的希腊人。更令人兴奋的是，他声明还在这些文献中找到了有关特洛伊战争及其主要参与者的资料。

福雷尔的论断引发了公众极大的兴趣，甚至得到了一些学术上的支持。如今首次有证据显示，荷马有关特洛伊战争的伟大史诗是基于历史事实的，而这样的证据还出土于赫梯人的都城，是独立且同时代的文字材料。一切太过美好，令人难以置信。很快就开始有了学术上的怀疑。福雷尔的论据大部分基础是建立在他将荷马提到的名字等同于赫梯文献中所发现的名字——例如阿塔瑞西亚（Attarissiya）等于阿伽门农父亲的名字阿特柔斯（Atreus），阿拉克桑都（Alaksandu）等同于特洛伊王子（帕里斯）亚历山大（Alexander）。这些对等式引发了其他学者很多否定式质疑，他们认为福雷尔的对等式在科学上是靠不住的，而名字上的相似性纯属巧合——我们可称为"拟声词词源学"（kling-klang etymology）。处在批评前沿的是一位德国学者，名叫费迪南德·佐默（Ferdinand Sommer），他在1932年出版了所有的"阿黑亚瓦文献"（只有不到30个），并对它们进行了评注。在此过程中，他完全排除了它们与迈锡尼的希腊有任何关联的可能性。

正是在1932年，福雷尔及其批评者们的辩论变得激烈和尖刻起来，并且非常的私人化而又无法消除。自那时起，有关阿黑亚瓦身份和位置以及它是否与希腊世界有任何关系的探讨都采用了一种更加克制的方式继续进行。多年以来，塞浦路斯、罗得岛、希腊大陆和安纳托利亚西海岸的一些地方都曾被举荐为阿黑亚瓦的候选者。目前大部分学者赞同阿黑亚瓦-希腊的迈锡尼这一认定，但纯粹是基于间接的证据。这是他们的推理线路：有一个名叫阿黑亚瓦的西部国家，从赫梯文献中我们还知道，在密切牵涉安纳托利亚西部地区的事务里，其国王似乎与同一时期的赫梯国王有着对等的身份，那如果它不是一个青铜时代晚期的希腊国家，还可能是谁呢？没有另外一个可行的候选者能够符合这些条件了。但我们尚未发现一个确凿的证据——例如说在迈锡尼或者任何其他青铜时代晚期的希腊遗址里用一些赫梯泥板的形式——来证明它。

在没有任何其他貌似有理的可能性下，我相信我们不得不认同福雷尔的认定，虽然我们也许会反对他所有或者许多特定的名字对等式。倘若如此，那赫梯文献中的"阿黑亚瓦"似乎在某些情况下就是一个非常广义的民族地理术语。但在其他情况下，它特别指代一位国王统治的地方，他至少曾与赫梯人以及安纳托利亚的西部诸国有政治往来，也许还有商业和军事上的交往。实际上，如果米利都在青铜时代的城市就是赫梯的米拉瓦塔，那此事对于认定将十分有利。正如我所指出的，我们从考古挖掘中发现了清晰的证据，此城在公元前 14 世纪晚期和接下来一个世纪的部分时间里出现了大量的迈锡尼人——同时赫梯的记载恰好显示阿黑亚瓦的一位国王控制着该城及其周边区域。

但在阿黑亚瓦世界的大背景下，那位在赫梯文献中被赋予了和赫梯国王同等地位的统治者，他的阿黑亚瓦王国真实情况究竟如何？迈锡尼的希腊包括许多王国，他们也许偶尔会因为军事或者商业活动联合在一起，但可能还保留着彼此政治上的独立。这些王国中就有一个，其统治者在安纳托利亚建立一个基地并与赫梯国王有所往来。迈锡尼本身是一个热门候选者。但还有其他的可能性，包括更北边的底比斯，或者甚至在伯罗奔尼撒西边的皮洛斯（Pylos，希腊南部）。

我们以后还有更多关于阿黑亚瓦的事要说。但现在让我们再补充一个在文字书写史上非常重要的细节。发现于哈图沙的阿黑亚瓦文献中有一封书信，它是由阿黑亚瓦的一位国王写给赫梯与他职位相当之人。[3]它的时间为公元前13世纪早期到中期，涉及阿黑亚瓦和赫梯国王之间更早以前的一场争端，主要是关于一些远离安纳托利亚西部海岸的岛屿的归属问题。我们现有的副本采用赫梯语书写，但如果书信的原稿是希腊语，那它就意义深远了。因为即使只有赫梯语的翻译留存下来，它也将是我们所拥有的欧洲文献史上最早的书写文献。实际上，书信的原件可能由希腊的国王或他的代表口述给一位会两种语言的书吏，然后也是采用赫梯语来书写。

赫梯世界的回顾

我的赫梯世界地图在一定程度上是基于（a）既定的事实，（b）相当有力的间接证据和（c）猜想——不过是有根据的猜想。我们只能够寄希望于不断发展的研究，可以将（c）类中的条目推进到（b），而后如果不是所有的话也还能有一些（b）类的条目被提升到（a）类中。那也许是一厢情愿。事实上，我们并不能排除这样的可能性，即未来的研究让我们不得不将某些条目降级到一个（d）类里——亦即"完全错误"。

但假如你接受了我脑海中的所有这些条件，我的地图就会让你全面了解一个权力巅峰时期的赫梯帝国及其邻国们的总体布局。在行政管理上，这个帝国包括了（i）核心区域，即在马拉桑提亚盆地以内，我们称为赫梯人的腹地的区域，都城哈图沙与帝国的许多重要宗教和行政中心都坐落于此；（ii）遍布在安纳托利亚很多地方和叙利亚北部的许多附属国以及（iii）自公元前 14 世纪下半叶开始在叙利亚北部的两个封侯国，一个在卡赫美士，另一个在阿勒颇，二者均由国王家族中的亲密成员——通常是他的儿子们来统治，他们为国王分担了管理赫梯在叙利亚地区的大部分职责。公元前 13 世纪中期，在安纳托利亚东南的城市塔尔浑塔沙（Tarhuntassa）建立了第三个封侯国，它由王室家族的另一名成员来统治。附属国则由当地的统治者进行管理，并受到国王条约的束缚。帝国的这些大多数组成部分都标在了地图上，还有数个世纪以来赫梯影响波动不确定的一些地区。

现在让我们把注意力转向使赫梯发展为古代近东所有最伟大王国之一的历史，其治下的疆土遍及了安纳托利亚半岛并东至幼发拉底河，向南穿过叙利亚直抵大马士革边境。我们将继续讲述留在第五章的故事，从一位名叫图塔里亚的国王继位开始，我称这一开端为新王国。

第七章　打造一个帝国

我们已经提到在公元前 15 世纪，英勇的法老图特摩斯三世在叙利亚和巴勒斯坦的大部分地区谋求建立埃及的长久统治。但最终他的远征并未达成此事。在他死后，埃及撤出了这一地区，这让米坦尼在那里的力量得以复苏，在米坦尼国王沙乌什塔塔尔的领导下，米坦尼进一步扩张到赫梯领土上的威胁迫在眉睫。这就是在公元前 1400 年左右（或稍早一些）赫梯国王图塔里亚登上赫梯王位时，他所面临的一个主要挑战。召集军队解决米坦尼入侵叙利亚的问题，收复米坦尼在该地所征服的领土，这将是新国王的首要任务之一。

外交替代暴力

在尝试如此大规模行动之前，图塔里亚首先需要解决离家更近的另一个问题。在铁列平统治之前的动乱时代，一个新兴的独立国家出现在了安纳托利亚的东南部。新的国家名叫基祖瓦特那（Kizzuwatna），它所覆盖的地区可能一度臣服于赫梯王国。因为它横跨从安纳托利亚经由托罗斯山脉去往叙利亚的路线，所以其战略位置对赫梯人而言显然非常重要。但铁列平不得不谨慎行事，他已经通过军事行动收复了前任国王们统治期间赫梯国所失去的其他土地。他对基祖瓦特那采取了不同的策略，他并没有试图以武力来征服，而是与其国王伊什普塔赫苏（Isputahsu）签订了同盟条约。铁列平用外交而非军事行动把基祖瓦特那争取到了自己的一面，而与他签约的对方也保持了独立。

铁列平与南部国家所开创的关系经过了深思熟虑。基祖瓦特那王国很可能是在胡里人的影响下建立的，我们知道，至少在后来的岁月中，它包含了大量的胡里人。铁列平登上赫梯王位时可能就已经有了强大的胡里人同盟，而赫梯的侵犯很可能会引发胡里人的米坦尼王国军队直接介入冲突。为了避免此事，铁列平劝说基祖瓦特那国王与他结盟，这样至少在即将到来的赫梯与米坦尼冲突里，后者能够保持仁慈的中立。我在此强调一下，条约的缔结标志着赫梯王国历史上一个新的重大发展——用外交替代武力去保证王国的安全，并扩大和维持它的影响力。在后来的时期里，我们将会看到更多这样的例子。

但在这种情况下，赫梯-基祖瓦特那的条约依然未能永久地解决赫梯东南边界的安全问题。尽管有铁列平的条约，基祖瓦特那的后世国王在赫梯和米坦尼之间的忠心依然摇摆不定，他们利用讨价还价的能力来挑拨一个王国与另一王国的对立。他们用这种方式来保全他们的国家，防止被任意一个强大的邻国侵略性地吞并：有一方对它发起了进攻，支持它的另一方几乎肯定会被卷进这场冲突里。即便如此，到图塔里亚成为国王时，基祖瓦特那坚定地站在米坦尼的阵营中。这就是一个严重的问题，因为与米坦尼结盟的基祖瓦特那使赫梯人丧失了进入叙利亚的主要路线，却给米坦尼国王入侵赫梯领土提供了一处"软肋"。图塔里亚应对这一问题时沿用了铁列平的范例——他劝说时任基祖瓦特那国王的苏那苏拉（Sunashshura）改为效忠赫梯。他如何做到这一点——

通过威逼还是更丰厚的利诱——我们根本无从知晓。我们所能说的是，由于基祖瓦特那站在了他的一边，如今去往叙利亚的路在他面前敞开了。

一场前往叙利亚的新冒险

跟随他伟大的先辈哈图西里和穆尔西里的脚步，大王图塔里亚率领军队越过了托罗斯山脉。一到那里，阿勒颇城及其王国就成了他关注的重要焦点。阿勒颇早已从穆尔西里所毁灭的废墟中崛起，如今再次成为一座繁荣发达的都城，在多位国王的统治下，甚至还扩大了对邻近地区的控制。但它不再是往昔的那一股强大势力，而在图塔里亚远征叙利亚之前的百年间，它就已经臣服于米坦尼。这就是为何图塔里亚密切关注着它。几乎可以肯定，他远征叙利亚的终极目标是，如果不能消除，那也要削弱米坦尼在幼发拉底河西部（"叙利亚"）一带的势力，由此来大大缓解米坦尼进一步向西征战的威胁。阿勒颇是米坦尼势力在叙利亚的重要堡垒。不管怎样，它对米坦尼的忠诚必须要被破坏。通过外交谈判来实现这一点则要比使用武力好得多。一个赫梯与阿勒颇的联盟，即使前者实际上并未控制它，那也是让叙利亚摆脱其宗主米坦尼的关键一步。

就像叙利亚诸国历史上的众多统治者一样，阿勒颇国王所面临的威胁是被挤压在争夺地区霸权的两个主要对手之间——这种情况下就是指赫梯与米坦尼。保持中立是不可能的，如果阿勒颇人选择反对一方而支持另一方，那他就不得不判定双雄中的哪一方对其王国有着更大的威胁。最初他似乎选择了支持赫梯，那就意味着他放弃了效忠米坦尼，并将给自己招来米坦尼国王的雷霆之怒。但他推测他的国家存亡的最佳机会在于赫梯，于是他与图塔里亚和平相处。米坦尼国王却并未因此震怒，他用劝说或者恐吓使阿勒颇恢复了原来的效忠。图塔里亚勃然大怒，发兵攻打并摧毁了这座城市。据说阿勒颇和米坦尼的国王都在图塔里亚的猛攻下丧生。

现在我应该说，大部分信息都来自一份条约的前言部分，在此处所述事件之后的一个世纪甚至更晚的时间，这份条约才得以缔结。在公元前13世纪的头几十年，赫梯国王穆瓦塔里二世（Muwattalli II）和阿勒颇时任国王塔尔米–沙鲁玛（Talmi-Sharrumma）签订了这一条约。[1]此时，阿勒颇已成为赫梯帝国的附属国，塔尔米–沙鲁玛被警告说，如果他违背了对其宗主的义务，那他的王国将承担可怕的后果。据说早些时候就发生过阿勒颇破坏了其与赫梯的和约，于是通过重述此事，穆瓦塔里强调了这一警告。

鉴于赫梯条约的前言常常是片面并选择性地叙述他们的过去，那这一资料有多大可信度呢？我们或许能够认同图塔里亚领导了赫梯远征叙利亚的这一基本事实，这也许使米坦尼的帝国霸业遭受挫折，图塔里亚领导下的赫梯也以一股国际力量的姿态重现。但我们应该高度怀疑这给米坦尼帝国（文献中也称为哈尼伽尔巴特，Hanigalbat）所造成的破坏程度。不管米坦尼国王与图塔里亚有何种对抗，他肯定得以幸存。图塔里亚越过托罗斯的远征，它所引发的只是米坦尼与赫梯一系列冲突中的一场。再过数十年，其中一位选手才最终得以大获全胜。

到目前为止，并没有迹象表明，图塔里亚或者他的直接继任者曾试图在赫梯成功征服的叙利亚地区建立长久的统治。但有一点变得越来越明显，对古代近东的十字路口拥有某种形式上的持续性权威或者影响，这是至关重要的，即使它对于赫梯发展成一股帝国势力而言并非必不可少，这不仅仅是关乎到军事或者政治上的原因。途径叙利亚的路线有很多，向东可穿过美索不达米亚和其他地区，或向南到达埃及，抑或向西北到达安纳托利亚，它们为一个王国输送着自身无法生产的重要商品。它们包括大宗商品金属，例如可与铜合铸化为青铜的锡。迄今为止，虽然安纳托利亚有很多铜矿资源，但我们并没有证据表明在这一时代此处进行过锡矿的开采，或者至少在锡的数量上足以维系其青铜制造业。由于锡很可能是从远至阿富汗的源头进口到赫梯，因此保障供应路线就显得意义重大，这样才能让锡以及其他商品免受敌人的侵扰和当地劫匪的抢夺而到达赫梯王国。

国王的西进

这时似乎意想不到的是，尽管赫梯人的外部利益如此坚定地指向他们东南方向的土地，但他们又把他们的资源投入到了对西部的征战中，也许直达爱琴海。这些征战被记录在所谓的"国王图塔里亚的《年代记》"里。我们不能绝对肯定他和出征叙利亚的图塔里亚同属一人，或者是另一位同名的国王（倘若他是同一位国王，那他向西开拓之举是在他征战叙利亚之前还是之后？）。但简明起见，我把图塔里亚在这一时期实施的全部军事征战都归于同一位国王所为。

在其《年代记》[2]中，图塔里亚讲述了他在安纳托利亚西部进行的大量军事活动，也包括所谓阿尔查瓦在内的地区。我们已经提到过"阿尔查瓦"，它是一个用在赫梯原始材料中的术语，指代了西部的一批国家，其中有一个王国似乎声名显赫，我们现在称为"阿尔查瓦国"或

"小阿尔查瓦"（我们文中简称为"阿尔查瓦"）。还有四个国家列在阿尔查瓦联盟的成员名单中，它们全部显示在图6上。从安纳托利亚西北部开始，它们分别是维鲁沙、赛哈河国、米拉和哈帕拉（Hapalla）。阿尔查瓦诸国有可能原本是一个独立王国的组成部分，后来才分裂为不同的国家。但它们也许从一开始存在的时候就彼此独立发展。

无论如何，它们所在的地区已经被卢维人占据，他们是安纳托利亚人口最多的印欧民族群体。几乎可以肯定，卢维人成了阿尔查瓦诸国最大的人口群体。在公元前两千纪早期的几个世纪里，操卢维语之人还广泛分布于安纳托利亚中部和南部。而在安纳托利亚的东南角，尤其是在一个名为基祖瓦特那的国家，他们成了该地区的两大主体人群之一（胡里人构成了另外一个群体）。沿着安纳托利亚的南部海岸，在青铜时代文明崩溃之后，卢维人的群体也还延续了数个世纪。

在图塔里亚的《年代记》幸存的残片里，我们得知，他对西部发动了两次远征。在第一次征战期间，他宣称征服了阿尔查瓦和很多其他地方，并把缴获的步兵和成群的马匹作为战利品带回国内。然而，他的征战非但没有震慑住这些西部国家，反而助长了他们对他的敌意。由爱琴海沿岸22个国家和城市所组成的军事联盟公然开始宣战。图塔里亚迅速折返，往西去处理这一新的威胁，并宣称对该联盟取得了决定性的胜利。他将其称为对阿苏瓦（Assuwa）的征服，我们由此推测，阿苏瓦应该是联盟成员所在地区的通用名（有些学者认为亚洲的希腊罗马名Asia就源自阿苏瓦）。他从被征服地区抽出大约10,000名步兵和600队该联盟的马匹以及精锐战车兵——所谓的"缰绳之主"，并将他们安置在赫梯人的国土上，这样即使不能绝对地防止，但也能尝试着进一步减少来自被征服地区的威胁。

他还镇压了由被俘虏的敌军组织所发动的叛乱，并击杀了罪魁祸首。所以总的来说，从图塔里亚的字面描述看，国王的西征取得了令人瞩目的成功。但他的胜利却是要付出代价的。就像在哈图西里一世统治时期，赫梯军队致力于遥远的西部作战，这使得其国土很容易受到来自其他方向敌人的攻击。尤其是卡什卡人，他们是居住在黑海南岸蓬蒂克山区的部落民族。当图塔里亚及其大部分军队在西部奋战时，卡什卡人的部落入侵并摧毁了他们的部分家园。当国王回到家中，他将入侵者从国土上驱逐，并随之在下一个征战季里开始了对卡什卡人地区的报复性入侵。

但他必须担忧的不仅是卡什卡人。他的王国东部边境也险象丛生，最严重的是当大部分军队都在其他地方时，王国更是缺乏足够的防御力量。在米坦尼和赫梯两国边境地区盟友们的支持下，米坦尼特别容易再次发起对赫梯东部边境的攻击。其中的伊苏瓦（Isuwa）在支持赫梯和米坦尼的问题上摇摆不定，因此当东部边境偶尔受到米坦尼入侵的威胁时，图塔里亚肯定也不能指望它。

所有这一切为我们提出了一个重大的问题。

赫梯人为何要西进？

当赫梯的核心区域如此暴露于敌人的攻击下，而王国的大部分军队却在其他地方征战时；当赫梯人的利益主要放在保护北部和东部的边境，并将他们的势力和影响向东南延伸到叙利亚时；当他们面临着强大的米坦尼军队不断的毁灭性威胁时，为什么他们还要和西部一直纠缠呢？

在回答这个问题之前，我想讲述一段个人的趣闻。当我还是一个年轻的学生时，我喜欢的一个艺术品就来自古代世界，它是一幅描绘着公牛跳跃的壁画，发现于米诺斯克里特岛上的克诺索斯（Knossos）。它的复制品在我书房的墙上悬挂了很多年。但当我最后实现了梦想，游览了克里特并且看到这幅古代艺术"杰作"的原稿时，我的第一反应是非常失望。除了一些小的褪色碎片，我所看到的几乎完全是复原的，它是靠纯粹的猜想而来——当然这是该领域专家睿智而有见识的猜想。当我的失望之感消退后，我认为我们应该尽可能地利用剩下的这些残片，并试图重新创造这些残片原来所属的作品，这远比我们什么都不做要强得多。虽然复原品在细节上也许并不准确，但至少它让我们局部地看到了原作的世界。

这在我们尝试重构赫梯人的历史时也同样适用。我们往往必须设法从残片文献中重建这段历史，而这些文献又通常只代表了它们所属文档的一小部分。这更像尝试做一个有一千块零件的拼图，而其中的原件却仅剩下了几块，我们就不得不发挥想象，运用推理能力去弥补缺失的部分——我们应该充分意识到，这通常只是对了一部分，或者几乎完全都是错的。

图塔里亚的《年代记》的残本就是一个典型的例子。我们从中得到了许多孤立的信息碎片——我们的"拼图块"——我们以此来尝试着重构国王统治的历史。让这一重构更加困难的情况在于，我们不能毫无保留地认同它表面所呈现的信息，以及和它相类似文本所包含的信息。在一个事件的真相和记录它的作者想让我们相信的事情之间，也许就存在着非常重要的不同。所有给我们提供构建赫梯历史基础的文档，它们都倾向于用最有利的光亮来渲染它们的创作者。我们没有客观的和独立的同时代历史学家，以一个公正的角度来编写构成王国历史的众多事件，这并非是否认在讲述中也许经常会有很多真相。很多学者认为，大部分的赫梯记录具有单调和实事求是的性质，这使得它们所提供的信息远比华丽的辞藻更具真实性，而后者是埃及法老或者新亚述世界的统治者们记录时的标签化特征。

将这一切熟记于心，那再回到我们的问题上。为什么赫梯人要把他们大量的军事资源投入到遥远的西部战争中呢？这样还有因自己不在国内而导致领土被袭击的风险，而且他们明确的目标就是建立和维持自己在叙利亚的影响——这正好与他们的西部开拓之举背道而驰。

我的观点是，赫梯人相信他们别无选择。从图塔里亚的《年代记》及其继任者阿尔努旺达（Arnuwanda）留下的资料可以清楚地看到，安纳托利亚的西部诸国有能力组建强大的联盟。虽然这些国家单个对赫梯并不构成严重的威胁，但它们一旦联合起来却能够对赫梯产生极大的危害。阿尔查瓦领导下的西部力量如此之大，以至于入侵了赫梯的南部疆域，并与赫梯周边的其他力量一起威胁到了整个王国的存亡。事实上，法老阿蒙霍特普三世（Amenhotep III）就认为赫梯王国灭亡了，而他的在位时间覆盖了公元前 14 世纪前半叶的大部分时期。他就联姻之事计划给阿尔查瓦的国王写信，毫无疑问这是一桩外交联盟的前奏，在信中，他认可了阿尔查瓦国王作为安纳托利亚新霸主的潜在地位。[3]

第八章 雄狮还是猫咪？

建设一个庞大的王国或帝国涉及一个左右为难的境地，如同"第22条军规"一般。倘若你的王国依然很小，那你几乎肯定会被一个更强大的邻国吞并。但你的王国扩张得越大，它的边疆也会越广，那你暴露于外敌攻击下的疆域也就会越多。赫梯的国王们根本不可能让西部放任自流。如果他们这样做，那该地区的诸国联盟就会像米坦尼领导下的东部联盟一样，对赫梯的国土安全造成严重的威胁。赫梯人未必是心甘情愿地投入西部的征战，有时仅仅是在多次使用和平手段化解西部有矛盾的国家之间的争端失败后，他们的主要目的是自保。古代安纳托利亚的雄狮常常寻求着扮演一只猫咪的角色。

恒久不变的逃亡者

这在一份极具吸引力的档案中可以得到证实，它由图塔里亚的继任者阿尔努旺达编纂，后者最初是前者的共同摄政人，也可能是他的养子。该档案常被称为《玛都瓦塔的罪证》(Indictment of Madduwatta)。[1] 它形式上是一封很长的抱怨信，由国王阿尔努旺达写给一个名叫玛都瓦塔的人。图塔里亚曾把玛都瓦塔指派到一个名为兹帕什拉（Zippasla）

的地方担任附属统治者，这里是一片崎岖的山地，可能位于赫梯附属领地的西南或者西部边缘，与阿尔查瓦诸国的东部边界相隔不远。玛都瓦塔曾是一位流亡者，在与一个名叫阿塔瑞西亚的"阿黑亚（Ahhiya）人"发生纠纷后逃向了图塔里亚。"阿黑亚"是"阿黑亚瓦"的一种罕见且早期的简略形式。因此，我们推测阿塔瑞西亚（福雷尔将他等同于传说中的希腊国王阿特柔斯，或者至少是其同名者）是一个迈锡尼希腊人。

正如头衔中"人"（LÚ）一词所表明的，阿塔瑞西亚并非该用"LUGAL"（国王）这一术语来表示的国王。他也许是贵族出身的希腊人，以希腊大陆国王的一个代理人或者独立操控者的身份在安纳托利亚大陆上来标榜自己。他拥有一小支军队的支持，其中包含了步兵和至少100辆战车，他无疑想以此扩大自己在安纳托利亚的影响和势力。玛都瓦塔也许原本就是阿塔瑞西亚的一位臣属或者是一个邻国的统治者，在得罪了后者之后才被迫逃离。与他一起的大量追随者不仅包括了家族成员和仆役，也包括了不少士兵和战车。

最初，图塔里亚欢迎了这位避难者，并将他安置在赫梯附属领地的外围，让他管理一个小型公国。玛都瓦塔可能用额外的步兵和战车兵加强了自己现有的军队核心。被强加在他身上的条款和条件与后来的赫梯国王强加给附属统治者的那些相似。对于这位由避难者转变而来的附属统治者，图塔里亚肯定是希望他能够提供一个有用的堡垒，以此来抵御阿尔查瓦对赫梯领土的侵犯。这将减少赫梯国王在西部发动代价更为昂贵的战争需求。因为尽管他宣称对阿尔查瓦诸国和其他西部国家进行了一系列决定性的征服，但所有这些国家都仍然独立在赫梯当局之外——任何时候都能重组他们的同盟，并再次威胁到赫梯王国的安危。

在该区域的赫梯领土边缘安插一个可信任的附属统治者，并且还让他手握一小支军队，如此一来，也许无需赫梯的直接干预，就能够帮助缓解这一威胁。

当然，所有这一切的基础都在于这位附属统治者依然保持着忠诚，而且是赫梯利益在该地有效的代理人才行。玛都瓦塔被证实了与这两点均不沾边，他有自己的如意算盘。纵观图塔里亚余生的统治和至少在阿尔努旺达统治的前些年里，玛都瓦塔反复地违背自己对赫梯宗主的誓言——从阿尔努旺达对他絮絮叨叨的控诉中，我们就可以得出这样的结论。为了在安纳托利亚西南部开拓出一个属于自己的袖珍帝国，他无视其宗主的明确指令，入侵了阿尔查瓦。但他一无所获，反而招致了阿尔查瓦国王库潘塔-库伦塔（Kupanta-Kurunta）的大规模报复性反击，后者入侵并占领了他的国土。为了活命，玛都瓦塔被迫踏上逃亡之旅。图塔里亚派遣赫梯军队前去营救，将敌人驱逐出他的国家，并把国家归还于他。

逃亡者的背信弃义

此时，阿塔瑞西亚及其军队再次登上舞台，意图杀掉玛都瓦塔并占领他的国家。面对入侵者，玛都瓦塔再次逃亡，图塔里亚依然再次派出远征军去驱赶敌人。成功完成使命后，玛都瓦塔又在他的国家官复原职。但图塔里亚现在严重怀疑自己这位附庸的可信度以及他的最终意图了。于是他命令赫梯远征军暂时留在玛都瓦塔身边，这样无疑是对这位逃亡惯犯的行为进行了监视，并确保他依然可受控制。但他的这位宗主却被算计了，玛都瓦塔设计摆脱了那些不受欢迎的客人们，他偷偷与邻近的其他军队密谋，把赫梯人诱惑到一个伏击处，然后开始消灭他们并杀了他们的指挥将领。

令人惊讶的是，图塔里亚似乎并没有采取任何报复行动。至少我们尚未听闻此事。这让玛都瓦塔有胆量往前再迈一步，他似乎要与赫梯人的头号死敌——阿尔查瓦的国王库潘塔-库伦塔结成联盟。通过玛都瓦塔和库潘塔-库伦塔之女在玛都瓦塔领地内的一场婚姻，这个联盟将得以巩固。库潘塔-库伦塔被邀请参加这场婚礼。但它完全是一个圈套，或者玛都瓦塔写信告诉他宗主说的即是如此，[2] 其目的是为了抓住库潘塔-库伦塔，并就此杀掉他。

文献在此处破损了，但库潘塔-库伦塔似乎开始怀疑他的准女婿所干之事，于是叫停了整件事。赫梯国王也似乎对玛都瓦塔的最终意图有所怀疑。即便如此，当文献变得清晰可见时，我们发现他让那位背信弃义的臣属管辖土地的范围又扩大了。这让玛都瓦塔能够把势力进一步延伸到安纳托利亚西部，阿尔查瓦的大片土地被并入到他如今迅速扩大的王国。他始终宣称自己只是在该地区充当着赫梯利益的代理人。

玛都瓦塔问题继续困扰着图塔里亚的继任者阿尔努旺达，从他的共同摄政期贯穿到他的单独统治时期。玛都瓦塔为自己在西南部业已建立的王国扩充了越来越大的面积，包括哈帕拉（这里如今已是赫梯的领土，阿尔努旺达曾对此进行过抗议），还可能有一个名叫卢卡诸国（Lukka Lands）的地方，这让征服者的统治延伸到了安纳托利亚的西南海岸线。后来从卢卡出发的海盗袭扰了阿拉西亚（Alasiya，即塞浦路斯）的海岸城市和坐落在埃及沿海的城市。玛都瓦塔如今用来攻击阿拉西亚的舰队很有可能是由卢卡的船只组建而成。阿尔努旺达再次表示抗议。阿拉西亚的居民是赫梯的附庸！但最不能让人容忍的在于，玛都瓦塔居然是和他先前的敌人阿塔瑞西亚联手实施了攻击，他曾经可正是从此人处逃向了阿尔努旺达的父亲！

　　玛都瓦塔故事的第一块泥板至此而止。他的故事肯定在第二块泥板上得以继续，但它如今却丢失了，也许这位背信弃义的避难统治者最后得到了应有的惩罚，但那也只是推测。现有的故事部分向我们展示了由玛都瓦塔阴谋发起的一个外交冒险政策游戏。在哈图西里和穆尔西里统治时期，赫梯雄狮在叙利亚的城市和王国之间横冲直撞，如今却变成了被一只狡猾的老鼠所玩弄的小猫咪。玛都瓦塔则被描绘成一个背信弃义、不择手段的坏人，他不断滥用国王及其继任者对他的信任，前者起初为他提供避难所，后者允许他建立自己的"袖珍帝国"，而除了数次被拍打手腕之外，他没有受到任何实际上的报复打击。

外交斡旋的一个典范？

　　至少在我们看来就是如此。在阅读这份档案的时候，我们必须牢记，它代表了一个真正的赫梯人对整件事情的看法，这也许完全不是一个公允的观点。就这一连串针对自己的指控，玛都瓦塔本人是如何反应的呢？文献作者放到他口中的话很可能是一个被曲解的和不完整的版本，它也许是被控告者为自己所做辩护的一部分而已。无论如何，我们并不知道《玛都瓦塔的罪证》的主要目的何在。从表面上看，它似乎把我称为新王国时期的前几位国王描绘得软弱无能而且容易上当受骗，尤其在处理西部的事务上。由此导致詹姆斯·梅拉尔特评论说，这一时期的赫梯势力在西部什么也算不上。

　　但从《玛都瓦塔的罪证》里显示出最强烈的一点是，赫梯人极不情愿将自己直接永久地卷入安纳托利亚西部事务中。我要再次强调，赫梯国的政治和军事利益主要在于维护其在东南部的影响，并牵制敌人不让其逼近国土的北部、东部和东南部。来自西部地区的威胁是一种令人恼火却又不可避免和极度危险的干扰。如果在该地区的数次军事征战足以阻止这些威胁，那就再好不过了。在他们的历史上的这个阶段，对于在被征服的西部土地上建立永久的统治，赫梯人并不感兴趣。在图塔里亚远征之后，除了哈帕拉，西部的国家都还保持着独立。尽管《玛都瓦塔的罪证》上说，当玛都瓦塔在西部诸如阿尔查瓦和卢卡等地展开军事冒险时，为满足其在西部的领土野心，其宗主已经赋予他相当大的回旋余地。

但有时玛都瓦塔也会冒险让野心走得更远。当他入侵哈帕拉和阿拉西亚时即是如此，阿尔努旺达宣称这些地方是归赫梯人所有或者是其附庸。在这些情况下，玛都瓦塔测试过赫梯的容忍极限后，有着很好的退却意识。他的技巧在于和自己的宗主保持开诚布公的交流，并继续承认或者口头服从他们的霸主地位——有足够的说服力来让他达成自己的目标。而他的宗主也让他这样做，虽然他占领了一些西部的土地，但只要他能帮助赫梯边境缓冲来自西部的威胁就行，而且至少他还是官方认可的一位赫梯臣属。

因此，玛都瓦塔文献的实际目的是什么呢？我们在赫梯档案中所拥有的这份肯定是一个复本，而原稿则被送给了玛都瓦塔本人——否则该文档也就不会有任何意义了。我认为，所谓《玛都瓦塔的罪证》很有可能是打算作为玛都瓦塔和他的现任赫梯宗主阿尔努旺达之间一系列新协议的前奏。附属统治者被要求承认自己往日的过错，以此来为和伟大的国王之间的新协议腾出空间，这还涉及双方的妥协让步：玛都瓦塔仍将控制着他在西部赢得的土地，同时承认赫梯的至高统治权，并远离赫梯人已宣布为自己所占有的领土。阿尔努旺达很可能是希望这样能够足以让像阿尔查瓦联盟一样的西部国家远离赫梯的头发——至少暂时如此。

这一切都是我对玛都瓦塔文献及其字里行间所做的尝试性解读。你能提供一个更加合理的解释吗？

其他地方的问题

我们不知道玛都瓦塔之事最终如何，但他的现任顶头上司阿尔努旺达不得不赶紧把注意力转向其他地方，这些地方对他的王国安全构成了威胁。国家的北部疆域出现了一场严重的危机，卡什卡部落越过了赫梯边境，洗劫了该地的许多宗教中心。在阿尔努旺达及其妻子阿什穆尼卡尔（Asmunikal）献给太阳女神的一篇祷文里，就描述了入侵者造成的这场浩劫：

> 卡什卡人毁灭了你们的神庙，打碎了你们的画像，哦，众神啊！他们掠夺黄金和白银，银、金和铜制的祭酒器与杯子，你们的青铜物件和你们的衣物，他们自己瓜分了这些。他们还均分了祭司、神圣的祭司、女祭司、涂油祭司、乐师、歌手、厨师、糕点师、农夫和园丁，并让他们变成了自己的仆役［……］。[3]

阿尔努旺达根本没有资源去组织对入侵者有效的武装抵抗。他所做的就是与他们签订一系列的协议和条约，以此来阻止他们向国内进一步侵犯，这无疑是承认了他们已经赢取的大部分赫梯领土。与此相类似，为了保住自己国家南部的土地，他与当地的一些部族和城市签订了条约，例如东南海岸重要的港口城市乌拉（Ura）。为了恢复赫梯对基祖瓦特那的影响，阿尔努旺达还在基祖瓦特那王国安置了一批军事殖民者，他们来自一个名叫伊什美瑞卡（Ismerika）的地方，这些人是被迫效忠于他。记录他这样做的那份条约仍然得以幸存下来。[4]

然而，这一切只不过是创可贴式的外交，不管怎样都会被令人震惊的消息蒙上阴影，这些消息来自东方。米坦尼再次崛起了！它有了一位新的国王阿尔塔塔玛（Artatama），他可能是沙乌什塔塔尔的儿子兼继承人。让这一消息更糟糕的是，在两位法老阿蒙霍特普二世（Amenhotep Ⅱ）和图特摩斯四世（Tuthmosis IV）的相继带领下，埃及再次把挑衅的目光投向了叙利亚地区。最糟糕的是，第二位法老还与米坦尼国王缔结了同盟，并通过两个王室之间的联姻巩固了同盟关系。两位伟大的国王不再为叙利亚地区而战，他们达成了友好的协议，将叙利亚分割。埃及控制了奥龙特斯河畔的卡迭什，以及叙利亚沿海的国家阿穆鲁（Amurru）和乌加里特；叙利亚北部地区的其他所有土地都让给了米坦尼。这一协议未让赫梯在该地区获取任何形式的势力留有余地，而阿尔努旺达的父亲似乎在不久前刚刚对此处进行过有效的征战。但很快就证明，这种势力的丧失只是赫梯众多问题里最小的一个。

第九章　从濒临灭亡到霸权的开端

阿尔努旺达可能是一位恪尽职守的统治者，他尽力用自己能支配的有限资源去稳定他的王国，不让其敌人靠近。但其王国仍然脆弱，他刚刚驾崩，一场灾难性的危机就迅速地逼近了。这就是新国王图塔里亚所面临的情况，我们且将他称为图塔里亚三世。卡什卡部落再次是所有问题中排名最靠前的。阿尔努旺达曾用外交手段实现了对他们的安抚，但这种天真的努力可能顶多只换取了暂时的喘息，这些好斗的山野莽夫又开始行动了，他们越过赫梯边境，正组成数百个强大的洗劫团伙向南继续推进，他们抢劫了赫梯人的村镇和城市，横扫了赫梯人的谷物良田。

给地方官员的紧急公文

得益于近年来的一些重大发现，我们对这些洗劫活动有了不少最新的记载。自 20 世纪 70 年代开始，考古挖掘发现了赫梯腹地的几个重要城市，从哈图沙出土的文献中我们早就已经知道了它们。这些城市作为王国的行政管理中心，都出土了泥板文献。它们分别是最大的沙皮努瓦、沙里沙〔Sarissa，现代的库沙克勒（Kuşaklı）〕和塔皮卡〔Tapikka，现代的玛沙特（Maşat）〕，我们将重点放在其中的第三个城市。塔皮卡的考古挖掘开始于 1973 年，在赫梯腹地北部的边境区，它既是一个行政管理中心，又是一个军事前哨。它位于哈图沙东北 100 公里处。在该城市的主建筑物（所谓的"宫殿"）遗址中发现了 116 块泥板，它们的时间是公元前 14 世纪上半叶，其中 96 块是书信类的文献[1]。很多信件都是大王写给他在塔皮卡的地方官员们的。它们提供了一个极好的案例，可以体现国王的理政方式或者微观管理风格。这在赫梯历史上的那个时期尤其重要，此时的王国正处在卡什卡人严重的武力威胁下，特别是因为他们所洗劫的土地可能是赫梯国土中最富裕的粮食产区之一。处于危机中的不仅是赫梯的土地，还是赫梯名副其实的生命之粮！

地方官员们常常被召唤到哈图沙，向国王面呈要事，他们与国王之间的往来书信我们最好称作公文，它们写于仓促之际却又反映了国王当前的担忧。没有比这更好的正式交流了。这是国王写给塔皮卡一位地方官的话："国王对卡苏（Kassu）如是说：'关于你之前写信跟我所说的战车事宜，请注意，我现在已经派出了战车，留意查收。'"公文里包含了国王的要求，即报告敌军在该地区的最新动向，还有国王对官员要求的回应，后者要求用辅助部队来加强地方现有的防御，另外还有国王关于在敌人最直接威胁地区重新安置人口的命令，以及有关处理叛逃者和敌方囚徒的指示。

许多公文中的迫切语调提供了一个缩影，展示了图塔里亚三世时期这个王国正面临着的形势有多么严峻。然而，弥漫在很多信件中的绝望和沮丧的氛围偶尔也会被一些细枝末节照亮起来。这是因为那些实际书写文献的书吏们。有时候他们会在官方书信里附上简短的便条，即在末尾给他们的书吏同僚的私人附言。因此，在写好国王给塔皮卡官员有关对该地敌军行动采取控制措施的谕旨后，书吏加了一段他自己的便条：

> 致我亲爱的兄弟乌祖（Uzzu），你亲爱的兄弟苏瑞黑尼里（Surihinili）如是说："希望你一切安好。愿诸神保你平安！只是告诉你家里（在哈图沙）一切安好。你的妻子也都一切安好。你勿须担忧。我亲爱的兄弟，请给我捎回你的问候。"

这些便条的语气有时也并非如此和蔼热情。乌祖在哈图沙的书吏兄弟中就有一人，他似乎曾把一名女仆借给了乌祖。当这名女仆开始窃取家里的银器（或者赫梯相对应之物）时，问题就发生了。乌祖不断地抱怨，直到他的信友厌倦地回复："你一直就我的女仆写信给我。我不想再听了！"这促使乌祖亲自动手处理此事，威胁着要自己来惩罚她，很可能是一顿毒打。她的主人不想收回损坏之物，所以他给乌祖写道："务必把她完好无损地交给信使，他会将她带回来给我。不管那女孩偷了什么，你都能获得三倍的赔偿。"我相当喜欢这些小附件。虽然它们也许短暂和琐碎，但却让我们在一瞬间与赫梯世界的普通人有了非常密切的接触，同样也为赫梯历史上另一个非常严峻的时期提供了些许轻松的慰藉。

存亡危机下的赫梯

几乎可以肯定，我们能够把后世国王哈图西里三世的一份文献中提及的事件归属到图塔里亚在位时期，即公元前 14 世纪上半叶的某段时期。我们看到了一个宛如世界末日般的场景：

早些时候，赫梯大地被敌人洗劫一空。卡什卡之敌来洗劫了赫梯，他把内纳沙（Nenassa）变成了自己的边界。阿尔查瓦之敌从近海洼地（Lower Land）而来，他也洗劫了赫梯，他把图瓦努瓦（Tuwanuwa）和乌达（Uda）作为自己的边境。从远处而来的阿拉万纳（Arawanna）之敌洗劫了整个伽什亚（Gassiya）的土地。从远处而来的阿兹亚（Azzia）之敌洗劫了整个内陆高地（Upper Land），并以沙姆哈（Samuha）为边界。伊苏瓦之敌来洗劫了特伽拉玛之地（Land of Tegarama）。从远处而来的阿尔玛塔纳（Armatana）之敌洗劫了赫梯，他以基祖瓦特那城作为自己的边界。而哈图沙城则被付之一炬。[2]

　　这篇文献给人的印象是，赫梯的领土同时受到了来自四面八方的大规模进攻。因此，"集中入侵"这个术语通常用于形容上述事件，它意味着入侵者之间的紧密配合。但在如此广泛分布的敌人中，进行如此高水平的谋划似乎又不太可能。文中叙述的那些进攻很可能确实发生过，不过可能是在一个较长的时间段里。虽然它们对赫梯领土的影响确实是毁灭性的，却几乎不可能像文献作者想让我们相信的那样，整个赫梯国家由此变成了废墟并被敌人所霸占。否则，简直就是把赫梯王国从地图上抹掉了。图塔里亚最终重新夺回他失去的土地——这意味着他肯定有一块相当大的基地，以此才能组织反攻。而且文献给人的印象相反之处在于，这段时期赫梯的命运可能会有些许起伏涨落，在王国其他部分遭受入侵之前，有些失去的土地却又得以收复。

　　在这段时期，赫梯的都城很可能被占领并被摧毁了。但在此之前，国王有时间把他的王室朝廷转移到一个备选的安全之地。因为不同的原因，该王国的王室所在地可能被三次转移到其他地区，这可能是其中的第一次。国王去了哪儿？他都带了哪些人？第一个问题最有可能的答案是，他把朝廷迁到了一个名叫沙姆哈的地方。我们仍在辨认这座城市的遗迹，但它可能位于王国的东部，也许在马拉桑提亚河的上游或者甚至在更东边的幼发拉底河。图塔里亚以沙姆哈作为基地，通过征战驱逐了入侵者并重夺自己的王国，从这一事实来看，我们能得出的结论就是沙姆哈成了新的王室所在地。

我们从一部传记作品中知道了这一点，它是国王图塔里亚在反击计划中的搭档兼他的王位继承人的传记，此人名叫苏皮鲁流马（Suppiluliuma），赫梯共有两位国王拥有这一个名字，他是其中的第一位。这部传记作品在赫梯文献中被称为《苏皮鲁流马大事记》（简称《大事记》），它由苏皮鲁流马的儿子兼第二位继任者穆尔西里二世撰写而成。[3] 它为我们证实了那场令人瞩目的复兴，图塔里亚和苏皮鲁流马不仅成功收复了他们失去的所有土地，还为赫梯王国历史上最伟大的时期奠定了基础。

在讨论这个问题之前，让我们再多思考一下东迁王国所在地的问题，它无疑应该是图塔里亚在位时最重要的成就之一。想想这都牵涉什么。撤离哈图沙涉及很多重要的财产、诸神雕像、祭司、宫廷官员、军队和很大一部分人口，因此它定然是一项经过高度计划和精心实施的行动——这要冒险将整座城市经由敌军横行的千里之地搬迁到一个新的地方。这个新地方肯定已经提前准备好了，当他们巩固在那儿的地位时，此处已经有足够的防御工事来保护新来者。这次行动显而易见的成功之处就在于行动本身，它相当于赫梯国王在战场上所取得的任何成就。当我们想到其他类似冒险活动都是以灾难而结局时，这一次就变得更加引人关注了，因为它的结束不费吹灰之力。我想起了《圣经》中的记载，当巴比伦的尼布甲尼撒（Nebuchadnezzar）率军围困耶路撒冷时，犹太王西底家（Zedekiah）打算秘密地弃城而走，但他和他的军队却在开阔地带被截住。他的军队被击溃，而他自己则被俘，并且遭受了可怕的惩罚。这可以参阅《列王记下》25：2。

潮起潮落

幸存的《苏皮鲁流马大事记》残片给我们提供了有关图塔里亚重新征战的零散信息。这些征战大部分都是与他的战友苏皮鲁流马一起合作发起的。据我们所知，整体的复兴计划首先集中在离赫梯行动基地沙姆哈最近的敌人身上，尤其是北部的卡什卡人和东北部阿兹-哈亚沙（Azzi-Hayasa）地区的敌人。赫梯人把他们的军队从国土上驱离，并随着反攻而入侵和洗劫了他们的土地，特别是卡什卡地区屡遭重创。这些征战造成了大量的伤亡，并以大量的战俘和战利品被带回赫梯根据地而告终。苏皮鲁流马后来剥夺了阿兹-哈亚沙的独立，将其变为赫梯的附属国。此时随着国土的慢慢夺回，图塔里亚和苏皮鲁流马把他们的目光进一步转向了西部。他们在这里解放了以前的赫梯属地，例如胡拉纳河国（Hulana River Land），然后他们继续进攻和蹂躏那些曾占领过这些区域的国家。

但在安纳托利亚的所有敌人中，赫梯不得不面对其中最危险的敌人。阿尔查瓦形成了一股势力最大最强的敌对集团，它在西部的疆域辽阔。对他们的征战将使赫梯军队远离国土。此时不幸的是，图塔里亚似乎饱受病情反复的困扰（可能是因为作战受伤？），并且在沙姆哈卧病在床，日益严重。然而，解决阿尔查瓦问题不能无限期地拖延，于是苏皮鲁流马向国王请求，允许他来接管军队，并作为唯一的最高统帅负责对西部入侵者采取行动："哦，我的主！请派我去对付来自阿尔查瓦的敌人！"国王应允了，于是苏皮鲁流马的阿尔查瓦远征开始了。

他的远征并不容易，最终成功与否也一直难以捉摸。可以确定的是，他宣称自己对敌人取得了伟大的胜利，但他也遭受了重大的挫折。随着一个集团被打败，其他的又站起来并加入到对抗赫梯反攻的敌军联盟集团中。即使苏皮鲁流马最后成功地把所有阿尔查瓦军队逐出了赫梯周边地区，但阿尔查瓦的军队继续严重威胁着王国的安全。赫梯人在阿尔查瓦地区进行的征战就是为了消除这种威胁，有时也会以颜面尽失的挫败而结束。据说苏皮鲁流马耗费了 20 年才重新确立了赫梯在安纳托利亚的控制权，或者至少是对臣服于赫梯权威下的地区的控制权。他在安纳托利亚的那些征战也许从图塔里亚在位期间就开始了，但它们肯定一直延续到他的统治时期。我们不能确定图塔里亚是否再次看到了哈图沙。在这座被蹂躏的城市再次能作为王国的王室所在地之前，他也许就在沙姆哈驾崩了。

另一场王室政变

尽管图塔里亚和苏皮鲁流马之间有着密切的关系，尤其在战场上二人还是搭档，但苏皮鲁流马却并非王位的指定继承人。另一位图塔里亚才是被选中之人，文献中称他为"小图塔里亚"（Tudhaliya Younger）。为何不是苏皮鲁流马？他与"小图塔里亚"明显都是老图塔里亚的儿子。苏皮鲁流马通过军事征战确实也证明了自己配得上王位，尤其是在这个纷争的年代里。但另一人显然已被选定——也许因为他是二人中的年长者（尽管他的修饰语为"小"），或者还有一种推测，苏皮鲁流马也许是前任国王的养子，但前任国王却想把王位传给他的亲生儿子。不管怎样，小图塔里亚显然是王位的合法指定继承人，而最初苏皮鲁流马和所有的国家政要以及所有的军队都曾宣誓效忠于他。

我们不知道这位新的图塔里亚是否曾经登上过王座。尽管苏皮鲁流马宣誓过效忠，但他想成为国王的野心也无法得到遏制。随着两"兄弟"之间紧张局势的加剧，国内很多强权派纷纷转向支持苏皮鲁流马，而倒霉的图塔里亚则被暗杀了。出于对苏皮鲁流马的一种完全公平，告诉我们此事的文献（苏皮鲁流马之子穆尔西里二世的一篇祷文）并没有明说苏皮鲁流马实际上参与了这场谋杀。当然，他很可能当着自己支持者的面，故意留下暗示，从而达到了这一效果。但他也许已在脑海里为图塔里亚想了一个不那么极端的命运，例如流放，在赫梯历史上的不同时期，许多失宠的王室成员都落得这种下场。尽管如此，篡位者显然是因违背自己对图塔里亚的效忠誓言而"获罪"，至少是要对他的死负间接责任。据穆尔西里所言，最后的结局是，见证效忠誓言的诸神让苏皮鲁流马及其支持者为他们的背叛行为付出了代价，以一场瘟疫毁灭了他们所有人。

但那是多年以后的事情了。在此期间，苏皮鲁流马登上王位，并证明了自己才是赫梯最伟大的国王——至少是最伟大的勇士型国王。通过把一个摇摇欲坠、濒临灭亡的国家变成近东世界的一个超级军事强国，他以此来证明了自己。赫梯王国现在才真正地可以被称为一个帝国。

第十章　最伟大的王国

尽管有军事实力，赫梯帝国却并不安全，因为赫梯最强有力的对手米坦尼王国继续繁荣昌盛，并统治了近东世界东部的大部分地区。即使还没有完全毁灭米坦尼，那也将很快就成为苏皮鲁流马余下大半生的主要目标。这将意味着对敌人采取战争，率军越过幼发拉底河并深入米坦尼的腹地，占领和破坏米坦尼都城瓦苏卡尼，然后征服米坦尼在叙利亚的所有属地。

暴力前的外交准备

最开始苏皮鲁流马需要小心谨慎地行事，最重要的是他必须避免惹恼埃及。正如他意识到的，埃及和米坦尼同处一个条约联盟，而他最不想做的就是把埃及卷入到赫梯与米坦尼的战争中，并让其站在米坦尼的一边。如果赫梯逐个清除米坦尼的叙利亚盟友和附庸，却没有给现任法老——大概是埃赫那吞以某种保证，那这样做就会加剧风险。埃及在叙利亚南部和巴勒斯坦拥有属地，而法老或许有理由担心，赫梯对米坦尼在叙利亚附庸的征服会为苏皮鲁流马夺取南部的埃及土地铺平道路。

因此，苏皮鲁流马强调要与这位法老保持友好关系，他在给该法老首批继承人中的一位写信时回忆道：

> 我派往你父亲处的信使和你父亲的要求里都没有这样说："让我们彼此建立最友好的关系"——我没有拒绝这些话。你父亲对我所说的一切，我绝对照做了。而我本人对你父亲所提的要求，他也从未拒绝；他绝对给了我一切。[1]

无论苏皮鲁流马对法老采取什么样的外交友好姿态，这显然是成功了。纵观苏皮鲁流马征战米坦尼和叙利亚的时期，两个王国之间一直保持着和平的关系。尽管法老在叙利亚和巴勒斯坦地区的一些附属国有所抱怨，他们提及赫梯人涉嫌在其疆域内进行颠覆活动和军事干预。法老明确的意图就是避免卷入赫梯与米坦尼之间的冲突，这对苏皮鲁流马来说倒是一个理想的结果。

在准备与米坦尼进行最后决战的阶段，苏皮鲁流马收到了更多的好消息。米坦尼的国王舒塔尔纳二世（Shuttarna II）最近去世了，在他死后，王室家族内部不同派系之间就继承权问题爆发了斗争。从他的国家的历史中，苏皮鲁流马很清楚地知道，这种斗争会削弱和分裂一个王国，并使之容易受到外来的攻击。米坦尼的王位被一个名叫图施拉塔（Tushratta）的人夺得，但第二位竞争者阿尔塔塔玛又对他所攫取的王位发起了挑战。苏皮鲁流马也许选择这一时刻越过了幼发拉底河，发动了对伊苏瓦的进攻，它是在图塔里亚三世统治黑暗时期入侵并占领赫梯领土的众多国家之一。如今苏皮鲁流马终于准备对它采取报复行动了。但伊苏瓦是米坦尼的一个盟友，很有可能苏皮鲁流马的战争把米坦尼的新国王图施拉塔引到了战场上。图施拉塔对赫梯人取得了令人瞩目的胜利——至少他在写给法老的一封信里是这样说的。[2]

图施拉塔或许对自己的胜利言过其实，但几乎可以肯定，米坦尼取得了一场胜利。当苏皮鲁流马撤退下来去舔舐伤口时，他能够反思自己从这场遭遇中所吸取的重要教训。图施拉塔证明了他是一个难对付的敌人，单纯的军事力量并不足以打败他。倘若赫梯雄主想取得最后的胜利，他必须把武力和有效的外交活动相结合才行。因此在对图施拉塔的王国发动全面进攻之前，苏皮鲁流马向他的米坦尼对手阿尔塔塔玛表示了友好的姿态，并与其签订了一份条约。该条约没有幸存下来，因此我们无法知道它的条款都有什么。但至少它可能有助于确保阿尔塔塔玛和支持他的军队不会阻碍赫梯人对图施拉塔政权的战争。这想必是基于如下理解，倘若战争胜利，而图施拉塔被杀或者至少是被赶下了台，苏皮鲁流马就会支持阿尔塔塔玛登基，随后就是建立两个王国之间的伙伴关系。当然如果苏皮鲁流马确实达成了这样的协议，他定然是希望如此，但他把手指紧紧交叉地背在身后，以示自己的诺言可以不算数，这正如后来的诸多事件所证实的那样。

在战争之前，他还试图通过外交手段从米坦尼一方赢得一些叙利亚的盟友和附属国——但结果参差不齐。他的一大收获是乌加里特，这是一个富有的叙利亚沿岸国家。乌加里特是一个贵重木材的产地，还有着富饶的草原，非常适合畜牧以及生产大量的谷物和其他农产品。它是繁荣的制造业中心，拥有四个以上的海港，其中就包括它的都城——也被称为乌加里特。但叙利亚其他国家拒绝与苏皮鲁流马有任何关系，事实上还对乌加里特与他的合作实施了报复打击。然而，苏皮鲁流马信守与乌加里特国王尼克玛都二世（Niqmaddu II）结盟的条款，他派遣了一支远征军前去营救后者，把入侵者们赶出了后者的国土，并把他们的大片土地给了他的盟友。后来乌加里特成了赫梯的一个附属国，而不只是一个同盟国，它成为赫梯在叙利亚的"王冠明珠"。

苏皮鲁流马至少还赢得了另外一个叙利亚国家努哈塞（Nuhashshi）王国，并让它站到了自己的一边，如果我们相信一些埃及附属国统治者向埃赫那吞的抱怨，他就很有可能在很多埃及的附属国里也树立了自己的权威，即便没有如此，那他也将自己的影响力延伸进去了。但主要的叙利亚国家仍然坚定地保持着对米坦尼的忠诚。它们必须要靠武力来赢取，因为苏皮鲁流马现在已经开始着手与米坦尼的最后决战了。

与米坦尼开战

他再一次越过幼发拉底河，征服了伊苏瓦的土地，然后直插图施拉塔王国的腹地，占领并洗劫了它的都城瓦苏卡尼。他的行动如此迅猛，以至于图施拉塔完全是措手不及，后者只能放弃了都城，带上了尽可能多的挑选的军队，然后逃之夭夭。这时苏皮鲁流马回师穿过幼发拉底河，以一系列闪电战征服了米坦尼在幼发拉底河到地中海沿岸之间的附属国和盟友，然后一路直下到达了大马士革的边境。他在这里停下，因为大马士革处在埃及人的附属领地内——这是赫梯人的禁区。

他把被征服国家和城市的国王废黜，连同他们的家人一起押送到哈图沙，这其中就包括了奥龙特斯河畔卡迭什的统治者和重要臣民。苏皮鲁流马实际上本打算绕过这座城市，以此来承认它当时正处在埃及主权之下。但它的统治者却对苏皮鲁流马的军队发动了无端的进攻，后者便占领了这座城市，并将其加到了自己的征服名单之列。苏皮鲁流马声称所有这一切都在一年内完成了。这场所谓的"一年叙利亚战争"在实际时长和具体细节方面都存在着不少的学术争议。但不管它的时间有多长和苏皮鲁流马胜利的影响有多大，图施拉塔仍然逃出了赫梯的掌控，而对米坦尼的最终征服也仍未实现。

发生此事的前些年里，苏皮鲁流马在叙利亚征战尘埃落定以前中止了东征并回到祖国。这肯定是因为他王国的核心区受到了卡什卡人的再次威胁，并且新的反赫梯叛乱遍布了安纳托利亚地区。国王专注于征伐米坦尼和叙利亚，无疑是为这些反叛提供了一个主要的诱因。苏皮鲁流马如今也许耗费了很多年，才在安纳托利亚重新恢复了他的权威。在这样做的同时，他把在叙利亚的行动委任给了副手们，尤其是他的儿子铁列平。当图施拉塔意识到赫梯针对他的王国的势头减弱时，他开始最后尝试在幼发拉底河西边恢复自己的权威，他对米坦尼要塞卡赫美士的周边地区发动了进攻，事情因此到了非常紧要的关头。铁列平的应对之策是率一支赫梯军队来御敌，他控制了卡赫美士外围的大部分地区，并在此建立了一个冬季营地，它是一个名叫穆尔穆瑞伽（Murmuriga）的防御据点。来年春天，他可以从此处重新发起进攻。但卡赫美士城本身仍然未被攻克，而赫梯的营地则处在图施拉塔军队的包围之下。

米坦尼的取胜可能会导致铁列平军队的被俘，由此带来的可怕后果引发了铁列平的担忧，他向当时身在安纳托利亚南部的父亲寻求了一次紧急的会晤。他儿子的简报无疑让苏皮鲁流马感到自己必须尽早返回叙利亚，并带上他能召集的全部军队，这是赫梯人成败的关键所在。国王果断又迅速的行动是必不可少的。冬季一过，他就准备返回叙利亚战场。在一个名叫特伽拉玛的地方稍作停留，他对所有的军队和战车进行了全面的检阅。他从中组建了一支远征军，归于王储阿尔努旺达的麾下。远征军先于主力部队前往叙利亚地区执行准备活动，并为国王亲自率领的主力部队开路。

占领米坦尼最后的主要据点卡赫美士，这成为苏皮鲁流马的首要军事目标。攻克它将能给他的敌人以致命一击，实际上，这还可以排除叙利亚国家再次尊米坦尼为宗主的所有可能性。在这位国王的亲自指挥下，赫梯军队包围了卡赫美士。

一位埃及王室遗孀的恳求

就在准备围攻之际，一封来自埃及王后的书信被送到了这位国王手上。[3] 当书信内容被诵读给苏皮鲁流马时，他惊讶地凝视着信使。他宣称："我这一生从未遇到过这样的事情。"这封信宣告了王后的丈夫——埃及法老的突然驾崩。但令苏皮鲁流马惊讶的是这位王室遗孀对他的请求：后者希望他能派一个儿子去做她的下一任丈夫，这个儿子也必然会成为埃及的下一任统治者。埃及王后解释说，这是因为埃及的王朝已经结束，而她又拒绝下嫁给自己国人中的地位卑微者。

苏皮鲁流马怀疑她的请求，便派大臣去埃及核实事情的真伪。他怀疑的主要原因在于，如今已去世的法老不久前还下令攻击卡迭什城，此城原本是埃及的附庸，但现在却处在赫梯的管辖之下。赫梯人击退了这次进攻，并对埃及在更南边的属地实施了报复性打击。虽然苏皮鲁流马对这种背信弃义的行为感到愤怒，但更重要的是，由于他自己声称在与米坦尼的战争中要避开埃及领土，所以他的这种谨慎丝毫没有松懈。他现在怀疑王后的来信只是埃及进一步背信弃义的幌子。

当他的大臣踏上前往埃及的路途，苏皮鲁流马完成了对卡赫美士的征服，并在冬季大雪来临前班师回朝。但在此之前，苏皮鲁流马跨出了赫梯帝国历史上的关键性一步。随着对卡赫美士的占领，他把自己的儿子沙里-库苏赫（Sharri-Kushuh）任命为赫梯在那儿的封侯。大约同时或者可能更早些时候，苏皮鲁流马任命了另一个我们已经提到过的儿子作为阿勒颇的封侯，他就是铁列平。苏皮鲁流马把先前的当地国王变为阶下囚，将他和他的家人押送到哈图沙，然后安排铁列平为统治者。因此在赫梯历史上，这是首次在国土以外的王国地区建立了赫梯的直接统治。在苏皮鲁流马新获得的叙利亚领土上，由他任命的卡赫美士和阿勒颇封侯被授予了赫梯大王的所有主要职能——军事、行政、司法以及宗教的各个方面。赫梯人征服的所有其他叙利亚地区都成了赫梯的附属国，它们的统治者则被用条约束缚于他们的赫梯宗主。

来年春天，国王的大臣从埃及回来了，与他一道而来的还有埃及的首席特使哈尼（Hani）。两人都保证埃及王后对苏皮鲁流马的恳求是诚挚的。埃及王室家族没有留下任何能够继承已故法老衣钵之人，而从表面上看，请求一位赫梯王子来登上埃及的王位是可行的。外交使节还带着一封来自法老遗孀的愤怒的书信。在信中，年轻的埃及王后责怪苏皮鲁流马居然怀疑她恳求的真实性。以正人君子般的抱怨对这一封信回应后，苏皮鲁流马被说服了，毫无疑问是被自己的儿子能成为新法老这一前景所深深吸引，由此所有未来的法老都会有赫梯的血统。于是为了王室联姻，他把五个子嗣中的一人派往了埃及，这个年轻人叫查纳查（Zannanza）。

不久之后便传来了查纳查在途中被杀的消息。尽管仓促登上王位的新法老阿伊（Ay）郑重声明自己是清白无辜的，但苏皮鲁流马将自己儿子的死亡归咎于埃及人。为了复仇，一支惩罚性的远征军被派去袭击和掠夺埃及的属地。

极具讽刺的是，这次远征之后，赫梯人押送回国内的数千名战俘却给他们带来了一场瘟疫，据称此次瘟疫在国内肆虐了 20 年，造成大量人口的死亡。苏皮鲁流马本人及其儿子兼第一位继承人阿尔努旺达都是这场瘟疫的受害者。

这位死去的法老是谁呢？在《大事记》中，他被称为尼普胡鲁瑞亚（Niphururiya）。他的名字的赫梯语形式正好对应了埃及的内布赫佩鲁雷（Nebkheperure），它是法老图坦卡蒙在位时的名字。我们知道，图坦卡蒙之死事实上终结了著名的埃及第十八王朝。他的妻子在《大事记》中被简称为达哈门祖（dahamunzu），这是对一个埃及术语"国王之妻"的赫梯语翻译。如果图坦卡蒙就是被提及的法老，那写信给苏皮鲁流马的埃及王后肯定是他的妻子安凯塞那蒙（Ankhesenamun）。我相信这些对应是正确的。但其他学者把该法老对应为埃赫那吞，在这种情况下，达哈门祖就应是他的妻子内菲尔提提（Nefertiti）。倘若他们是对的，那我们将不得不对这一时期的历史重构做出许多的改变。但我认为这是没有必要的。

我们能够肯定的是，整个事件终结了赫梯与埃及之间和平相处的所有可能。事实上从这个时期开始，两个王国之间的紧张局势继续加剧，最终在公元前 1274 年著名的卡迭什之战达到了顶点。我们稍后再谈此事。

米坦尼的终结和亚述的崛起

随着卡赫美士落入赫梯人之手，图施拉塔的日子屈指可数。他躲过了赫梯人的追捕，行踪不明。如果他真的躲起来了，那么他最终却被自己的同胞搜寻到，而后被杀害。行凶者里有他的一个儿子，可能名叫沙提瓦查（Shattiwaza）。

然而，他的死并没有标志着赫梯在该地区战争的结束。在接下来的六年左右时间里，赫梯人继续在幼发拉底河两岸展开了军事行动。阿尔塔塔玛占据着前米坦尼帝国的王位，该国现在通常以传统名字哈尼伽尔巴特而为人所知。此时他已经是一个老人了，于是他任命自己的儿子舒塔尔纳为摄政者。我们记得，很多年前苏皮鲁流马曾与阿尔塔塔玛签订了一份条约，该条约可能承诺要赫梯人支持后者的继承权，并且很可能也包括对他合法继承人的支持。但是，图施拉塔及其帝国的倒塌随后就给赫梯人带来了另一个问题——米坦尼的昔日附庸亚述崛起了。

早在埃赫那吞统治时期，亚述国王阿淑尔-乌巴里特（Ashur-uballit）就明确表示自己想加入"伟大的国王俱乐部"的愿望。因为担心赫梯人，舒塔尔纳便开始与亚述建立密切的联系，亚述将会对赫梯的安危有着严重的威胁，就像曾经的米坦尼对赫梯安危造成的威胁一样。通过与沙提瓦查建立密切的关系，苏皮鲁流马以此解决了这个问题，沙提瓦查是图施拉塔的儿子，并且还可能是杀害自己父亲的同谋。苏皮鲁流马还把一个女儿嫁给了沙提瓦查，这进一步巩固了他与后者的关系，然后他指示卡赫美士的封侯——也就是自己的儿子沙里-库苏赫在以前的米坦尼领土上与沙提瓦查共同发动了一系列的军事征战。结果是占领了该地区的大多数重要城市，推翻了现有的统治，并把沙提瓦查扶持为米坦尼新的大王。这只是徒有虚名的头衔，沙提瓦查只不过是一个臣服于赫梯大王的傀儡统治者。

苏皮鲁流马的遗产

有关苏皮鲁流马征战米坦尼的描绘，肯定是其子穆尔西里为他所写传记中的亮点。但很不幸的是，传记的这一部分几乎完全缺失了。我们对所发生事情的了解主要基于一小部分其他文献。其中值得关注的是苏皮鲁流马和沙提瓦查签订的两份条约（尤其是它们的历史前言部分）。[4] 虽然这两份条约构成了一套单独的外交协议，但看上去苏皮鲁流马是其中一份条约的作者，沙提瓦查是另一份条约的作者，这样就给人以这样的假象——沙提瓦查保留着外交上的独立。[5] 不用多说，在这些偏向赫梯的档案中，我们必须允许某种程度的夸大和"选择性报道"的存在。它们并非客观的历史记录，而是在最有利于赫梯的动机下，有目的性地展现苏皮鲁流马与米坦尼的冲突。

因此，苏皮鲁流马留给继任者以及整个赫梯世界的遗产究竟是什么呢？毫无疑问，苏皮鲁流马是一位杰出的军事指挥官，他主要负责把自己的王国从濒临灭绝的边缘拉到了作为近东世界最强大王国的顶峰。在这一过程中，他摧毁了赫梯长期以来最可怕的敌人米坦尼王国。他还通过发展附属国体系巩固了帝国的根基，当地王国的统治者们通过名为条约的正式协议将他奉为宗主。他还在远离国土的赫梯重要地区首次建立了直接统治——在卡赫美士和阿勒颇设立了封侯职位。从今以后，直到赫梯帝国的灭亡，这些都是赫梯在叙利亚的直接权力中心。

不利的一面是，苏皮鲁流马灭亡了米坦尼帝国，却为亚述的复兴铺平了道路，亚述很快接管了米坦尼昔日在幼发拉底河东面的所有领土，并严重威胁了河对岸的赫梯领土。他让埃及与赫梯的关系陷于岌岌可危的状态，一个强大且崭新的埃及王朝将要出现并挑战赫梯在叙利亚的权威，而这只是时间问题。赫梯在安纳托利亚的威信尚未完全树立，几乎就在国王苏皮鲁流马死后不久，该地区的很多地方就立即爆发了大规模的叛乱。一场严重的瘟疫肆虐国内长达多年，它是苏皮鲁流马派遣赫梯远征军的意外结果，这支远征军去往埃及在叙利亚和巴勒斯坦地区的国家，目的是给亡故之子报仇。而在宫廷内，他也给自己的首批两位继承人留下了一个主要的问题——现任正妻对权力的滥用，她是一位以王室头衔"塔瓦娜娜"（Tawananna）作为私人名字的巴比伦公主。

第十一章　诸神的中间人：赫梯的大王

在了解苏皮鲁流马死后的赫梯历史如何展开之前，让我们暂时关注一下赫梯大王这个群体。在青铜时代后期的大部分时间里，他们是赫梯世界乃至整个近东世界最有权势的人。我已经说过国王作为人民军事领袖的角色及其所代表的勇士文化，我下面还会更多地谈及这一点。但国王的其他主要角色和职责同样重要。那都有什么样的角色呢？又是谁来保证这些职责的实现呢？

首先，让我们简要回顾之前讨论过的一些内容。赫梯王国的一个显著特征是，在其存在的 500 年时间里，国家的最高权力是由单一的王朝近乎毫无间断地掌控着，它始建于公元前 17 世纪早期的某个时间。即便是公元前 12 世纪早期，在王国崩溃之后，这个王朝的成员还在幼发拉底河地区延续着统治，特别是在卡赫美士至少还延续了好几代人的统治。让这个长寿王朝更加显著的特征在于，它来自王国内部的一支少数民族，他们所说的印欧语叫内西特语（Nesite）。在很多代人以前——可能是赫梯时代开始前的很多个世纪，说印欧语之人就已经到了安纳托利亚。当他们与数量更多的本地居民——哈梯人混合以后，其中许多人保留了自己的民族特征，并设法在这片将成为赫梯王国核心的土地上建立了最高统治权。当然，我们已经看到，赫梯君主制的历史有时会被

图 9　赫梯双头鹰，帝王权力的象征，阿拉贾许于克。

政变和未遂的政变之血染红，因为敌对的王族分支会从在位国王或者其指定继承人的手中夺取王位，试图把自己的人推上权力的宝座。但这一切都停留在家族内部，除了偶尔会有的外来闯入者，赫梯王位所有者的血液中都流淌着相同的王室血脉，尽管与外国高贵家族的婚姻关系常常会稀释这一血脉。

诸神的代理人

严格地说，国王本人是神圣不可侵犯的。他的权力源自神权，因为他是诸神在人间的首席代表，是诸神与凡人崇拜者之间所有事务的中间人。作为赫梯国内的首席祭司，他的形象有时被描绘在浮雕之上，他头戴圆边帽，身穿长及脚踝的祭司官职袍，手持一根尾端弯曲的权杖，这是他的另一个官职标识。在王室宣传中，他声称自己的权威得到了神的认可，其表述是他"受到（所有）神灵们的宠爱"，众神共同保护他们所认可的人间代理。但每位国王也有自己专有的一名守护神，例如，穆尔西里二世的守护神是阿丽娜太阳女神，穆瓦塔里二世的是闪电雷雨神，哈图西里三世的则是伊什塔尔（Ishtar）女神，这些神灵在战争与和平时都会让他们的信徒免受伤害。至少在这个方面，这些神圣的守护者似乎相当尽责，因为在赫梯王国总共29位统治者的名单里，只有很少人被赶下王位或者被杀害，而且尽管他们常年进行无数次的战争，却没有人（除了一个有可能的例外）在战斗中被杀或者受到致命的伤害。

不利之处在于，作为诸神在人间的代理，你也必须要为你的臣民所犯的罪行承担责任，这些罪行会激起诸神的愤怒，只有通过适当的惩罚才可以平息神怒。有时候你的生命可能会受到神灵怒火的威胁。你也许会在梦中得到预警，或者通过一只被献祭动物的内脏来问询。如果是个坏消息，你可以设法免受惩罚，即在你认为最危险的时期里指定一个替代品——人或动物抑或真人大小的木像来取代自己的位置。如果是一个动物替代品，它将会被带到一个高处，这里可以让被冒犯的神灵清楚地看见，然后该牺牲品会被献祭并被烧掉，以此代表国王的死亡和火葬。倘若用一个人做替代品，通常是让一个战俘表面上暂时成为国王——让他身着国王的服饰，并"涂抹有国王身份的精油"。真正的国王则离开宫廷，他的替身大吃大喝，并在王室寝宫里睡觉。人们通过神谕已经弄清楚了，这段时间是真国王最脆弱的时候。但如果危险期过去，而替身却没有变得更糟糕，那他就会被毫发无损地送回自己的国家，真国王则恢复自己的地位。（所有这些让人想起了古巴比伦的一项替代仪式，不同之处在于，实际上巴比伦替代仪式中的替身在他短期王位结束时就要被处决。）

如果你自己身为国王，却犯下了一些激怒神灵的滔天罪行，那你的整个王国都会因此而受苦。作为《旧约》信仰的铺垫，这种父辈之罪可以降临到他们的儿子身上，正如国王之罪会降临到他们的臣民身上一样。因此苏皮鲁流马的儿子，即国王穆尔西里二世最后通过神谕指示弄清了那场瘟疫的缘由，这场瘟疫肆虐赫梯大地长达 20 年之久，其缘由正是他父亲多年前犯下的几项罪行触怒了神灵，其中就包括违背誓言和忽视祭祀。一旦确认了这些罪行，人们就可以采取适当的赎罪方式来结束这场苦难。

国王的宗教职责包括在自己的国土上经常巡游，参加王国内最重要的宗教节日庆典。这些节日通常持续多天，是在宗教日历上每年定期举行的活动。如果一个国王未能出现，那神灵不悦的后果会非常严重。但他也要参加其他紧迫的任务，当一个特别的节日庆祝通常需要他本人出席时，他有时就有必要任命一名位高权重的代表，特别是他的家庭成员来代替他。

国王的世俗职责

王权的另外两项职责非常突出。我们已经提到过第一项了。王室意识形态要求国王成为一个伟大的勇士，并定期在战场上展示自己的能力。为了给执掌王权做好准备，他从小就会接受兵法的训练，并且在他只不过是小孩的时候就经常去战场上积累经验。当上国王之后，他期望着用大部分统治时间来领导军队，去对抗敌人或者背叛的附属国。战俘

图 10　身为勇士的苏皮鲁流马二世，哈图沙。

和从受害者处掠夺来的满车财宝可以证明战场上的成功，他们会一起列队穿过城市街道，这为国王的臣民们提供了确凿的证据，以此表明他作为一名伟大的勇士所拥有的实力。这是王权的一个基本属性。有趣的是，虽然国王的军事征战和胜利被很详细地记录在文献中，但国王作为一名勇士的浮雕却非常罕见。与埃及肖像画和后来一个时代的亚述浮雕形成鲜明对比的是，现存的赫梯浮雕从未描绘过战斗中的国王形象。在少数情况下，他才被描绘成一名勇士，他身着盔甲、手拿武器地准备出征，但却是处于一个静态，时而独自一人，时而立于神灵面前。战争肖像画在赫梯王室宣传中所起的作用并不大。

国王的另一个主要职责是监督国内的司法行政。我们也许可以在弯曲的权杖上看到这一点的视觉性象征，权杖通常用拉丁语 lituus 来表达（源自古罗马占卜师所拿的相似形状的权杖），在把国王描绘成祭司的浮雕中，有时它会被握在国王的手中。这种权杖被解释为牧羊人的曲柄杖的一个造型。在广义上说，它可能象征着国王作为人民的牧羊人的角色，尤其是作为那些最需要他保护之人的监护者。这一象征被巴比伦国王汉穆拉比运用在他的法典中，他把自己描绘成国家公正的仲裁者，特别是最弱小和最易受伤害臣民的保护人。在赫梯的背景下，"牧羊人的曲柄杖"也可能反映了国王作为其人民保护者的角色，即他就是首席大法官。但又不同于汉穆拉比和其他美索不达米亚统治者，赫梯国王从未在他们的头衔中使用"牧羊人"的修饰语；在赫梯人的语境下，只有太阳神才被称为"人类的牧羊人"。

国王的许多司法职责都可以授权给他管辖下的地方官员，包括地方统治者，因为其职能就是要求他们充当巡回法官，他们要在自己的辖区内巡游，主持当地的审判法庭，审理各类民事和刑事案件。但国王的所有臣民都有权就下级法庭对他们的判决向国王本人提出申诉。因此，幼发拉底河畔的城市埃玛尔（Emar）有一位祭司，他被卷进了当地守军将领的财产和税收纠纷，但他向国王成功地上诉，反对下级法庭做出的有利于他的对手的裁决。而且在国王的法庭上还会判决某些重要的罪行，包括巫术、兽交和各种形式的道德沦丧以及一系列其他引发死刑的罪责，在很多情况下都是由国王亲自担任国家的首席大法官。当然，国王的很多其他职责和义务必然导致这一角色要经常授予他家庭中的其他成员，或者是给王国精英统治阶层里的一些其他位高权重者。重要的一点在于，即使国王臣民里的最卑微者也可以求助于最高当局，通过司法程序来解决他们的冤屈。

"大家庭"

当国王不外出征战或者参加宗教朝圣时，他会生活在戒备森严且与世隔绝但又富丽堂皇的宫殿里，它位于哈图沙卫城，如今被称为比于卡莱（Büyükkale，"大城堡"）。但光靠砖石和灰泥，即使结合了神灵护佑的保证，那也不足以保证国王的人身安全，并让其免受国内的阴谋与政变以及外来敌人的影响。许多人的支援也是必不可少的。这毫无疑问是多个层面的。但最核心的是一个精英群体，即训练有素的带刀侍卫，被称作"麦舍迪"（MESHEDI）。他们在某些方面可与罗马的禁卫军相媲美（虽然他们在数量上少了很多），无论国王是在巡游（在巡游线路上会有他的行宫）、征战还是居家，"麦舍迪"都会在国王与他的臣民以及敌人之间直接构筑第一道屏障。他们的指挥官叫"伽尔麦舍迪"（GAL. MESHDI），他是王国内最有权力和影响力的人之一。一般而言但亦并非总是如此，他会是国王的近亲，经常是他的兄弟或者儿子。因此，未来的国王哈图西里三世在其兄弟穆瓦塔里还在位时就担任过这一职务，而当哈图西里为王时，他就任命自己的儿子兼继承人图塔里亚担任了此职。

在"大家庭"的其他成员里，国王的正妻有时可以说是他们中最有权势之人，传统上称其为"塔瓦娜娜"。我们将在第二十章里单独讨论她。国王还会有一个或者更多的妃嫔（无疑是为了确保一大群王室后代，可用于联姻、外交职务和王位的候选人，等等），她们按尊卑等级来排序。我们从《铁列平敕令》里得知，如果国王正妻无法生出继承人，妃嫔所生的儿子就有资格继承王位。国王指定为自己继承人的儿子有着特殊的地位。他被称为"图汉提"（tuhkanti），经常从小就要接受训练，可以承担起王权、宗教、行政和军事的职责，这样可以确保在其父亲死后顺利继位。

变成神灵

一位国王死后会发生什么呢？让我们从他的葬礼开始说。虽然现存的大量节日和仪式文献几乎没有提供国王加冕典礼（它肯定是精心设计的，并持续不少天）的任何信息，但我们却有一份相当详细的葬礼描述，它被规定用于国王，也包括他的王后。如同所有的仪式文献，与王室葬礼相关的仪式必须严格注意细节，要确保整套流程没有错误，让死者从这个世界顺利过渡到下一个世界。规定的仪式程序长达 14 天。他们以庄严的语调开始了第一天："当一场大罪降临哈图沙，国王或者王后就变成了神灵［……］。"在遗体的脚边要放一头被献祭的公牛。当割开它的喉咙时，献祭者对遗体说："你变成什么，就让它变成什么！愿你的灵魂降临到这头公牛身上！"然后倒好祭酒，喝光酒之后把酒器打碎，因为不会再使用它了，至少在这个世界是不会了。出于净化的目的，一只公山羊会在遗体上方来回晃动。[1]

第二天要备好食物和酒水一类的祭品，晚上则把遗体放在柴堆上焚烧。第三天黎明需要筛选焚烧过的柴堆，清理出国王的骨灰，然后将它放在椅子上，这把椅子则被置于宴会桌的前面，桌上摆满食物饮料。因为国王是自己的葬礼宴会上的贵宾，典礼中他坐着的雕像让他在场上更加明显。因此，王后的坐像也在她逝世和葬礼仪式中占据着一个突出的位置。宴席和祭祀将持续好几天。第六天要把骨灰带到他们最终安息的地方，唤作"黑库尔屋"（hekur-house），并安放在一个长榻上。

还会有更多的祭品，宴席依然持续，空气中充斥着乐师的哀歌与妇人的恸哭，弥漫着新鲜面包和烤肉的芬芳，夹杂着汗水和献祭动物的血水以及粪便的恶臭。这些动物将成为国王在新世界的牲畜，例如牛和羊、马和驴。人们从地面上割起一块草皮，将它放在墓地，这象征着死者的牧场，它是国王在下个世界财产里的一部分，死去的国王将在那里永享和平舒适。

但这种田园般的死后生活并非完全自给自足，因为对死者的崇拜需要国王遗属们的大量维护。除了国王的"黑库尔屋"，还有一座石墓——我们至今还没有辨认出确凿的幸存样例——留作维系死者养护的还有一些土地、牲畜以及人员。这些人员是终身制的，包括门卫、牧人、家仆和农场工。而进入国王陵墓的人仅限于死者的直系亲属。他们的职责，尤其是国王继承人的职责，就是要确保维系一个以他为荣的崇拜，涉及定期向他的灵魂献祭供品和牲畜。

因此在赫梯的下层社会，祖先崇拜也是为了维系对死者的纪念，为他们献祭，保留对他们的记忆，并帮他们与活着的家人保持联系。但与他们的许多近东同伴一样，赫梯人似乎对死后生活持悲观的态度——至少对社会中的小部分人而言就是这样。我们有一些赫梯文献，它们涉及死后生活，通常就将其描绘成一个阴郁沮丧、暗无天日的冥府世界，通过挖一些坑、洞和井就可以进入地下。这些文献中有一篇告诉我们，当你到达那里时，你只有脏水可喝，只有少量泥土可吃，而且你认不出任何亲戚，包括自己的母亲或者兄弟姐妹，他们也认不出你。

虽然这一绝无仅有的文献也许过于消极负面，但考古证据则留下了稍微积极一点的印象。我们尚未发现任何王陵，但在城市外围已经找到了不少墓地（时间大多是赫梯时代早期），其中就包含了身份较低之人的遗骸。火葬与土葬都被用于处理尸骸，有时是在同一片墓地。火化的骨灰存放在陶器中，为喜欢土葬之人则挖好墓穴，用以存放尸骸，令其完好无缺。与尸骸一起掩埋的还有一些简单的陪葬品，像小陶罐，有时还带有一些动物的骨架，例如牛、羊、猪、狗，偶尔也有马和驴。也许这些纯粹是作为献祭品，也许其目的是在下一世为死者服务。如果是后者，那冥府世界也许没有那么糟糕，并非如同文献里想让我们相信的那样消极负面。

我们已经注意到，国王和他的家人（或者其中精选出的人员）无疑是明显地向往着一个快乐安逸的死后生活。他们在那里拥有牧场，饲养着牛和羊、马和驴，这在某种程度上也许类似古典传统中的极乐世界，在那里，希腊英雄像他们的神一样，在幸福安逸中享受永生。事实上，国王在离开这一世后进入了众神的序列。当一位国王的儿子兼继承人提及自己父亲的死亡时，我们才得知此事，他说："当我的父亲变成了神灵［……］。"虽然这只是字面意义的词语，但却是有资格的。已故诸王并没有进入赫梯世界的万神殿。他们是位次靠后的神灵。但为了纪念他们，一些雕像会被制作，并放在大神们的庙宇里。他们的灵魂可以进入到这些雕像中，这样他们就可以继续接受所有臣民的敬意和供品，而不仅限于他们的家人。正如我们所指出的，祖先崇拜常见于社会的所有阶层。但王室祖先崇拜却在国家的范围内得以推行。

顺便提一句，"变成了神灵"的表达在很晚的一个时代产生了回响。罗马帝国时代的皇帝们通常在死后都会被赋予神性。其中曾做过军事指挥官的韦帕芗（Vespasian）脚踏实地，从不胡说八道，他就对这种神化嗤之以鼻，视其一文不值。当他意识到死期即将来临时，据说他把这种想法放置一边，并发表了一段愤世嫉俗的精彩评论："哦，天哪！我想我正在变成一位神灵。"（Vae, puto deus fio）这是多么伟大的告别语啊！

当然，很多社会都把神性赋予他们的统治者，例如古代埃及人，或者他们的统治者会在活着的时候就自认为是神灵；罗马皇帝卡里古拉（Caligula）和马其顿将军亚历山大大帝都在脑海中浮现。那么实际的问题来了，赫梯后期的一些国王是否也在活着的时候就声称自己拥有神的地位呢，特别是帝国最后一个世纪里的那些国王。在这段时期，赫梯视觉艺术的显著发展引发了这个问题。从穆瓦塔里二世在位时期，大概始于公元前1295年，一直到帝国的结束，赫梯的诸位国王都会在巨石表面雕刻自己的画像，有在悬崖岩山上的，也有在建筑石材上的。在这些公共纪念物上，国王和王后有时被描绘成身穿祭司的仪式服，向一位或者多位神灵表达敬意。有时国王看起来像一个全副武装的勇士。在其他情况下，他还以祭司身份头戴圆边帽，但偶尔也会是像男性神灵戴的那种圆锥高帽。一般说来，神灵和他的凡人崇拜者很容易通过帽子上的角来进行区分，这是他的神灵身份的象征。角越多，神灵就越重要。但偶尔这些浮雕中的国王也会戴着有角的帽子。这可能并不意味着——虽然有时也会如所想那样，他已经在活着的时候就被赋予了神灵的身份，或者他是已故且被神化的国王灵魂。更准确地说，它应该是打算把有祭司身份的国王区别于其他祭司，于是将他描绘成穿着实际上与自己的守护神相似的服饰，这样来表明他与神灵的紧密认同和亲密联系。

也就是说，倒数第三位国王图塔里亚四世也许在还活着的时候就宣称了自己的神灵身份，这不仅是因为他戴有神灵的象征标记，还因为在一篇铭文里就明确提及给他的一次祭酒——如果残存的文献已经被正确释读的话。因为祭酒只是为诸神而作，这就意味着出现在他的子民面前的图塔里亚，如今是一位活着的神。这篇铭文被刻在一个遗址的石块上，它可能是一个圣地，现代名叫埃米尔伽兹（Emirgazi）。此处位于安纳托利亚南部的科尼亚平原（Konya Plain）。[2]

那么我们如何看待这一切呢？为何散布在赫梯王国大地上的这些纪念物是在其历史的最后一个世纪里出现，而不是以前就有呢？为什么活着的国王在这个世纪末才获得（显示出）神性？还有一事我尚未谈及，那就是常常伴随着这些纪念碑的铭文。

象形文字铭文

让我们首先讨论铭文。我们应该回到 19 世纪对赫梯人的再发现者那里，以便开始我们的讨论。你将想起夏尔·特谢尔和那个时代的其他探险者，他们发现了神秘的象形文字，它们被刻写在散落于安纳托利亚和叙利亚不同地点的石块和悬崖峭壁上。在那个世纪晚期，阿奇博尔德·亨利·塞斯总结之后认为，用这一文字书写的铭文代了一个伟大的帝国——赫梯帝国人民的语言。他相信这个帝国中心在叙利亚，但却扩展到了安纳托利亚西部的大部分地区。如今我们已经确定，实际上赫梯语（严格来说是内西特语）用楔形文字书写在泥板上，保存于赫梯都城哈图沙以及王国的其他行政管理中心。虽然赫梯语/内西特语是泥板上的主要语言，但我们仍注意到，还有许多其他语言也同样用楔形文字书写在泥板上。这其中就包括了卢维语的段落，它是定居在安纳托利亚的另外一支印欧人所用的语言。

但楔形文字并非用于书写卢维语的唯一文字。实际上，象形文字书写的卢维语就是散布在安纳托利亚和叙利亚的石碑上所用的语言。换句话说，赫梯王朝在公共石碑铭文上所使用的语言，并不是如塞斯和其他人所推测的赫梯语，而是用象形文字书写的语言，它属于赫梯臣民中的一支——操卢维语之人。早在公元前16世纪，这种象形文字就已经出现在印章上，它通常被印在文档上以供验证身份，或者附在较大物件上以示其所有权。

后来，出于同样的目的，它被用在国王及其家庭成员的印章上。事实上，近年来在哈图沙最令人印象深刻的发现之一就是王室印章或者印鉴，它们大约有3500个，这远远超过迄今发现的所有此类印章碎片的总数。国王的名字通常以象形文字形式出现在印章的中间，而在印章外围的同心环里，则用楔形文字书写了他的名字，常常还有他父亲的，有时还会有其他王室先辈的名字。但最重要的是，象形文字形式的卢维语是赫梯诸王在最后一个世纪用于铭文中的语言，它在都城和帝国的其他地区都有使用，目的在于宣扬他们的军事成就，还有献身于宗教的职责，或者有时仅仅是他们的名字。这些铭文被刻写在石块或者天然岩石的表面，常常伴有浮雕，以供众人观赏。

这些公众表述中所使用的语言和文字属于他们的臣民，但为何不用他们的呢？立即浮现在脑海里的答案就是，与官僚主义倾向的楔形文字相比，象形文字及其类似图画一样的符号更适合公开地展示。但也还有其他的考虑，到帝国的最后一个世纪，说卢维语之人遍布了整个帝国，在帝国所有居民中的人口几乎肯定是最多的。通过公共石碑，用臣民们的语言对他们说话，这很可能被视为一种与这些臣民建立联系的重要手段，通过宣称他们的国王与土地终极保护者——诸神的关系密切，并且为了诸神而奉献一切，这样使王室的宣传得以强化。

还有另外一个实用性的考虑。当铭文作者以象形文字形式出现时，即便国王的臣民是文盲，他也能辨认出其名字和头衔。因此，例如图塔里亚四世，在他铭文的开头，通过其名字的象形文字形式就可以立即辨认出他，那是一幅头戴角帽的神灵图像，他的下半个身体由一座山来表

图 11　图塔里亚四世，亚泽勒卡亚。

示，其下是一双向上翘的靴子。名字通常伴有王室的标记：图像上端的一个带翼太阳圆盘，还有两边的象形文字符号，意思分别表示"大王"和"拉巴尔那"。所有这一切都在一小组雕像里描绘出来了（见图11）。国王的印章与此相似，即便查看印章之人读不懂印迹外沿的楔形文字铭文，但常常可以通过印迹中间的象形文字形式名字来辨认。

在帝国最后一个世纪雕刻的大部分公共纪念物都已经完全消失了，它们常常用浮雕和象形文字文献装饰。但毫无疑问的是，在这一时期，它们广泛分布于赫梯王国内，是为了提升一个坚强稳固的君主形象。这在帝国的最后数十年里尤为重要，随着王室家族中的派系冲突愈演愈烈，以及因附属国不断强大而引起的不安情绪与日俱增，对帝国走向解体的担忧由此加剧。视觉上的宣传很可能是末代国王们所采用的手段之一，目的就是试图恢复和维持赫梯统治家族的信心。在这样的背景下，图塔里亚试图把自己描绘成的也许不仅是众神所爱之人，而是把自己就当成了一位神。

最后证明，这一切都是徒劳的。但那是我们将在最后一章要回应的问题。现在，让我们把注意力转到苏皮鲁流马去世之后所发生的事情上。

第十二章　别无选择的国王

王位上的一个"孩子"

穆尔西里二世是苏皮鲁流马的儿子兼第二任继承人，他所面临的问题几乎更加糟糕，这些问题可谓是蜂拥而至。在苏皮鲁流马最后的岁月中，他专注于肃清米坦尼帝国的残余，这再次引发了卡什卡部落对赫梯腹地的新一轮进攻，他们摧毁了一些地方并占领了其他的地方。国王苏皮鲁流马在公元前 1322 年突然去世，这让卡什卡人带来的新危机悬而未决。幸运的是，赫梯王位似乎还尽在掌握之中。如今王位传给了苏皮鲁流马的儿子阿尔努旺达二世，他身经百战，是一位干练的勇士型领袖，并且已经接受过良好的训练，可以胜任王权。但悲剧却再次袭来。即位仅一年左右，阿尔努旺达就病逝了。这对父子可能都是瘟疫的受害者，这场瘟疫由苏皮鲁流马带回到赫梯的战俘所引起，他是为了给已故之子查纳查报仇才出兵攻打了埃及的属地。

新国王阿尔努旺达病入膏肓的消息迅速传遍了整个王国。他一去世，赫梯属地上就爆发了大规模的叛乱，赫梯的敌人也集结军队，开始了新的入侵。无论敌人还是背叛的盟友，所有人听说谁是新国王时，更是欢欣鼓舞地伺机而动。苏皮鲁流马的继承人几乎无人可用了。查纳查据称是被杀害在去往埃及的途中，阿尔努旺达刚刚去世，剩余三人中的两人——铁列平和沙里-库苏赫都被叙利亚的任务所牵绊，他们已在那里被任命为封侯，负责维护赫梯在叙利亚的权威；一旦发觉赫梯在这一地区的控制有所松懈，那都几乎肯定会导致叛乱，其程度堪比西部的那些叛乱。也许更加严重的是，重新崛起的亚述开始构成了主要的威胁，它针对的不仅是幼发拉底河以东地区的赫梯附庸和盟友，还有河流西侧的赫梯领土。尤其是亚述国王如今已牢牢锁定要进攻卡赫美士，他将以此作为更广泛入侵赫梯在叙利亚领土的第一步。因此，铁列平和沙里-库苏赫不能放弃他们在该地区的职位。

那就只剩下苏皮鲁流马最小的儿子穆尔西里，于是他在哈图沙把伟大王权的斗篷披上了。正如穆尔西里自己告诉我们的那样，他登基的消息遭到了广泛的奚落，更多的敌对势力聚集起来反对这个王国。他们都曾承认，苏皮鲁流马和阿尔努旺达是伟大的勇士国王。但面对一个战场上或者任何其他事务上都毫无经验的孩子，他们如今又有什么好害怕的呢？然而，他们严重低估了这位新国王。他也许经验不足，却并非仅仅是一个孩子。他即位时就已经二十多岁了，他肯定已经在战场上浴血奋战过，也许是很多次了。他的父亲理应看见过。

带着他最伟大的先辈的勇气、决心和冷酷，穆尔西里开启了击败和驱逐敌人的征程，他让叛乱的附属国跪伏在脚下，并恢复了王国的超级大国地位。对所有这一切的主要叙述都被写在穆尔西里留下的《年代记》中，它以残片的形式幸存，共有两个系列。一个是对穆尔西里统治前十年征战功绩的概括叙述。[1]另一个则是对赫梯征战功绩的更详尽描述，它包含了这十年的时间，但又扩展至大约 27 年，其中还包括对国王的军事将领之征战的记录。这两份叙述通常分别被称为"十年《年代

图 12　穆尔西里二世的印章。

记》"和"详尽版《年代记》"。不幸的是，后者的许多内容如今都缺失了。

对阿尔查瓦的新征战

但从拼凑在一起的残余《年代记》里，我们可以得知，穆尔西里把他统治的前两个征战季都用在了驱逐卡什卡人身上，他把卡什卡驻军从自己的家园赶出，并在他们的土地上对其实施了惩罚性远征，这些似乎已经足够让这个长期的敌人暂时被制服。这让他们的征服者把目光投向了他在西部的敌人和叛乱国。另一个复杂的情况在于，这些国家最有权势的领袖是国王乌哈兹提（Uhhaziti），他是我们称为"阿尔查瓦国"的统治者，他已经和阿黑亚瓦的国王，也就是一位迈锡尼的国王（如果我们的"阿黑亚瓦-迈锡尼"对等式正确的话）结成了联盟。而米拉瓦塔国（古典时代的米利都）也做了同样的事情。穆尔西里派遣的一支赫梯远征军已经让米拉瓦塔跪伏并摧毁了它。但这位国王亲率远征军主力对付了他的阿尔查瓦敌人。国王的哥哥沙里-库苏赫从叙利亚派出一支分遣队加入了远征军。

穆尔西里耗费两年时间才结束了对阿尔查瓦的军事行动。但到了最后，乌哈兹提却弃自己的都城不顾，在赫梯进攻前逃到了一个海上避难所，他的儿子接管了军队指挥权，却在战斗中惨遭失败，于是穆尔西里胜利进军到他敌人的国土上。除了可能给乌哈兹提提供了避难所之外，阿黑亚瓦在这些行动中似乎毫无作为。不管怎么说，它也许只打算为那些声称与它结盟的人提供道义上的支持，而并非军事上的援助，尤其是随着赫梯人庞大的军队也来到了此地。

在返回哈图沙之前，穆尔西里迫使该地区的其他叛乱国归顺，把它们削弱或者进一步削弱至附庸地位，并随后与它们的统治者签订了条约。这些条约是赫梯维持其庞大帝国权威的一个重要因素。但我们在此应该注意到，穆尔西里的主要敌人，即"阿尔查瓦国"的统治者并没有出现在任何条约协议中。实际上，穆尔西里很有可能解决了这个特殊的"阿尔查瓦问题"，他彻底消灭了这个王国，将其人口大规模迁移到国内（国王在《年代记》中宣称，他押送了该王国的 65,000 或者 66,000 个居民），也可能把它的土地分配给了邻国米拉。米拉也是阿尔查瓦诸国之一，当该地很多其他国家反叛赫梯时，它显然仍然效忠于赫梯。

把被征服城市和王国的人口强制移民，这成为赫梯国王们的一项常规做法，尤其是苏皮鲁流马和穆尔西里在他们的征战之后。根据不同的情况，被迁移者的数量从几百人到数千人不等，就"阿尔查瓦国"的情况来说，人数可能有上万人（虽然这一数字可能有所夸张）。这些大规模的移民可用作两个目的：它们大大削弱了一个王国在人口资源上的力量，因此至少在可预见的未来，减少了该国进一步叛乱的可能性；而且非常重要的一点是，他们重新补充了国内的人口——此事一直都非常重要。当然，这些强制移民的组织工作肯定非常庞大，它们是我们在后面将要考虑的一些事。

来自其他方向的新压力

穆尔西里的西征非常成功，不仅是因为国王在该地区的军事胜利，更重要的是因为他征战之后所留下的稳定局面。但这位国王几乎没有时间在他成功的桂冠上休息，因为在他王国的北部和东北部又突然发生了侵犯之举。可想而知，卡什卡人于侵犯者中赫然在列。穆尔西里残酷的报复行动并没有长期地制服他们。在他们被赫梯军队蹂躏后不久，有时就在数年之内，他们土地上的敌意怒火常常就会重新燃起。

但这并非穆尔西里要面临的最糟糕的问题。早在他统治的第七年，叙利亚就再次突发了问题。这集中在一个名叫努哈塞的王国，它的统治者泰特（Tette）脱离了对赫梯的忠诚，并向当时的法老霍雷姆赫布（Horemheb）求援。背叛者的援军从埃及准时赶来。国王穆尔西里把镇压反叛的职责委托给了自己的哥哥沙里-库苏赫，即卡赫美士的封侯，这让穆尔西里腾出手来继续他在北方的征战。沙里-库苏赫完全不负所

115

托，他把埃及军队成功地赶出了赫梯领土，暂时地平息了这场反叛。

但穆尔西里的问题远远还未结束。在接下来的两年里，他不得不发起进一步的军事行动，针对的是威胁到他北部边界的那些国家。在其他地方甚至还有更为紧迫的忧虑。穆尔西里在位的第九年，他把征战的管理权交给了副手，本人却南下去往基祖瓦特那的城市库玛尼（Kummanni）。库玛尼是一个重要的宗教中心，穆尔西里之所以去往那里，是因为一件刻不容缓的事情，他要庆祝一个重要的宗教节日，该节日曾被他父亲所忽视。但他在库玛尼的停留还有另外一个目的，在那里，他紧急召见了自己的哥哥沙里-库苏赫，他们二人相会于此城。

我们没有被告知此次会晤的目的，但它肯定与一个隐约出现在叙利亚的新危机相关。这其中部分原因要归结于不久前去世的铁列平，他是穆尔西里和沙里-库苏赫的兄弟，亦为赫梯在阿勒颇的封侯。铁列平的儿子塔尔米-沙鲁玛正准备接替他的位子，而且可能已经这样做了。但关键在于，这位新封侯需要得到他叔叔们的全力支持，从而确保在帝国的这片至关重要之地，阿勒颇领导层的变换也绝不会预示着赫梯权威的削弱。库玛尼会晤所讨论的或者打算探讨的主要议题之一，很可能就是如何让他得到最有力的支持。然而，一场更大的打击接踵而至。

在库玛尼的时候，沙里-库苏赫突然染病去世了。我们的记录中没有任何蛛丝马迹显示此事涉及谋杀，但我们并不能排除这一可能。对于心怀不满的叙利亚本地统治者以及赫梯的外敌来说，沙里-库苏赫肯定是一个首要目标。他经验丰富，雷厉风行，是赫梯在该地区的利益捍卫者，倘若他被消灭，亚述和埃及都会受益匪浅。也许有一位代表本地统治者或者埃及法老抑或亚述国王的刺客，他用一把匕首或者一杯毒酒，突然结束了这位封侯的生涯。那铁列平的死亡会有同样的原因吗？两位封侯的去世可能都在数月之内，或者甚至是数周之内，这中间很可能并非仅仅是巧合而已。

不管怎样，一个接一个封侯的去世严重危及赫梯在叙利亚的权威。努哈塞再次起兵反叛，而卡迭什城邦也宣布了独立，苏皮鲁流马曾为后者任命了一位附属统治者。更糟糕的是，亚述人充分利用了赫梯的危机，他们越过幼发拉底河，占领了赫梯的封侯国卡赫美士。在国土的东北部，庞大又棘手的阿兹-哈亚沙王国摆脱了赫梯的附属国身份，开始进攻赫梯在该地区的其他属地，赫梯文献中称之为"内陆高地"。毫无疑问，它是打算为自己在这一地区开辟出一个更庞大的王国。

面对这一切，穆尔西里再次展现出一位伟大的勇士型领袖所拥有的真正气魄。他对帝国东部的威胁采取了迅速而果断的行动。国王派遣了一支军队去处理东北的敌人阿兹-哈亚沙，这支军队的领导者是他经验丰富的将军努旺查（Nuwanza）。他在那里的巨大胜利把所有敌军驱逐出了内陆高地，并恢复了赫梯对它的控制。穆尔西里派遣第二支远征军去处理发生在努哈塞和卡迭什的叙利亚叛乱，这支远征军由他的将军库伦塔率领。此处的征战同样以赫梯的决定性胜利而告终。卡迭什深陷重围，其统治者的长子杀了自己的父亲，向围城者打开了城市的大门，这促成了赫梯对它的胜利。穆尔西里重新征服了卡赫美士。亚述人被赶出了这片土地，越过幼发拉底河，撤回去了。穆尔西里让沙里-库苏赫的儿子登上了封侯国的宝座。然后他去往阿勒颇，正式任命铁列平的儿子为封侯。

在穆尔西里接下来的统治期内，赫梯附属国所在的叙利亚地区似乎一直相对稳定，这无疑主要归因于那里存在着的两个封侯国。二者都由现任封侯出色地管理着，如同他们父亲所做的一样。

然而在西边，穆尔西里却面临着新的叛乱。这些叛乱促使了赫梯进一步的军事行动，并且由国王亲自指挥——不过穆尔西里与阿尔查瓦诸国的统治者们缔结或者重新签订了一对一的条约，通过这些外交手段，大部分地区最后都恢复了和平。但国土北部的问题却没法如此轻易地解决，在穆尔西里统治的后半段时期，他把大部分时间都花在了北部的频繁征战上，他宣称自己率领的军队在那里深入的距离比任何其他赫梯国王都要远。但这些征战并非总是一帆风顺。更有甚者，当被征服地区很快恢复并再次站起来摆脱赫梯最高统治权的时候，穆尔西里不得不经常紧随其后地继续征伐。这并不奇怪，卡什卡人常常是这位国王在北方征战中的重要目标。尽管穆尔西里及其继任者们不懈努力，一直到王国最后灭亡，卡什卡人仍然继续骚扰、入侵和劫掠赫梯的领土。

瘟　疫

我刚才对穆尔西里统治的叙述主要限于他在战场上的成就——这也可以理解，因为其基础是该国王的《年代记》，像赫梯的所有此类记录一样，《年代记》主要叙述了国王的军事征战及其结果。但我们必须在故事里插入另一个重要的事件，它在《年代记》里并未提及。我们并非是从枯燥的历史记录里知道了此事，而是从这位国王的祷文中知晓的。在通常被称为《瘟疫祷文》的文献中，穆尔西里责怪诸神让赫梯国遭受了一场毁灭性的瘟疫：

> 哦，神啊！你们都做了什么？你们任凭一场瘟疫进入了
> 赫梯，而整个赫梯即将死去。没有人再会为你们准备献祭的

面包和酒水。耕种众神闲田的农夫死了，因此众神的土地无人耕种或者收割。[……]对人类来说，我们的智慧已然丧失，不管我们做什么都是徒劳的。哦，神啊！无论你们认为是什么罪，要么让女智者（Wise Women）或占卜师（？）来查明，要么让普通人在梦里来知晓！[……]哦，神啊！可怜可怜赫梯国吧！它一方面受到瘟疫的压迫，另一方面还饱受敌人的摧残。[……]如今，周边的所有国家都开始进攻它了！ ²

正如我们已经说到的那样，瘟疫来自埃及在叙利亚和巴勒斯坦领土上的战俘，它在苏皮鲁流马统治期间传入了赫梯。它可能带走了苏皮鲁流马及其儿子，即第一任继承人阿尔努旺达，并且似乎已经持续到了穆尔西里统治时期。因此，我们必须在穆尔西里所面临的诸多问题上再加一条，在他统治的早些年里，他尝试恢复正在瓦解的帝国时，很可能存在着人员大量匮乏的问题，其原因就是受到了瘟疫的影响。他的《年代记》中对此只字未提。但上面翻译的祷文却让人毫不怀疑，至少在穆尔西里看来，在瘟疫对他的国家的毁灭性影响和由此而引发的赫梯昔日盟友们的背叛之间有着直接联系，因此所有的敌人都对它重新发起了进攻。

　　不幸的是，虽然《瘟疫祷文》告诉我们这场瘟疫的结果，但对瘟疫症状和表现只字未提。因此，瘟疫事实上到底是什么呢？很多可能性都成了备选答案，其中就有人认为它是兔热病的一种早期形式。³你有任何其他的建议吗？我的建议值得一提，它是腹股沟淋巴结鼠疫，即"黑死病"的一种形式（肺炎型鼠疫和出血性鼠疫是其他的形式），公元6世纪查士丁尼统治时期，它就曾肆虐于拜占庭世界，公元14世纪在欧洲、亚洲和非洲，公元 15 世纪则在英格兰。而且那也并未结束。在我的家乡城市——澳大利亚的布里斯班市，这种瘟疫就在 1900 年暴发过，它由老鼠身上的跳蚤携带，自此以后每年都会暴发，直到 1909 年，并在 1921 年再次暴发，一共有 115 例，63 人死亡（当然与拜占庭和中世纪时期的巨大死亡人数相比，这是一个小数目）。根据国际卫生组织的统计，淋巴腺鼠疫仍在世界范围内杀人。在 2013 年，全世界报告的就有 750 例，死亡 128 人。

这个名字来源于希腊语 bubon，意思是"腹股沟"，它反映了该疾病的最常见身体表征——腹股沟肿胀和淋巴结肿大。在《旧约》传统中，溃烂疖子瘟疫是埃及的十大瘟疫（它们是上帝让法老国家所遭的罪，因为法老拒绝摩西的请求，他的请求是让"以色列之子"离开）之一，这很可能就是《圣经》中提及的腹股沟淋巴结鼠疫（《出埃及记》9：9）。同样在《旧约》传统中，腓力斯丁人因抢夺约柜而受到了神的报复，他们所遭受的痛苦就被描绘成"肿块的发作"或者"腹股沟处的肿块"（《撒母耳记上》5：9）。腓力斯丁的祭司和占卜师为治疗这一痛苦所给的建议，表明了该痛苦的实际原因：将约柜还给以色列人，还要有一个"赎衍祭"，它由"五个金肿块和五个银老鼠"的模型组成（《撒母耳记上》6：4）。根据这一暗示，老鼠与疾病本身有关。肿块和老鼠的联系暗示了腓力斯丁人遭受的是腹股沟淋巴结鼠疫。把疾病的主要病原体模型作为赎罪祭品，并将其移交，这样的作用就是通过一种交感巫术的形式，把疾病从受害者身上祛除，它是通过关联和上帝恩宠而进行的一种巫术过程。

当然，我们在此谈论的纯粹是《圣经》的传统。但我们可以合理地推测，腹股沟淋巴结鼠疫在古代近东并非无人知晓，尤其是我提议的那部分鼠疫，它来自苏皮鲁流马在位期间被带到赫梯的战俘。它的携带者也许是带有跳蚤的老鼠，它们躲在了被送往赫梯国内之战俘的辎重里，或者是战俘也可能成了跳蚤的寄主。而所有这一切都因为苏皮鲁流马对埃及的怒火，声称埃及要为他儿子的死承担责任。

不管怎样，穆尔西里认为这场瘟疫是由神灵造成的。只有当穆尔西里弄清众神为何对自己的人民施加如此严重的惩罚，并伤害到他们自身时，这场瘟疫才可能结束。我们将在第二十四章里回到这一点，届时我们将更详细地探讨众神与他们的凡人崇拜者之间的关系。

因为别无选择而成了庞大的赫梯帝国的统治者，这个男人必须排在所有赫梯国王的最伟大者之列。如同他的父亲和祖父一样，穆尔西里把赫梯王国从濒临灭亡的边缘带了回来，这看上去似乎已是不可逾越的障碍。让他的成就更加显著的一点在于，他完成此事的时机正当其国家深陷一场致命的瘟疫。我们应该进一步强调他与他父亲不同的地方，穆尔西里的父亲是一位身经百战的勇士，他在战场上征伐多年，而当王权的斗篷突然降临到穆尔西里身上，他登上王位的时候却仅仅是一个年轻人（虽然肯定不是一个孩子）。除了我上面所说的一切，穆尔西里还要处理一些其他的个人问题，这些问题本身可能已经严重损害到他统治的有效性（我们将在本书的其他地方提到其中一些）。尽管如此，他传给自己继任者的王国，远比当他别无选择地成为国王时从先辈继承来的那个王国要好得多。

但让我们继续。我在这一章对瘟疫的探讨促使我把下一章专用于更广泛的讨论，其基础就是对赫梯社会的健康和疾病的叙述。赫梯人所遭受的生理和心理疾病都是什么？谁来治疗这些疾病，以及怎样治疗呢？

第十三章　健康、卫生和治疗

防止污染

如下的食物准备，即使在今天最严格的健康检疫里也能通过：

> 那些准备日常面包的人必须是干净的。他们必须沐浴打
> 扮，（身体的）毛发和指甲必须剃除和修剪。他们必须穿着干
> 净的衣服。在不干净的状态下，他们不能准备面包。烤面包
> 的面包房必须要打扫和刷洗。掰碎面包的地方，其门口不允
> 许有猪或者狗。[1]

但赫梯的规定有过之而无不及。任何人为宾客们提供食物时，倘若被发
现使用不干净的器皿，那他就会被迫吃粪便与喝尿液，以此作为一种惩
罚。而厨师在准备食物时，如果他处于一个不干净的状态——前一晚
有性生活，却在日出前都没有洗澡，那他就会被处以死刑。

现在我们必须赶紧补充一下，这种场合的宾客们有着非常特殊的
指代——被召唤到自己的神庙且以各自身份居住的众神。在众神驻留
期间，他们的凡人东道主被要求照料他们的所有物质需求——为他们

清洗和涂油，每天都为他们穿上干净的衣服，还给他们提供吃喝。

然而，洁净不仅与赫梯世界对神的虔诚相关，它和君威也有关系。那些被派去照顾国王物质需求的人，他们有义务确保国王免于所有形式的污染，既包括身体上的，也包括精神上的。事实上，这二者紧密相连。此外，这意味着要对国王的吃喝之物进行仔细的检查。给国王送水之人，在他把水递给国王之前，要过滤掉所有的不洁净之物。即便是最轻微的疏忽都可能导致最严重的结果。有一次，国王惊恐地发现，他的水碗里有一根头发。他立即龙颜大怒，惶恐的侍从们迅速确认了所谓的责任人。他会遭受某种折磨（我们不知道），从而确定有罪或者是清白无辜。国王宣称："如果他有罪，他就必须死！但如果他清白无辜，那就放他走，让他去清洗自己吧！" [2] 如果在商业零售的食物中发现了人类（或动物）的毛发痕迹，现代的食物检查员也会有类似的担忧——尽管现在对此类违规的处罚远远没有赫梯人的惩罚那么严厉。

在准备食物和洁净身体卫生上，赫梯社会最高层所展现出来的重视，毫无疑问也会在社会较低层得以反映。用洗澡去除所有形式的污染（包括因性交而导致的"亵渎"，即使它是在合法的情况下进行的），这也许经常发生，尤其是那些与国王有密切接触的人，以及那些有祭司职责的人（详见第十五章）。当然，像哈图沙这样的城市，它人口相对较少，却有丰富的水源，在此洗澡便不算是一件大事了。

事实上，这肯定已经被视为在接触已被感染的人和物之后，防止感染疾病的重要手段之一。赫梯人清楚地意识到，疾病可以从其他已患病的人身上染得，或者甚至是通过接触被感染者摸过的东西和他们穿过的衣服传染。他们不知道传染病的传播是由微生物有机体引起的。但他们确实明白，其中牵涉某种生物学的过程。穆尔西里《瘟疫祷文》中所描述的瘟疫痛苦地证明了这一点。无论它的性质如何，赫梯人可能并不怀疑，它与从埃及在叙利亚和巴勒斯坦领土上带回的战俘有关。事实上，赫梯人也发动了一场早期形式的生物战，他们把战场上俘获并且明显身患某种疾病的战俘送回各自的国家，以此来扩散传染病。[3]

但总的来说，他们对疾病病因的知识仍非常浅——正如过去的大多数文明一样。他们不清楚什么疾病是传染的，什么疾病不传染。因此，当穆尔西里二世在一场雷暴中突然失去部分言语能力时——也许是某种中风，这很快就使他完全不能说话了——他的"疗法"的最重要的部分（如果他确实被治愈的话）便开始于一辆牛车，他首次患病那天穿过的所有衣物和用过的所有器具都要被装上牛车。接着，两头牛把车拉到一个很远的地方，在那里，衣物和器具将随着牛车以及牛一起都被烧掉。[4]

理论上说，把感染者接触过的所有东西都付之一炬的想法是明智的——当然，只有在该病具有传染性的情况下才应如此。很多疾病，像穆尔西里所患的那种，就并非如此。即便穆尔西里的同胞们确实意识到了这种区别，他们还是更愿意稳妥起见，会假设所有的疾病都具传染性，因而需要用一套适当的程序来进行处理，从而确保它们不会传染给其他人。这也涵盖了他们认为是纯粹或主要属于道德性质的那些"疾病"，包括一些非法性行为，例如兽交和某些形式的乱伦。精神和身体上的污染会影响到整个团体。（今天有很多人都会同意这一点！）

性方面的离经叛道可能会招致死刑，因此在它扩散得更广泛之前，污染的源头就要被消除。但其他困扰赫梯社会成员的疾病可能要通过一个适当的仪式来处理，包括使用替代动物，例如牛（正如穆尔西里的例子）、驴、鸟、狗[*]、羊和猪。最好能用活着的动物，但预算有限的患者也可以用这些动物的复制品来代替。一些巫师会被请来，通常是女人来执行必要的程序，她们是仪式活动方面的专家。

巫　师

传统上被称为"老妇人"，这也许会给人一种错觉，即她们是一群咯咯笑的丑陋老太婆，因此赫梯的这一术语最好被译为"女智者"。这群治疗专家可能识字，且掌握多种语言，她们会提供治疗仪式所需的一切必要物品，包括用于祭祀的动物，并会用相应的语言或者数种语言来诵唱相应的仪式套话。在表演过程中，当事人的病痛会被转移给充当了替代品的祭牲。这种转移可以有很多方式；当事人可以触摸牺牲或者向它嘴里吐痰，或者在当事人的头上直接挥舞牺牲。这种方式的治疗据说是有效果的。它不仅用于生理疾病，同样适用于很多心理和行为上的疾病。有一个仪式说明了此点，由于内部纠纷而四分五裂的不正常家庭，就是通过该仪式恢复了和谐。而且根据我们所知，催眠仪式就是在视觉、听觉和嗅觉的强力混合下，很可能被证明在实际治疗中是成功的，尤其针对那些精神上或者由精神压力引起的疾病。

至少有些巫师似乎也专长于性方面的治疗。其中一位就告诉我们，她治疗了也许是性无能方面的疾病。她的部分疗法如下：

---

* 原文使用的词是 donkey，但前面已有驴（ass），因此它可能是作者的笔误。根据作者另一本著作《赫梯世界的生活与社会》，此处应该是狗，详见 Trevor Bryce, *Life and Society in the Hittite World*, Oxford University Press, 2002, p.204。故译者将此处修改为狗，特此说明。——译者注

> 我把纺锤和纺纱杆放在病人手中，他从门下面走过来。当他穿过门走向前时，我从他手中接过纺锤和纺纱杆。我给他弓和箭，并不断地告诉他："我刚才从你那儿拿走了女性的阴柔，把男性的阳刚还给了你。你摆脱了（女人）渴望的（性）行为；你自己养成了男人渴望的行为。"[5]

但我们在此应该谨慎行事。在今天的西方世界，对一个男人进行宗教仪式上的规劝，让其放弃女性气质，这可能会被视为政治错误，特别是如果他们还冒险要根除这个男人的真实性征——这会进一步导致他对自己性别认同的混乱。在这种语境下，尽管有位学者将这段引用的文献解读为一种针对同性恋的矫正仪式，[6]但我们可能会注意到，赫梯文献中对同性恋却并没有一个清晰可辨的说法。毫无疑问，赫梯社会中是存在同性恋因素的。但实际上，即使在《赫梯法典》里也没有提及此事，该法典包括了一长串被禁止的性行为的名单，这表明同性恋并不在明令禁止的性犯罪之列。

全方位的疗法

赫梯世界的疾病治疗师包括传统意义上的医师，他们大多数是男人，但我们也听闻有少数女医生。所有这些人很可能属于赫梯社会中相对较少的那群能识字之人，因为很多文献描写了医生所遵循的治疗、备药和给药的程序，其所治疗的病例有创伤、眼疾、肠道与咽喉的问题。很多情况下需要直截了当的医学治疗，例如攻击造成的轻伤，可以通过基本的医疗程序进行处理，还有带药膏、药水和药剂的疗伤处方，它们由各种植物的提取物、矿物（例如铅）和动物产品（例如血、骨、奶、油脂）制成，用药方式则有口服、肛门给药或者外敷。

但赫梯的医学常常采用综合的、"全方位"的疗法来医治病人。实用性医疗程序由仪式进行补充或者替代，这些仪式就包括符咒和咒语的应用，有时还包括直接向众神求助。医师和咒语祭司通常一起治病，尤其是当一个病例出现了复杂的问题时。正如阿尔伯特·爱因斯坦曾经说的：

> 用整体的眼光去观察，意味着认识到没有任何事物是孤立发生的，很多问题需要放在整个系统的背景中去审视。用这种方式去观察，我们就能够注意到隐藏在我们经验背后的相互联系的内在网络，并与之融合。用这种方式去观察就是治疗。

治疗疾病的基本要素在于，众神首先扮演着惩罚人类的角色，然后才会为他们提供治疗。这与人们的信仰相一致，他们认为很多人类所遭受的疾病或者其他的痛苦，都源自众神对凡人崇拜者所犯罪恶的惩罚。这些罪恶里就包括与众神作对，例如忽视了他们的祭祀典礼。因此，当一种疾病折磨一个人（自国王往下）或者赫梯国的所有居民，又没有发现疾病的其他原因时，神灵的不高兴就会被视为可疑的原因了。特别有资历的祭司或者女祭司就会被召来，查明不高兴的神灵是谁，以及他或她不高兴的原因。

这将通过占卜问卦来完成，经常是查验被献祭动物的内脏。首先，必须要辨认出被激怒的神灵，这本身就是一个漫长的过程，因为赫梯的世界有多种多样的神灵。而一旦确认了神灵，那他或者她所犯罪恶的原因就肯定能得以确定。然后才能开始适当的补救措施，从而抚慰神灵并予以治疗。但即便如此，神谕的问询可能是一个被拖得很长的过程，因为众神在回应问询者时并非特别有助益。问询者提议了一个有可能的罪恶原因，当查验动物内脏图案上的一个征兆时，他们期待得到问题的答案只有"是"或者"否"。如果答案是"否"，那献祭动物并查验其内脏的过程就得再重复一遍——接着还会再来一遍，直到获得一个肯定的答案。如果想让引起神怒的受害者恢复健康，医师、咒语祭司和神谕问询专家之间的协作通常是必不可少的。

然而，即便求助于众神，有些痛苦还是无可救药。国王哈图西里三世是一位慢性病患者，他的妻子普都海帕（Puduhepa）称此病痛为"火烧脚"。她在向女神莱尔瓦尼（Lelwani）求助治疗时就如此提及。我曾撰文指出，这种被提及的疾病可能是痛风病。有两位神经外科医生，一人来自土耳其，另一人来自法国，他们的回答也是相同的建议：国王所患的痛苦疾病几乎可以肯定地叫作神经病变。如果你自己患有这种病，你就会知道，当你走路时，脚的感觉真的就会像是走在火上一样。尽管有这个问题，哈图西里似乎在其漫长的生涯中，大部分时间都在积极地参与军事征战，即使有推测说，他的妻子保证过，让他不必在这些征战中行走太多（她在王国的诸多事务中颇具影响，我们将会在后文看到这一点）。

借调国外的医生

尽管赫梯世界的医疗专业知识似乎处于一个高位的水平，赫梯国王们（尤其是哈图西里三世）有时也会向埃及和巴比伦的"王室弟兄们"借调他们的医疗专家。最著名的莫过于，哈图西里三世曾求助于法老拉美西斯二世，让后者派一名医生到赫梯来帮他的姐姐怀孕。她嫁给了一个名叫玛什吐里（Masturi）的人，他是西部重要的附属国赛哈河国的统治者。这一结合的后代，将确保在该国家未来统治者的血管里流淌着赫梯人的血脉。但这段婚姻至今未能结出果实。因此，哈图西里万不得已，只好求助于拉美西斯。他承认，让公主生育是一项极具挑战的任务：他如此声称——她如今已经50岁了。拉美西斯更清楚，他在回复请求时清晰地表达了这一点："你说你的姐姐50岁了，是50岁吗？她都60岁了！但不管她是50岁还是60岁，我都会派一名医师和一名咒语祭司，看看他们还能做些什么。"尽管这一回答傲慢无礼，但拉美西斯几乎肯定是正确的，因为我对公主年龄的估测已经很清楚。如果非要说他犯了任何错的话，那就是他的慷慨。据我们所知，这位公主从来都没有生过孩子。[7]

赫梯人的分娩和产婆

　　说到分娩，让我们用一个特殊的健康专业人士来结束这一章——赫梯世界的产婆。就像健康管理的其他类别一样，分娩涉及仪式和实用性程序的结合。首先，如果一个想怀孕的女人不能怀孕，那她可以试着在一个合适的神灵圣地过夜，借此希望在睡梦中，神灵会来与之交媾，并由此让她怀孕。也许哈图西里的姐姐在她弟弟请埃及医生之前，就已经尝试过此法。一旦怀孕了，不管是通过自然方式还是神的干预，那都要举行一个特殊的典礼来庆祝怀孕，以示对母亲女神的尊敬。然后为了安全起见，还会有一个神谕问询，从而确保孕妇处于一个精神健康的状态进行分娩，如果神谕的回应不吉利，就要通过献祭供品的方式来补救。

如果怀孕一切顺利，就会请来一位产婆协助分娩。她具备完整的实际专业知识，确保所有必备设施都是可用的，并且协助分娩，当婴儿出生后，她还会把婴儿清洗干净。分娩的过程是，孕妇坐在两个垫好的凳子上，两腿分开，双腿间有第三个垫子，其上还有一个毯子，当婴儿出生时，产婆会用毯子接住，从而让这个新生儿的软着陆拥有双重保障。在分娩期间和之后，产婆会吟诵咒语，在场的其他人员也要参与其中，包括那些职责主要是仪式性的医生和祭司。[8]

新生的孩子进入到了什么样的世界呢？我们想象一下，他或她生在一个社会等级较低的家庭，而不是那些构成赫梯社会精英阶层的家庭。在接下来的三章里，我们将对赫梯社会普通民众的生活做一些了解，并进一步下探到社会最底层的那些人，例如奴隶和被强制迁移到赫梯的人，还有赫梯战争领袖在外征战所获得的战俘。他们生活的社会规范和价值观是什么？他们的行为准则是什么？他们拥有什么样的权利与义务？正如我们将要看到的，赫梯社会给我们展现出不少惊喜，它的一些婚姻条款就证明了这一点。我们关于这一切信息的最好来源是一套法律，它让我们对赫梯社会组成人员的日常生活有了很多重要的认识。

第十四章　司法与普通百姓

《赫梯法典》

200 条法律汇编为我们提供了一个最好的信息来源，让我们知道了赫梯社会如何运转，社会成员的日常生活，以及他们的道德与社会价值。虽然这部法律汇编被传抄了很多次，但其众多抄本中却没有一个完好无损地保存下来，我们能够把现存的各种小块和碎片拼凑在一起，从而得到一个近乎完整的版本。[1] 在许多方面，这部法律仿照了公元前 18 世纪巴比伦国王汉穆拉比的所谓"法典"。《汉穆拉比法典》被刻写在玄武岩石柱上，现存（最完整）的抄本如今陈列在巴黎的卢浮宫。我们需要强调的一件事情在于，把"法典"一词用在巴比伦或者赫梯的法律上相当具有误导性，因为它们只不过是先前法律的样本收集，从大量处理类似案件的案例中进行了精选，这些案件都是经法庭判决的。

巴比伦与赫梯的法典涉及一系列广泛的行为，既有民事的，也有刑事的。就像它们的巴比伦前辈一样，《赫梯法典》用条件句来表达：如果（某人做了 / 遭受了某事），那么（这将是结果）。毫无疑问，每一个主持法庭审判的官员都有一份法律抄本，当摆在他面前的案件与过去案件相类似时，便可参详以往所做的判决。但如同它们的巴比伦前辈，

《赫梯法典》纯粹是作为指导方针，而不是规定性的裁决，这给法官留下了很大的自行决定权。而且法律的高度选择性留下了很多可能引发诉讼行为的未触及领域。这些问题要么在其他地方已经涉及，要么就碰巧由审判主持者纯粹根据其本身情况来决定。

在地方或者乡村地区，司法的执行是乡镇或乡村当权者们所履行的职责之一，他们被称为"长老会"。长老会成员可能出自当地名门望族的族长，这些长老会有义务和地方长官紧密合作，后者被称为"贝尔玛德伽尔提"（BEL MADGALTI）。地方长官的职责很多，其中就包括在他被任命地区监督或者执行司法。虽然地方长老会有权自行处理性质较为轻微的案件，但在地方长官定期巡视自己的辖区期间，较严重的案件可能会被呈交给他。在这种情况下，他毫无疑问主持了地方法庭，镇长和村长老会成员则充当了他的顾问。

《汉穆拉比法典》和后来的《赫梯法典》有一个主要的不同点，前者被认为是受到了神的启示，尤其是正义之神沙马什（Shamash），它与汉穆拉比一起出现在卢浮宫的石柱顶端。在其前言和后记中，巴比伦的文档都被授予了神的支持。在后记中，汉穆拉比强调了他的法律最重要目的之一是确保强者不压迫弱者，并为流浪儿与寡妇提供正义——也就是说，为了最脆弱的社会成员。

相比之下，《赫梯法典》既没有明确的社会或者哲学基础，也没有任何说明表示它们得到了神的启示或者支持。它们是一个朴素的、直截了当的世俗文档，没有前言和后记。然而，它们潜在的社会和道德意图往往隐含在某些具体条款的本质中。地方长官作为辖区内的司法执行者，他那些被赋予的义务和职责强调了自己行事公平与公正的重要性，不偏袒强者欺压弱者，确保让弱势社会成员的利益免于被剥削，例如寡妇和奴隶：

> 不管你回到哪座城市，召集全城之人。凡有诉讼之人，你要为他裁决，并使之满意。如果一个人的奴隶，或者奴婢，或者一个丧偶女人有诉讼，你要为他们裁决，并使他们满意。不要让更好的案件变得更糟或者让更遭的案件变得更好。要做公正之事。[2]

在"做公正之事"的时候，地方长官也有义务充分考虑当地的风俗习惯，从而确保他们宣布的判决和施加的刑罚符合当地的习惯法。如果出现了法典中所含判决与当地法律有分歧的案件，那后者将被赋予优先权。这也是为什么地方长官密切咨询辖区内的长老会是非常重要的。他们基于当地法律和传统所提的建议，有助于确保他的判决不会违背这些当地法律和传统。事实上，很可能会有当地法律传统对罪行规定的处罚比法典中规定的处罚更严厉的情况。在这种情况下，地方长官有义务遵循当地的传统：

> 就像从前一样——在一个他们习惯于判处死刑的城镇，他们就应该继续这样做。但在一个他们习惯于实行流放的城镇，那他们应该继续那种（习惯）。[3]

《赫梯法典》的较晚版本表明了这样一种递增的转变，即本地社会变得尽可能实行自我管理，而相应地减少了王国中央政权对他们当地事务的干涉。一个基本原则就是，在一些有习惯法的本地社会，其成员应该按照他们的习惯法来进行审判。在试图惩处地方社会日常生活中出现的许多犯罪、不端行为和争端时，法典就可能会被定期查阅，以便寻找到先例。但法典并不是规定性的。最终是要取决于身为法官的地方长官以及给他建议的地方长老会，他们将为面前的案件做出一个适当的裁决。

《赫梯法典》所涉及的犯罪行为包括故意杀人、过失杀人、抢劫、盗窃、纵火、巫术和各类被禁止的性关系。《赫梯法典》是纯粹世俗化的，其中一个优点在于，它们所包含的条款在数个世纪内是可以变动的，毫无疑问，这与对某些罪行严重性认识上的改变相对应。对罪行的较轻惩罚往往取代先前较为严厉的惩罚。故意伤害罪和意外伤害罪之间的差别也得以区分开来。如果众神实际上把它们的认可赋予了原来的法典，那这些就不可能如此轻易地改变，从而适应不断变化的罪行和惩罚观念。

补偿原则

《赫梯法典》最重要的特征在于构成其基础的补偿原则。这标志着它与《汉穆拉比法典》的明显不同，后者的一个显著特点是同态复仇原则——也就是为了复仇而复仇，或者用《圣经》的术语叫"以眼还眼，以牙还牙"。即以此方式：

> 如果一个泥瓦匠为一个人建造房屋，却没有使其建筑牢固，他所建的房屋倒塌并造成了房主的死亡，那泥瓦匠就应该被处死。[4]

在《赫梯法典》里，重点并不在于报应性司法或者为自己复仇，而在于补偿性司法，因为对受害者而言，前者几乎没有任何实质性好处。一旦通过向受害者赔付适当的补偿，罪犯就可以解除自己的法律义务，这也就满足了司法的要求。即以此方式：

> 如果任何人伤害了一个人并使他暂时失去自理能力，他将为伤者提供医疗。在他那儿，他将为伤者提供一个人在其地产上劳动，直到伤者痊愈。当他痊愈后，攻击者要给他支付六舍客勒（shekel）银子，还要付医生的费用。[5]

纯粹为了惩罚而惩罚的情况在《赫梯法典》里很少见。

《赫梯法典》也对各种类型的过失杀人罪进行了区分。但实际的谋杀——故意伤人的案件如何呢？在这一点上，随着时间的推移，法典似乎再次发生了变化，它对犯罪者的惩罚更加宽容。在早些时候，杀人犯的命运似乎掌握在受害者家属手中，他们可以要求死刑。到了后来，死刑似乎就被排除在外了。除了在习惯法许可死刑的地区，被杀者家庭可采取的唯一选择似乎就是由谋杀者支付补偿金或者让他为这个家庭所奴役。

《赫梯法典》还有很多条款涉及纵火、破门而入、入室行窃、盗窃牲畜以及损坏或者染指另一个人的财物。即以此方式：

> 如果任何人把未燃尽的木块带到一片有谷物的田地里，并点燃了田地，那纵火之人将自己占有被烧毁的田地。他要把一片好的田地给被烧毁田地的主人，而他（新主人）将收

割它。[6]

这促使我提出一个概括性的观点。法典里有很高比例的条款都是在处理盗窃或者损坏财产以及引发此类罪行的惩罚，这清晰地反映出赫梯社会对保护个人财产权的重视，特别是在农业方面。因为他人的疏忽或者恶意，导致失去了庄稼或牲畜或设备的农民有着丧失生计的危险，这最终将损害以土地为根本的赫梯经济。惩罚不得不足够严厉，以防这种情况的发生，或者是确保受害者能得到足够的补偿。相较于早期的版本，在《赫梯法典》后来的版本中，即便对农业财产或者牲畜损害的赔偿金通常要少得多，有时少了50%，但规定的赔偿仍然比受害者实际损失要多出 5 或 10 倍。牲畜是特别重要的资产，涉及盗窃或伤害它们的法条则反映出了赫梯社会赋予它们的价值——尤其是那些被训练去从事重要和特殊工作的动物。受过训练的工作型动物是宝贵的资产，例如牧羊犬和牧牛犬。击打并杀死一只普通的农家犬，你将给其主人赔付一舍客勒银子。但如果你击打并杀死牧民的一只狗，你将赔付那个数目的20倍。

为陛下效劳？

赫梯人并非一个伟大的商业民族，而我们文献中提及的真正的赫梯商人又非常稀少。外国的中间商把大部分货物转运进了王国，从基本商品到奢侈品都被涵盖在内。有时，这些货物是由王国的附属国进贡而来，或者是赫梯国王在国际上的"王室弟兄们"给他们的"礼物"。甚至在赫梯国内，我们几乎没有证据显示，商人或贸易者在城市或当地集市之间叫卖他们的物品。事实上，赫梯语中的商人一词也很少见，即unnattallaš。即使确实出现了，它仅仅是指那些富有且重要的人，他们与各个盟国进行国际间的商业贸易，作为国王的代理人并在其保护下行事。

这些代理人很多都来自安纳托利亚东南海岸的港口城市乌拉，在从地中海东岸的乌加里特向国内安排运送货物方面，他们似乎扮演着重要的角色。在赫梯帝国的最后数十年里，谷物是这些运输活动中最重要的物品，它们原产于埃及或者赫梯的叙利亚附属国。大量的牲畜包括牛、羊、马、骡子和驴，它们构成了货物中的一部分，这些货物被"商人们"运送到赫梯人的腹地或者赫梯王国的其他地区。运送的还有贵金属和其他贵重物品，例如金、银、青金石和红宝石，以及大宗商品金属，例如铜、青铜和锡。奴隶和优质马、亚麻服装和染色羊毛也在运送到赫梯世界各目的地的物品之列。贸易联系经由中间商延伸到各个方向，东南远至巴比伦和亚述，向南则到埃及。但我们几乎没有证据显示与西部迈锡尼世界的贸易联系。

因此，赫梯人肯定被卷入了青铜时代晚期的国际贸易世界活动中，但在文献中却很少提及他们的商人或贸易者，由此可以判断，他们似乎把贸易活动主要交到了别人手中。事实上，很多被证实的经商活动规模都很大，它们很可能表明，从事这些经商活动的"商人们"是国王雇来的王室代理人，而并非私营经销商，他们负责把货物护送到目的地，毫无疑问，他们有大量的武力后援。当然肯定会有很多小规模经营者。但我们的文献似乎并没有涉及他们。

无论是以私人身份还是作为王室代理人，那些参与货物运输的人通常冒着相当大的风险，在他们长途跋涉过程中充斥着抢劫和死亡。在陆路上，他们很容易受到所经过地区的强盗和贪婪的地方统治者的伤害。在海路上，他们面临的风险不仅有出没在东地中海及其沿岸地区的海盗，还有突如其来的风暴，这常常让他们的船只和货物深受其害。

这就引出了我将商人和贸易者都包括在本章之内的原因。赫梯国王非常重视对商人的保护，因为他们扮演了一个至关重要的角色，他们为赫梯世界提供了广泛的货物，这些货物通常来自遥远的地方。任何人从他们那儿偷了东西，都会受到严厉的惩罚。有时则会有身份高贵的窃贼。一个相关的例子即是，乌加里特的一位国王被指控从途经其国家的商人车队里抢夺了400头驴，价值4000舍客勒银子。他因这一罪行被罚了一笔巨额，即三分之一塔兰特（talent）白银。[7]事实上，在赫梯封侯的法庭上，很多被判决的案件都涉及针对商人的罪行，包括抢劫、敲诈和谋杀。如果没有抓获罪犯，那罪行发生地的居民或者他们的当权者就会被责成支付巨额赔偿。

《赫梯法典》里明确提及商人的条款为数不多，其中的一条让我们可以明显看出对商人安全的重视。谋杀一名商人的处罚被设定在4000舍客勒银子（外加在赫梯归还他的货物）——这远高于法典中其他大部分罪行的处罚。相关条款（§5）明确提及行凶者是蓄意和有预谋的杀人，其动机无疑是抢夺商人的货物。有趣的是，虽然罪行严重，但这一条款的主要关注点却并非实际的杀人罪。被规定处罚的是起获商人的货物，而不是他的谋杀。这说明了《赫梯法典》的一个重要特征——它强调保护财产，为罪行获得赔偿，而非惩罚。事实上，该条款后来的版本规定，如果商人没有货物，却在争吵或者偶然事故中被杀——那就是说抢劫并非犯罪动机——那惩罚将大大减少，分别是240和80舍客勒银子。如果商人被杀时有货物，那行凶者除了巨额罚款外，还要支付相当于货物价值三倍的赔偿金。

一瞥迷人的普通百姓世界

对于了解赫梯社会下层人民日常生活的很多方面，《赫梯法典》提供了重要的信息。从其他材料里，我们只能略微一瞥他们的世界，因为法律首先涉及了赫梯世界普通百姓之间发生的活动和纠纷——他们在土地上劳作，从事贸易和手艺，蜂拥在赫梯城市和乡村的街头，并在当地的酒馆里提神醒脑。这是一个社会，里面有"在酒馆斗殴或者与邻居在边界纠纷中受伤的村民，想买些猪或者小块果园的小农场主，雇工，牧民，偷牛贼，奴隶，本地的风流男子和色鬼，家庭婚礼的参与者，跨阶层婚姻与事实婚姻关系的伴侣。生活的各个方面都可能发生冲突和诉讼。在乡村和农业社区、毫无疑问还有'城门'以及当地法庭审判地，挤满了吵闹的上诉人。他们在为冤假错案寻求正义，对发现走失牲畜却拒不归还之人提出索赔，因庄稼被邻居家未看管的牛践踏而要求赔偿，或者是要求赔偿一只喜爱的工作犬，它是被愤怒的邻居猛击脑袋致死，因为它攻击了他家的鸭子"。[8] 所有这一切都与赫梯精英阶层的社会相去甚远，这个精英阶层支配着考古和文字记录。这是一个普通的日常生活世界，里面有农民、雇工、工匠和商人，还有奴隶与自由民。特别由于这个原因，《赫梯法典》是我们追溯那个时代最有价值的社会文献之一，尤其是因为它把目光投向了底层生活与社会，这里有民众的日常活动，他们居住在赫梯人的王国里。

在接下来的两章中，我们将进一步看看赫梯社会的运作。尤其将重点放在对性的态度，妇女在社会各阶层中扮演的角色，婚姻制度，以及奴隶的地位、作用和权利。

第十五章 请勿言性，我们是赫梯人

这个标题当然不应该过于字面化地去理解。如果严格较真，那赫梯王国将永远无法前行，更别说持续了 500 年。但很多性行为在赫梯世界是被严格禁止的，而其余的也只是在明确的条件下才被允许。违反规定将会受到严厉的惩罚。

乱伦的恐惧

乱伦被视为尤其令人憎恶，至少赫梯王室的当权者们是这么认为的。国王苏皮鲁流马一世在他与一位附属国统治者的条约中非常清楚地说明了这一点。在附属国里，关系亲密的家庭成员之间发生了不得体的性行为，这一报告激怒了苏皮鲁流马一世，他禁止这种做法并发出了严肃的警告：

> 对赫梯来说，兄弟不得与其姐妹或者女性堂表亲发生性关系，这是一个重要的习俗。这是不允许的。做此等行径之人将被处死。但你们乃是蛮夷之地，因为那里的男人常常与其姐妹或者堂表亲发生性关系。如果有时你妻子的姐妹，或

兄弟的妻子，或女性堂表亲到你这里来，那给她一些吃的喝的。你们都可以一起吃喝，尽情欢乐！但你不可妄想与她淫乱。这是不允许的，人们会因这一行为而被处死。[1]

这只是为人所知的一个例子，赫梯国王干涉了自己附属国内部的习俗行为，该事实突出强调了这一点，不管乱伦发生在赫梯国内的什么地方，赫梯当权者们对此都强烈反对。

《赫梯法典》里有很大一部分条款专门针对这类性犯罪和其他类型的性犯罪。禁止家庭成员间的性行为不仅有以上所提及的这些关系，还延伸到了母子之间、父女之间、父子之间、继母与儿子之间（除非儿子的父亲已死）、女婿与岳母之间的关系。但也有例外。法典允许一个男人与互为姐妹的女奴隶睡觉，也能与她们的母亲睡觉，这并不算犯罪。它还纵容姻亲间的性关系，例如某人的丈夫或者妻子在其配偶先于自己而去世的情况下。事实上，一个寡妇与她丈夫家男性成员的婚姻在法典上是积极鼓励的，但实际上却并未强制执行。即以此方式：

如果一个男人有一个妻子，他死了，他的兄弟可以娶他的遗孀为妻。（如果这位兄弟死了，）他的父亲可以娶她。后来他父亲死了，他（也就是他父亲）的兄弟可以娶他的这个女人。[2]

这让人想起了《圣经》中所证实的利未婚（源自拉丁语 levir，"丈夫之兄弟"）习俗。《申命记》25：5—6 告诉我们，如果兄弟俩住在一起，其中一个没有子嗣就死了，他的遗孀不能嫁到这个家庭之外，而要成为兄弟中另一人的妻子。新婚姻的第一个儿子必须用第一任丈夫的名字，"这样可以让他的名字不会从以色列抹去"。《赫梯法典》相应的目的尚不清楚，但很可能是为了确保死者的家庭对他妻子的未来福利负责。

这样的规定可能已经被实际运用了多次，因为赫梯的军事征战频繁，由此造成不可避免的战争伤亡，毫无疑问会留下许多孤儿寡母。如果和姻亲间的婚姻是完全意义上的婚姻，那国家支持它的另一个原因则在于，如果这个女人仍处在生育年龄，那就能确保她在第二次婚姻里继续生育后代。由于赫梯长期缺乏劳力，尽管妇女的第一任丈夫去世了，但仍会有赫梯小宝宝的脚步声，尤其是持续有男宝宝的脚步声，这无疑在赫梯王国内是一个广受欢迎的动静。

通　奸

当然，肯定有很多这样的例子：一个已婚男人被迫迎娶了一个姻亲遗孀。此类案例将提供最恰当的样本来证实，王室精英圈以外的赫梯社会中的确有一夫多妻或者纳妾的现象，而王室精英圈内的国王则不仅有一个正妻，还有几个或者多个妃嫔。在王室阶层的其他群体中也许还有其他例子，但我们并不知道。然而大体上看，赫梯社会（不像《汉穆拉比法典》中所反映的巴比伦社会）似乎是一夫一妻制的，因为有些法条涉及通奸行为。

让我们来看法典第 197 条，它开头是这样的：

> 如果一个男人在山里抓到一个女人（并强奸了她），那就是男人犯了罪，但如果他在她的家中抓住了她，那就是女

人犯了罪：这个女人将会死去。

这种差别背后的基本原理在赫梯文献中并没有详细说明，但它却在《申命记》中的一段里给出了，这几乎肯定直接或间接地源自《赫梯法典》。其中一段是：

> 如果一个男人在田野外巧遇一个已许诺要结婚的女子，并强奸了她，只需将那个做了此事的男人处死。不要对这个女子做任何事，她没有犯下任何致死的罪［……］因为男人是在田野外遇见那个女子，尽管已订婚的女子尖叫，但没有人去救她。(《申命记》22：25—27)

那也就是说，如果当女人遭受攻击时却呼救无门，她就会被认为是清白无辜的。与这一情况相反，《赫梯法典》条款中的第二部分表明，如果这一行为发生在该女子能够向周围人求救的地方（正如所声称的那种情况，如果是在她家中实施犯罪），但她却没有如此做，这就说明双方是自愿发生性行为。那她就必须为此接受惩罚。

那是什么样的惩罚呢？很明显，法典中特指的是一名已婚妇女，因为在第197条第二部分里描述的是，如果女人的丈夫当场抓住了他的妻子和她的情人，他可以杀死他们，不必接受任何惩罚。那也就是说，法典宽恕了他那即便在事实上并不合法的行为。言外之意，如果他没有在盛怒之下这样做的话，他事后就不能再把法律握在自己手中，而只能把此事提交给国王的法庭去裁决。这在第198条里很明确：

> 如果他（丈夫）把他们（通奸的一对男女）带到宫廷门
> 口（即王室法庭），然后说"让我的妻子不要被处死"，那他
> 能够拯救他妻子的生命，但他必须也拯救那个情人［……］。
> 如果他说"让他们两人都被处死"，［……］国王（或者很可
> 能是他的代表）将杀死他们或者宽恕他们。

请注意重要的限制性条件：被戴绿帽的丈夫不能只要求他的妻子被赦免，而让她的情人被处决；必须是二者都被处决或者都不被处决。如果都被处决，最终决定权在于国王或者他的代表，毫无疑问在做决定之前肯定已经调查过非法通奸的情况。

总的来说，在赫梯世界，规定死刑的罪行范围相对较小，而且随着时间的推移而修订法典，这种范围事实上就变得更小了。这与《汉穆拉比法典》形成了鲜明的对比，它里面所规定死刑的罪行范围很广，包括一些我们可能认为是微不足道的罪行。因此，那些在赫梯社会中引发死刑的罪行有着更为重要的意义，因为它们是相对罕见的。

兽　交

在这类罪行清单上，值得注意的是那些涉及被视为性变态的罪行。在可被判处死刑的罪行里，乱伦和某些类型的兽交多次出现。后者包括与猪、狗和羊的性交。因此，法典第199条开头就描述，任何人与一只猪或一只狗发生了性关系，那他都犯了死罪。此事要由王室法庭来裁决。但该条款接着说，国王对判决有最终决定权，可以决定饶恕动物和人的生命。无论其决定是什么，"此人不得接近国王"——该条款如此

继续。确切地说，这样的意义何在？

　　首先，似乎并非所有情况下的兽交都被视为死罪，乃至都被视为可处罚的罪行。因此，法典第200a条告诉我们，一个人与一匹马或者骡子发生性关系并不构成犯罪，尽管这样做的人不能靠近国王或成为一名祭司。为何马和骡子被排除在兽交的规定之外，其原因对我们而言仍是一个谜（你有任何建议吗？）。不管怎样，在这一点以及其他很多方面，《赫梯法典》与《圣经》律法并不一致，后者完全禁止所有形式的兽交。即使《赫梯法典》并未禁止与某些动物的性行为，但参与任何形式的兽交之人都会被禁止进入国王所在地。这几乎肯定是与如下的担心有关，即这样的人变得不洁净，故不适合出现在国王面前，国王会因接触甚至靠近他们而被污染。如果众神采取惩罚行动，那将会给国王和他的整个王国都带来可怕的后果。

即使合法的性行为也会污染

　　对所有形式的性行为，不管合法还是不合法的，都有一些禁令。即便是国王亦是如此，穆尔西里二世就被指示，在他开始一个仪式的前一天晚上切忌与女人发生性关系，该仪式是为了治疗他言语上的疾病，这是出于这样一种担忧，即他在仪式前不久有过性行为，就会危害到从仪式中所获的有益结果。[3]

　　在神庙里当值的官员，在他们进入神灵所在地之前，必须处于绝对洁净或者无菌的状态。他们事先可以发生性行为，但必须在神庙里过一夜，想必是在他们彻底净化之后，这种净化不仅针对他们的性行为，也包括任何其他形式的污染。一名官员与他的妻子度过了整个晚上，又因此不洁净地来到神灵面前，那就会失去他的生命。死刑也同样适用于"在不洁净状态下"为众神准备食物的厨师和厨工，如果他们在前一天晚上有性行为，那就是犯了罪。好吧，性行为是可以的，但前提是那些参与其中的人要在日出时沐浴，在接触神灵食物前清除所有的污秽。如果你知道有人在性行为之后没有洗澡就准备神灵的食物，但却没有报告此事，你也将被处死。

对性行为亵渎效应的信仰，不管是合法的还是非法的，并不限于近东世界的赫梯人。相似的信仰和与之相关的禁令和处罚，也同样可见于埃及和美索不达米亚的社会。而非法的性行为，都会有很多难以预料的结果，例如《赫梯法典》中的某种兽交类型，会威胁到整个污染发生所在社区的福祉。因此，对此类行为的处罚非常严厉，相比之下，对其他犯罪的惩罚往往要轻得多，包括杀人在内的罪行，因为这些罪行影响的人数也要少得多。

在阿尔查纳屋里发生了什么？

这一章的最后，让我们把注意力转向一个机构，它的名字叫"阿尔查纳屋"（arzana-house）。此类叫法的机构在我们的文献中很少提及，它们是提供食物和酒水的音乐和娱乐场所，并且还为它们的客人提供过夜住宿。[4] 谁是它们的顾客？士兵们会常去这些地方吗？

尽管文献告诉了我们赫梯士兵所扮演的职责是什么，它们却并没有说他们在闲暇时都做了什么。但解决这个问题并不需要太多的想象力。喝酒、吃饭、唱歌和光顾世界上最古老的职业肯定在赫梯士兵的休假中发挥了很大作用。在很多士兵可以聚集的地方，酒馆、客栈和妓院都会迅速地冒出来。有一篇赫梯文献就提到了在卡什卡人边境地区镇上的"旅馆"。这些很可能就是类似酒馆和客栈的商业场所，它们为当地民众和驻扎于此的赫梯军队都提供了服务。但因为没有它们更多的信息，我们就不能确定。

那阿尔查纳屋怎么样呢——吃喝、音乐、娱乐和"通宵过夜"的地方？其中一个就与一群被命名为"卡尔基德"（KAR. KID）的女人有关。这一术语也时常出现在法典中，长期以来被认为是指妓女。在提到这个特别的阿尔查纳屋的文献中，王储也在场，他在一个奇怪的仪式中扮演主要角色。他的一顿晚饭里有面包、蛋糕、粥、牛奶和啤酒，还有一种名叫马尔努瓦（marnuwan）的饮料。他晚宴的陪同有 12 位卡尔基德女人。后来在那天晚上，他会躺下，而祭司把面包放在他头和脚的两侧，并把啤酒在他身体周边倒成一个圈。这时卡尔基德女人被带进来。就像曾经所述的那样，她们现在开始让王子进入青春期的乐事吗？非常不幸，包含相关信息的文献的第一块泥板就此结束，而它的续篇却至今尚未找到。那接下来发生什么了呢？

首先，卡尔基德女人几乎肯定不是妓女。更确切地说，赫梯学者比利·简·科林斯（Bille Jean Collins）认为，这个术语被用来指代不在父亲或丈夫监护下的独立女性。事实上，正如科林斯和其他学者指出的那样，神妓这一整个概念在近东地区都是不可信的。另一件事在于，阿尔查纳屋不可能是酒馆或妓院或酒肆。准确地说，我们对它们的了解表明，它们是一种与献祭仪式和节日庆典有关的宗教机构。这促成了如此一种认识，即王子在阿尔查纳屋中的仪式并非某种性启蒙礼，而是所谓的"梦的酝酿"。[5]

因此，唉，我们必须以消极的语调来结束。我们没有证据显示，赫梯士兵和其他士兵一样，在每个可利用的机会里都肯定能进行精力充沛的性活动。甚至在文献中，我们也找不到一个与妓女有关的可单独识别的资料。但这只能表明，我们对赫梯世界日常生活的信息仍有一个很大的空白，而文献或考古的证据都无法填补这一空白。这是古老谚语的一个经典案例，即没有证据并非是证据的不存在。也许在一个尚未挖掘的城市里，能够发现一座建筑，其中有一些与建筑的作用相关的泥板，它可以被明确地识别为一个妓院，那这将极受欢迎，也会给赫梯世界更为污秽丑恶的一面增添信息。

第十六章 女人、婚姻与奴隶

在赫梯社会上层，女人可以在王国事务管理中享有相当大的影响力，有时也确实如此。但赫梯社会的其他女人如何呢？她们充当了什么样的角色？她们拥有什么样的权利？与她们的男性对手相比，她们过得怎么样？现在让我们来回答这些问题。

当士兵被征召进赫梯军队时，如果他们违背了自己的军事誓言，就会用一个羞辱性的惩罚来威胁他们：

> 任何人破坏这些誓言，并对国王、王后和王子作恶，那就让这些誓言把他从男人变为女人！让誓言把他的军队都变成女人，让他们穿上女人的服装，并用一块长布遮住自己的头！让他们折断手中的弓、箭和棍棒，并让他们手拿纺纱杆和镜子！[1]

在另一篇文献中，国王斥责他的军队，因为他们胆小懦弱，没有攻占一座被围困的城池：

> 你们为何不战斗？你们站在水上的战车里，自己就几乎

变成水了（？）[……]你们只需在他面前下跪，就可以杀了他或者至少吓唬住他。但实际上，你们却表现得像个女人！ ²

这种对女人的贬低是很多时代诸多社会里的一个特征。莎士比亚的《哈姆雷特》里说"懦弱，你的名字就是个女人！"。而在他的《尤利乌斯·恺撒》里，卡修斯（Cassius）把恺撒比作"一个生病的女孩"，因为他在险些溺水时的哭泣与懦弱行为。直到最近一段时期，用诸如"弱者性"一类的表达来对女人进行通用的奚落贬低，这在西方社会也是司空见惯的。

因此，女人在赫梯世界过得怎么样呢？几乎就像所有其他社会一样，不管是古代还是现代，这个世界自王室家庭往下都是一个强烈的父权制社会。王权自一个男人传给另一个男人，男性承担了所有的战斗，男性占据着国家的所有重要职务，男人在职业和职工中都远比女人更加重要。

但情况也并非完全一边倒。从我们的文献中可以清楚地看到，赫梯社会所有阶层的女性都有某些权利，这些权利在其他社会则被剥夺了。让我们来看看婚姻制度。

我们至死才分离？

从他们的法典来判断，赫梯人对待婚姻的态度是相对开明、自由和实际的。实际婚姻和正式婚姻一样都得到承认。人们常常会签订婚前协议，离婚显然并不少见，而离婚诉讼容易由女方提起，也可以由男方提出。在离婚事件中，婚姻恰巧有孩子的话，他们就会被给予特别的关怀，还包括他们的继承权利都有哪些。还有条款规定，如果寡妇的丈夫先死了，那就要确保她能够得到足够的关照。如果一个父亲死后，他遗孀的儿子们没有照顾好她，她就有权剥夺（和重新恢复）他们的继承权。[3]

这个多半都是我们从法典中了解的，它的很多条款都与婚姻、离婚和继承相关。财产权在这些条款中也占了很大一部分。这并不难理解，因为很多婚姻都是被包办的，而且其性质是新郎和新娘的家庭之间的商业契约。这些契约涉及从契约一方到另一方的财产转让，财产的数量通常可能相当的可观。因此，婚前协议更像是保险单，在离婚或者婚姻一方死亡时才会生效。

然而，"正式"婚姻和基于纯粹同居关系的婚姻之间有着广泛的差异。与婚姻有关的财产转让与否似乎是这些差异的一个重要方面。在"正式"婚姻里，准新郎在正式订婚之前，要按照习俗给准新娘或她的娘家备一份礼物，然后还要再备一份更厚重的"礼物"作为订婚程序的一部分。第二份礼物被称为"库萨塔"（kusata），一个常被译为"彩礼"的术语。在婚礼之前，新娘的父亲会给女儿一份嫁妆。这是她家庭财产中的份额，也是她余生的财产。她的丈夫也许会成为这份嫁妆的正式监护人，但只有女方先于他去世，他才能获得拥有权。库萨塔是让一段婚姻具有正式地位的重要方式，实际上也许是必不可少的方式，这将有别于那些不管是永久的还是长期的结合，因为这些结合的性质都更加随意。这在实际中有关系吗？可能会有，正如我们将要看到的。

考虑到至少这种"正式"婚姻通常是商业契约的性质，似乎没有太多的机会让浪漫的爱情作为这种结合的基础。这也没有反映在婚姻的任何术语上；赫梯语并没有特定的词语来表示"结婚"——新丈夫被说成是"拿走"（take）他的妻子，因此是"拥有"了她，就像童谣中的"农夫娶（takes）妻"。我们很少有把爱情作为婚姻基础的例子。在给爱情女神伊什塔尔的赞美诗里有一个例子："伊什塔尔，您的旨意是让男人和他的妻子应该彼此相爱，并让他们的爱情得以实现。"另外一个例子出现在《哈图西里三世的自辩词》（见第十九章），哈图西里在里面告诉我们，当他娶他的妻子普都海帕时，伊什塔尔给了这对夫妇"夫妻之爱"。

但真爱的过程并不总是一帆风顺——或者从未有过——法典就设想了这样的情形，两位年轻的恋人在女孩被许诺给别人之后私奔了，而准新郎却已经向她的家庭支付了"礼物"作为婚前手续的一部分。即以此方式：

> 如果一个女儿已被许配给一个男人，但另一个男人带她私奔了，带她私奔的男人要补偿第一个男人所付出的一切。女子的父母不需要赔偿。[4]

这一条款的所有含义并不完全清楚。但似乎是，只要涉及女孩的婚姻，她的父母并没有法律所有权。她可以自由地嫁给自己想嫁的人，唯一的规定是，她的新（？）情郎要全额赔偿被抛弃的准新郎已在婚姻中做的任何投资。女孩的父母对他们女儿的行为并没有负责，显然是因为她是一个自由的行为主体，完全独立于父母的权威。

正如我们所预料的，有许多婚姻失败并以离婚而告终的案例。离婚诉讼可以由丈夫或者妻子提起，尽管这一举动的实际理由在法典中并未做详细说明。通奸很可能就为此提供了其中的一个理由。也许正如在

《汉穆拉比法典》里一样，妻子没能为其丈夫生儿育女则是另一个理由。当然，妻子也许并非有过错的一方。但那时候并没有精子数测试，而勃起功能障碍似乎也没有在任何文献里提及——虽然这也许是有些仪式要解决的问题之一，这些仪式通常所承担的目的是治疗性无能（见第十三章）。无论如何，法典对离婚的主要关注在于其牵涉的财产，尤其是对子女的安排，倘若离婚的夫妇有任何孩子的话。

跨阶层婚姻中的情况通常会特别复杂——就是一方为奴隶，而另一方为自由民的婚姻。这样的婚姻绝不是赫梯世界所独有的（《汉穆拉比法典》里就包括了巴比伦社会中很多这样的案例）。在讨论这样的婚姻之前，我们应该简要地看一下赫梯世界的奴隶制。

赫梯社会里的不自由

让我们首先大致说一下奴隶制。在古代世界，奴隶几乎是每一个社会的组成部分。事实上，我只知道有一批人认为奴役人类同胞在道德上是错误的，他们是库姆兰的艾赛尼派（Essenes at Qumran）。你能想到任何其他古人也有类似想法吗？那如今社会的呢？据官方公布，奴隶制已不复存在。但从非官方来看，当今社会有更多的奴隶，根据最近的全球奴隶制指数，他们大约有 4600 万，这比过去所有时代的奴隶总数还要多。事实上，今天的奴隶境况更糟，因为在过去的很多社会里，例如赫梯社会，有法律来规定他们的待遇和权利。如今则没有这样的法律，因为公开的奴隶制已不复存在！

在法典和其他文献中，赫梯男奴隶的指定词符是"伊尔"（ÌR）。这个术语的本意为"仆人"，可以适用于任何从属他者之人。因此，国王是众神的"伊尔",国王的每一位臣民,从最高到最低者都是国王的"伊尔"。然而,该词最常指男奴隶,而"格美"(GEME)则是用来指女奴隶。身份降至于斯之人可以从奴隶贩子手中购得,奴隶贩子也许在国外市场获得了他们,或者将他们从国外绑架而来。但奴隶有时是来自当地,并且原本是自由的。一个人若犯了特别严重的罪行,就可能被惩罚去受害者的家中充当奴隶,虽然他可以选择让家中的其他成员代替他的位置(如果有人可以被说服或者胁迫的话)。还有人因无法偿还债务而被降为奴隶身份。如果债务巨大,他家庭的其他成员也可能会被迫放弃他们的自由。但债务奴隶在多年后会被释放——尽管我们并不确定他们身为奴隶到底要多久,或者他们必须做何事才能重获自由。

到目前为止,最大数量的非自由者是"作为战利品的人",他们是征服之后战利品中的一部分,由赫梯军队从国外带回国内。官方指定的术语叫"纳穆拉"(NAM. RA. MEŠ),他们有些人会被国王保留,并被吸收到他的军队或劳工队伍,或者作为神庙人员提供服务;有些人则被分配给国王的军事官员们,去打理他们的庄园;还有些人被用来重新安置在国内人烟稀少或者人口减少的边疆地区。在任何情况下,他们实际上归属于那些他们被给予之人,没有行动的自由,并被迫从事分配给他们的所有任务。在任何一方面来说,他们都还是奴隶,也可以赢得自由,有时是为他们的主人提供服务,有时以积累足够的财产和物品来买通自己摆脱奴役的道路。

我们已然注意到,在很多古代社会,奴隶的待遇处在法律的监督之下。汉穆拉比与赫梯的社会为此提供了明确的例子。这两个社会都有法律来保障奴隶以及所有其他社会成员得到公正的对待。但像与它相应的巴比伦一样,赫梯的正义并非不理智。奴隶和自由民所遭受的罪行或所犯的罪行会导致一些惩罚，他们在这些惩罚的执行中会有着明显的区别。因此，一个人弄瞎了一个奴隶，或敲掉了其牙齿，或折断了其胳膊或大腿，或咬掉其鼻子，或撕掉其耳朵，与对一个自由民造成同样伤害而被索要的赔偿相比，他只需付一半或者数量更少的赔偿。一个奴隶（或自由民）所犯相当轻微的盗窃罪，其惩罚也相当宽大。但当一个奴隶犯下严重的罪行时，他比一个自由民所受的惩罚要严厉得多。因此，一个奴隶被发现有纵火罪，他的鼻子和耳朵就会被割掉。一个犯了同样罪行的自由人不得不向其受害者支付全额赔偿，但他的身体特征却可以完好无损。

入赘与跨阶层婚姻

赫梯社会的一个显著特征是"安提延特"（antiyant-）婚姻。该赫梯术语的字面意思是"一个人进入到"，它是指这样一种婚姻，即丈夫进入到他妻子的家庭，而不是传统上与之相反的那种。我们已经看到，在社会的最高层有规定，国王女儿的丈夫可以进入王室家庭，作为该国王的养子和王位的继承人。这样的规定适用于国王没有儿子，或没有适合的儿子去填补指定继承人的位置。"入赘"一词就是用来指代这样的婚姻。

与此类似，在较低的社会阶层，法典表明有很多此类婚姻契约的案例。一个家庭之所以寻求把女婿纳入其范围，一个明显的原因是帮助保证家庭谱系的延续，而家庭谱系的削弱则是因为至少有一些家庭男性成员在军事行动中丧生。要不就是，这样的婚姻有助于提供一些有体力要求的男性，他们要从事劳动密集型的活动，例如在家庭庄园中劳作。

有人认为，给未来女婿加入他妻子家庭所提供的奖励并非微不足道。

这把我们带回到跨阶层婚姻的问题上。尽管奴隶的地位明显不如社会自由民的地位，但在某些情况下，他们能够与有自由身份的女人订婚。正如在汉穆拉比的社会里，一个奴隶与一个自由人结婚似乎并没有法律阻碍。有人认为这种婚姻的继续要征得奴隶主的同意才行，但《汉穆拉比法典》里并没有与此相关的任何说法。

有数项条款设想了一个自由的女人嫁给一个奴隶的可能性，这几乎肯定地表明此类婚姻确实发生过。这引发了几个问题。首先，这类婚姻会对夫妻双方的法律地位有什么影响？让我们看一下《赫梯法典》中的两项条款，它们似乎回答了这个问题。正如本书中的其他地方一样，法典的译文来自哈里·霍夫纳（Harry Hoffner）：

> 如果一个男奴隶向一个女人支付了彩礼，并娶她为妻，没有人可以改变她的奴隶身份（§34）。如果一个奴隶向一个自由的年轻男人支付了彩礼，并要求他作为女婿，没有人可以改变他的奴隶身份（§36）。

如果这些翻译准确的话，那似乎是只要支付了彩礼，任何性别的自由人与奴隶结婚，都会失去自己的自由，并且成为奴隶。霍夫纳评论说，通过接受彩礼，一个自由的儿子或女儿的父母就放弃了将自己的后代从奴隶身份赎回来的权利。但这就留下了一个问题，为什么这种婚姻一开始还会被缔结呢？

我们只能进行猜测——永远记住，每一条法律都很可能是受到了过去一个特别案例的启发，而我们却无从知晓该案例的细节。可能是上文所提及的奴隶积攒了一笔可观的财富，也许是从一位慷慨的主人那里获得了土地，或者作为其主人的佃农赚取并积攒了资金。然后，他也许能够负担得起去"买"一个自由人身份的妻子或者女婿，向未来的岳父岳母提供一份足够多的彩礼，这让他欲做之事对他们更具吸引力。在这种情况下，父母实际上是把自己的儿女变卖为奴。但如果他们穷困潦倒，且需要彩礼所得资金来偿还债务或者履行其他财务花费，那他们也许就会这样做。正如我们所见，债务奴隶在赫梯世界，或整个近东世界，乃至在古典世界都并非不为人所知。

但这时我们必须要问，如果原本自由的新娘或新郎因此而降为奴隶身份，那该奴隶或者奴隶的父亲从这样的安排中得到了什么？

如果能接受把上述两条款的最后部分换成另一种解释，我们倒可以避免了这个问题：除了"没有人可以改变她/他的奴隶身份"，还有一种翻译也被提出来了，即"没有人可以改变她/他的社会身份"。那就是说，在与奴隶结婚之后，自由的婚姻伴侣将保留他们的自由身份——只要该婚姻通过支付彩礼而正式化就行。在这种情况下，即便奴隶仍保留他的奴隶身份，但他的后代是自由人妻子或自由人女婿所生，因此可能就保留了自由的身份。从古至今，奴隶们最伟大的两个志向就是自由地死去和拥有生来自由的孩子或后代。

我由此想起，罗马社会中就有很多男性奴隶迎娶女性自由人的案例，因为在罗马法律中，不管其父亲的地位如何，一个自由女人的后代总是生而自由。但离此再近一些，我们还有几条《汉穆拉比法典》，涉及的就是奴隶和女性自由人之间的婚姻。从巴比伦的条款来看，很明显女性自由人是保留了她的自由身份，而该婚姻所育的孩子则生来自由。[5]

就《赫梯法典》而言，如果霍夫纳对上述两项条款的翻译是正确的，除了我已经提出过的建议，我实在是无法想到任何令人满意的跨阶层婚姻动机。也许你从头看待此事，或许能有更好的想法。欢迎提出建议！

当然还有另一种我们没有考虑到的可能——两个地位不平等之人因爱情而结合的可能性。正如俗话所说，"爱情胜过一切"，而《赫梯法典》对这一点的认可与规定是足够仁慈的。

法典还反映出，真爱或包办婚姻的过程并不总是一帆风顺，有时会以离婚收场。一场婚姻终止后所留下的孩子该怎么办呢？这就取决于婚姻双方的地位。在跨阶层婚姻的情况下，法典告诉我们，如果丈夫是自由人而他的妻子是奴隶，那他们所积攒的财产要平分，但妻子只能挑选其中一个孩子，而她的丈夫则选择剩下所有的孩子。如果是另一种情况，女方是自由人而她的丈夫是奴隶，那除了其中一个孩子归男方外，这个女人将得到其他所有的孩子。这是我们从法典第 31 条和第 32 条知道的。在这些案例中，都没有提及作为原始婚姻协议部分里的彩礼。也许这就是为何在此类婚姻中，自由的一方显然会保留他 / 她的自由身份——正如这些条款明确显示的那样。至少这样的解释能够与霍夫纳对第 34 条和第 36 条的理解相一致，这两条我们已经讨论过了。

王室的新娘

在我看来，赫梯社会中最值得同情的女人是那些属于这个社会最精英阶层的女人——国王的女儿们。这些女人是宝贵的外交财富，她们会被送到与国王身份地位相等的外国统治者或重要附属统治者的婚床上。涉及赫梯公主（偶尔也有赫梯王子）的联姻通常是加强或巩固赫梯与其同时代国家之间同盟关系的一种重要手段。因此，在哈图西里三世和拉美西斯二世于公元前1259年签订"永恒条约"之后，哈图西里就把自己的一个女儿送到埃及，嫁给了法老。这位国王的妻子普都海帕曾经多次担任王室的媒人，她负责筹备公主前往埃及的婚礼。我们从普都海帕和拉美西斯的往来书信中知道了此事。有一些交流言辞激烈，因为法老指责普都海帕无故拖延送给他的赫梯公主。普都海帕的回信则控诉法老见钱眼开：他只对将要从哈图沙而来的礼物感兴趣，这些礼物是婚姻协议的一部分。[6]（至少那是她所写的原话。但我们所拥有的版本只是她书信的一份草稿，她很可能在书信的最终版本里缓和了自己的语调。）

但所有的安排都最终完成，而赫梯公主也被派往埃及，拉美西斯以应有的排场和典礼接受了她。事实上，拉美西斯还兴高采烈地给她父母写了关于她的信件[7]。不幸的是，这对王室夫妇并没有自此过上幸福的生活。尽管拉美西斯一开始可能痴迷于自己的赫梯新娘，但他并未让她成为正妻，尽管这是哈图西里和普都海帕在婚姻协议里所希望的。而让哈图西里大失所望的是，这场结合也并未生下子嗣。哈图西里含蓄地批评了拉美西斯的男子气概（或者是没有男子气概），他抱怨这一结合并未开花结果，这暗示着法老并没有胜任此项工作。那是相当不公啊！法老的男根在很多其他场合下都显得硕果累累，这可以从它们所生的100多个后代来得到证明，有时他们都太小而无法战斗。但据我们所知，事实上，他们没有一人的母亲是赫梯人，赫梯公主后来似乎消失在默默无闻中，被置于尼罗河西部法尤姆绿洲的王室后宫。一些年之后，当哈图西里的第二个女儿被送到埃及嫁给法老时，就再也没有了她的踪迹。

让我们为这些王室女人想一想。从某种意义上说，她们只不过是被美化的性奴，只是被用作推动国家事务的工具，在她们父亲的宫廷中过着与世隔绝和特别优待的生活之后，到头来要在完全陌生的地方，对当地语言和习俗一无所知，还可能被贬到一个类似于后宫的地方，默默无闻可能是她们在此处所遭受的最不残忍的待遇。当然，这一切也有明显的例外，最著名的就是苏皮鲁流马的巴比伦王后，自其丈夫统治的最后时期，到其继子阿尔努旺达在位时期，以及其最年轻的继子穆尔西里统治的部分时期，在最终被驱逐出王宫以前，她控制并扰乱了王室。

我们还听说了其他一些例子，其中的王室婚姻结局糟糕。那就是联姻的命运，这场联姻的双方是赫梯的两个附属国——阿穆鲁和乌加里特。为了让这些相邻王国更紧密地联系在一起，阿穆鲁的一位公主嫁给了刚上任不久的乌加里特国王阿米什塔姆鲁二世（Ammishtamru II）。这场婚姻以离婚而告终——显然是因为这位公主被发现犯了一些严重的罪行，也许是通奸。她被颜面尽失地送回了阿穆鲁。但在她走了之后，她的前夫一直在琢磨她的行为，并认为她就此脱身得太轻松了。于是他立即写信给他的前任大舅子——阿穆鲁的国王，要求他的妹妹回到乌加里特，接受适当的惩罚；如果该要求被拒绝，受委屈的前夫就会宣布他将与阿穆鲁开战，从而迫使其执行。

阿穆鲁的国王有点左右为难。他不想战争，但如果他再把自己的妹妹送回乌加里特，他知道她几乎肯定会遭受可怕的死亡。此时的赫梯国王是图塔里亚四世，他最不想看到的就是两个最重要的叙利亚附属国之间的战争。妥协是必不可少的，图塔里亚提出了一个双方都可以接受的方案。阿穆鲁国王把自己的妹妹送回乌加里特，因为他要辞别自己的妹妹，把她送回其前夫之地接受死亡；作为交换，他将从乌加里特国王那里收到 1400 舍客勒黄金，以此作为一次性赔付，那将缓解他的悲痛。[8]

劳动力中的女人

在文献为我们提供的证据里，有关女人在赫梯社会从事职业活动的迹象非常少。我们尚不知道是否有女书吏或女官员（几乎肯定是男性独占的，而很大一部分都是特定家族集团的男性成员）。尽管很多宗教机构的组成人员里肯定有女祭司，她们也是很多宗教节日的参与人员，但她们所占的位置可能远低于祭司阶层——即便有时是在专门给一位女神献祭的情况下，如女神伊什塔尔或阿丽娜太阳女神。

偶尔有提及女人从事各种层次较低的职业，例如面包师、厨师、织工和漂洗工。她们也和男劳力一起被雇佣为季节性雇农，尽管在法典中明确规定，她们的工资只是男人的一半，甚至更少。工资通常是用实物来支付。因此，法典第 158 条告诉我们在收获季：

> 如果一个自由的男人为了工钱把自己雇佣出去，捆麦子并装车，而后将其放到粮仓并清理打谷场，他三个月的工钱应该是 1500 升大麦。如果在收获季节，一个女人为了工钱把自己雇佣出去，她三个月的工钱应该是 600 升大麦。

当然，正如我们已经提到过的那样，法典只是作为指导性方针，而并非规定性裁决。因为瘟疫、被调配在公共工程项目中或身处军事征战中而造成的男性稀缺，所以有时会导致劳力的短缺，此时劳动力中女人的价值无疑会大幅度提升。根据她们的就业情况，她们的工资也许会有很大的差异。

但是，女人在各种康复治疗行业里确实扮演着重要的角色。我们知道，有很多女人从事医师职业，与男医师的数量比例也许是1:4，[9] 而女人在其他医术方面则非常突出。产婆在我们的许多文献中都占有重要角色——首先是帮助接生婴儿，然后是念出咒语，用来确保婴儿健康和长寿。我们已在第十三章里用了很大篇幅来讨论过这一点。

我们不知道赫梯世界的婴儿死亡率。但考虑到必须重视人口的更新，大量的注意力很可能都集中在尽可能地降低这些死亡率——通过关注特别训练的产婆和其他卫生专业人员，并结合所有适当的仪式来获得众神的青睐。考虑到赫梯王国几乎肯定长期缺少劳动力和防卫力量，新生儿必然是它最宝贵的财富之一。

为了保持赫梯的军事强国地位，这样的财富必不可少。那就让我们来到穆尔西里之子穆瓦塔里的统治时期，还有他和来自尼罗河之地的"王室弟兄"之间的决战。

第十七章　与埃及的战争

阿穆鲁的恐怖分子家族

在进一步阅读之前，先再看一下图6，并注意阿穆鲁的位置，它位于一个多山的地区，在奥龙特斯河与地中海海岸之间，向南一点在奥龙特斯河东岸的城邦是卡迭什。在导致赫梯与埃及的大王们进行最终决战（更确切地说是诸多决战）的一系列事件中，这些地方是关键的组成部分。这两个地方过去都是埃及的属地。但在法老阿蒙霍特普三世及其子埃赫那吞统治期间，阿穆鲁变成了一个无法无天的地区，它由一个恐怖分子家族接管，最初领导它的是一个残忍的强盗，名叫阿布迪-阿舍塔（Abdi-Ashirta）。这个人招募了大量的半游牧掠夺性部落哈比鲁人（Habiru），许诺给他们丰富的掠夺物来换取他们的服务，他以此为自己建立了一支强大的军队。得到他们的支持后，他不仅开始抢夺那些途经他所控制的广阔地带的不幸旅行者，还释放出他的一群暴徒，让其祸害城市和该地的居民。他这么做就把自己置于引来埃及的愤怒和军事力量的冒险中，因为这些居民和城市都隶属于法老。

但他一直在避开埃及的军事报复，在回应法老的抱怨时，他狡辩说自己是法老的忠实臣民，而他实施的所有行为都是为了保护法老的利益，消除那些对法老不忠的人。在相当一段时间里，他都借此逃脱了惩罚，直到自己生涯的突然结束。我们不知道其中的具体细节，但很可能是他太得寸进尺了，因为法老（很可能是阿蒙霍特普三世）派了一支强大的埃及远征军，他们到了阿穆鲁，逮捕并毫无疑问地处决了这个不法之徒。但这并未解决阿穆鲁的问题。因为阿布迪-阿舍塔的鞋子很快就被其子阿兹鲁（Aziru）穿上了，在他的领导下，这个恐怖分子家族继续骚扰、劫掠和攻占法老的城市和土地，如今的法老已是埃赫那吞。

就像他的父亲一样，阿兹鲁为自己所做的一切进行狡辩，他仅仅是充当其宗主的代理人，尤其是阻止埃及最危险的敌人——赫梯人。因为阿穆鲁是一个毗邻赫梯在叙利亚属地边境的国家，而且有不好的迹象表明，该地区已集结了大量的赫梯军队。尽管该地区的埃及其他附属国统治者不断地抱怨，但赫梯的威胁与阿兹鲁自称为对抗它的堡垒，这明显足以防止满腹疑心的法老采取任何行动。这些抱怨中呼声最高的是比布鲁斯的国王，他的城邦正面临落入阿兹鲁的危险。

恐怖分子的领导人、他们的受害者和法老之间的往来书信让我们知道了这一切——在阿玛纳档案里发现了一组最有趣的书信。[1]从这些书信中，我们还得知，当阿兹鲁向法老保证自己的忠诚时，他正在与那些已经倒向赫梯一边的国家建立同盟，其中就包括与阿穆鲁接壤的卡迭什的统治者。"你与卡迭什的统治者和平相处。你们两个在一起吃东西、喝烈酒。你为何要如此做？"埃赫那吞要求知道问题的答案。

随着阿兹鲁的背叛行为变得愈发明目张胆，而其受害者的哭声愈发尖锐和绝望，法老的耐心也就耗尽了。阿兹鲁被传唤到埃及，在其宗主面前为自己做解释。阿兹鲁被警告说："不管什么原因，如果你密谋罪恶的背叛事宜，你和你全家都将死于国王的斧下！"阿兹鲁意识到他的虚张声势已经被完全彻底地识破了。尽管早些时候，他曾遵从法老的要求，去埃及做了一次彻底的详情汇报，但这一次他意识到，如果他回到埃及，那他被无限期扣押在那里的可能性是相当大的，或者会有更糟糕的情况。那最好还是不要冒这个险了。与此相反，他向赫梯国王苏皮鲁流马宣誓了自己的效忠。

与埃及迫在眉睫的决战

从此以后，阿穆鲁、卡迭什和埃及以往的领地都被牢牢地掌握在赫梯手中——暂时如此。但毫无疑问，埃及想让它们回来，并将利用第一次机会把它们从赫梯的控制中抢夺回来。那个机会自己出现了，因为在埃及兴起了一个强大的新王朝，即第 19 王朝，或又称为拉美西斯王朝，这是用其开创者拉美西斯一世来命名的。这位拉美西斯只有短暂的统治，死后就把王位留给了自己的儿子兼继承人塞提一世（Seti I，公元前 1294—前 1279 年）。塞提很快就明确了自己的主要目标之一，就是夺回阿穆鲁和卡迭什。那时候赫梯王位上坐着的是穆瓦塔里二世（公元前 1295—前 1272 年）。

穆瓦塔里的父亲兼前任穆尔西里给他留下了一个相对稳定的王国，其疆土广袤。但新国王意识到，与埃及的问题很快就会到达一个严重的关头，于是很可能在即位不久之后，他就开始做好全面的准备，打算与他的"埃及王室弟兄"进行一场重大的战争。这意味着要建立一支强大的军事力量，深入叙利亚地区，并可能要在那里驻扎很长一段时间。这并非毫无问题，赫梯历史已经有了多次反复的教训，举全国之军事资源而进行远离国土的大型征战是非常危险的，这会让赫梯的核心区域脆弱地暴露在敌人们的面前，特别是卡什卡部落。当穆瓦塔里把大部分军队带到叙利亚与埃及开战时，他怎样才能确保自己的国土尤其是都城的安全呢？

一座新的都城

以上为穆瓦塔里做出此项惊人的大胆决定的背景，至少可能是一部分原因，他要将帝国的所在地转移到一个新的地方，此地位于哈图沙以南数百公里处，它叫塔尔浑塔沙。[2] 在那之前塔尔浑塔沙几乎没有什么名气，它坐落在希腊人和罗马人称为奇里乞亚（Cilicia）地区的西部某个地方。你会记得有一次，赫梯国王曾离开过哈图沙，把政府建在了另一个地方，可能是位于东边的城市或者在国土的东部，它名叫沙姆哈。但这是不得已而被迫为之，而且只不过是暂时的举动。穆瓦塔里的新王室所在地则要成为帝国永久的新都城。哈图沙的众神和先祖之灵都要从哈图沙迁移到那里，这一事实可以被看作一个明确的迹象。

为什么穆瓦塔里恰好决定要采取如此激进且引发很多争论的步骤呢？有一种说法是，哈图沙作为都城实在是太脆弱了，尤其是如果穆瓦塔里计划将大部分军队带到叙利亚。但此次迁都很可能还有许多我们不知道的实际的和战略的原因。就穆瓦塔里而言，他也没打算让王国的北部自谋生路。旧都城哈图沙在穆瓦塔里任命的行政长官的管理下，继续作为王国的地区中心而发挥作用。为了确保北疆的所有国土，穆瓦塔里将它转变为帝国内的一个大型自治王国，并把它置于自己的兄弟哈图西里（后来成为哈图西里三世）的指挥之下。

赫梯国由此在本质上变为双头政权，因为北部地区的主权被授予了哈图西里，他拥有"卢伽尔"（即国王）的头衔。[3]最重要的是，哈图西里还负责重垦王国内被遗弃的或人烟稀少的土地，重建鬼城和重新定居那些被卡什卡人大量占领的地方。很多定居者可能都来自俘虏，这些数以千计的俘虏则是从穆尔西里所征服的国家里带回来的，这就是穆尔西里给自己继承人留下的最实际的遗产之一。

西部的新问题

穆瓦塔里还必须处理西边不受欢迎的新事态。其中一个就是出现了名叫皮亚玛拉都（Piyamaradu）的叛乱者——他可能以前是身居高位的赫梯臣民，甚至也许与王室家族有亲戚关系。在明显失去王室主人的恩宠之后，皮亚玛拉都开始在安纳托利亚西部为自己建立了权力基础。在穆瓦塔里派遣远征军把他赶出被占领的土地并恢复赫梯统治之前，皮亚玛拉都甚至可能暂时获得了对该地区至少两个赫梯附属国的控制，即维鲁沙和赛哈河国。一段时间以后，穆瓦塔里与维鲁沙国王签订了条约，旨在加强赫梯对西部疆域的控制。这篇仍然幸存的条约通常被称为《阿拉克桑都条约》，其名源自当时统治它的附属国国王的名字。[4]

但皮亚玛拉都仍然逍遥法外，并将在今后多年里继续威胁着赫梯在西部的利益。让他更加危险的是，他与现任阿黑亚瓦国国王勾结在一起。这位国王（姓名不详）继续推进阿黑亚瓦至少是在安纳托利亚西部边远地区的利益，而且似乎确实已经在自己的努力中取得了重大胜利。米拉瓦塔（古典时代的米利都）的国家和城市在穆尔西里统治早期就曾试图与阿黑亚瓦结盟，但并没有成功，现在却很可能成了阿黑亚瓦国王的属地。我们没有迈锡尼人／阿黑亚瓦人接管该城市及其周边地区的文字记录，但却有物质上的证据，它表明有大量的迈锡尼人在这个时候出现于此，包括迈锡尼的建筑、墓葬和常见的家庭手工艺品。

卡迭什之战

赫梯与埃及军队的第一次冲突可能在塞提一世统治时期，发生在离卡迭什不远的地方。在埃及卡尔纳克（Karnak）神庙他的战争纪念碑上，塞提宣称自己取得了一场伟大的胜利，赫梯人则惨遭打击。他以大量的华丽辞藻来进行这样的宣扬，但即便去掉这个修饰，他的描述很可能也确实反映出埃及的一场重大胜利。我们知道在这场战争之后，埃及重新恢复控制了这两位"王室弟兄"有争议的地盘。但塞提和穆瓦塔里的冲突只是重大事件的序幕，著名的卡迭什之战则发生在穆瓦塔里和拉美西斯二世之间，后者是塞提的儿子兼继承人。这是在公元前1274年，拉美西斯在位统治的第五年。

这些冲突在战争中达到了顶峰，法老对冲突的描述版本被同时以文字和图片（后者附有文字说明）的形式记录在至少五座埃及神庙的墙壁上。[5] 非常不幸的是，我们没有赫梯人相应的描述，用以平衡埃及人极为片面的描述。但我们能够阅读拉美西斯所告诉我们的，从其字里行间来理清一些基本事实。在现代的很多资料里，你会发现对战争实情及战争之前事件的描述。[6] 所以，让我们在此简单总结它的一些主要特点。

拉美西斯的军队由四个军团组成，每个军团都招募自一个埃及城市，军团以重要的埃及神灵的名字命名——阿蒙（Amun）、拉（Re）、普塔赫（Ptah）与塞特（Sutekh）。这支远征军从他在埃及三角洲的都城皮-拉美西斯（Pi-Ramesse）出发，拉美西斯指挥着这些军团中的第

图 13　拉美西斯二世，阿布·辛拜勒（Abu Simbel）。

一个军团，即阿蒙军团。穆瓦塔里这边则招募了一支数量有 47,500 人的军队，包括大约 3500 辆战车（每辆战车上有三人，见下一章）和 37,000 名步兵。这是拉美西斯的描述所告诉我们的，很多外国军队在其中作为雇佣兵，由此增加了赫梯人的数量；按照拉美西斯的说法，赫梯国用光了白银去付给他们。[7] 随着他们挥军北上，埃及的军团逐渐散开，彼此分离。拉美西斯对此并不担忧，尤其是有两个明显是来自赫梯军队的逃兵为他带来的消息，说穆瓦塔里及其军队当时仍远在卡迭什北边的阿勒颇。令人难以置信的是，法老没有对他们的说辞寻求任何验证，反而不慌不忙地开始带着阿蒙军团，隔着奥龙特斯河，在卡迭什城的西北面安营扎寨。

但这时传来一个令人极其震惊的消息。两个派来刺探拉美西斯位置的赫梯侦察兵被俘获，在严刑拷打之下他们招供了，整个赫梯军队都在奥龙特斯河对岸一个隐蔽的地方，蓄势待发，准备攻击。他们确实突然发起进攻，猛烈地冲击了仍在安营扎寨的阿蒙军团，并向仍在南边渡河的拉（第二）军团发起了冲锋。另外两个埃及军团距离太远，对拉美西斯而言毫无用处。前两个军团的彻底溃败和法老的被俘或者死亡似乎不可避免。但运气与埃及人同在。赫梯军队认为胜利已唾手可得，他们抛弃了所有的纪律，开始劫掠埃及人的营地。这让埃及人有机会重新集结，由于西边大量援军的到来，可能是来自阿穆鲁，他们士气大振。拉美西斯宣称，他赢得了战争，并且是单枪匹马地做到了这一点。然而，在当天的最后，双方都未能分出胜负，而第二天战斗继续开打时，结果仍是一场僵局。

尽管如此，用事后诸葛亮的视角来看，我们必须宣布，赫梯国王穆瓦塔里才是这场竞赛的最终赢家。卡迭什和阿穆鲁再次回到了赫梯的控制之下，法老撤退的军队被赫梯军队追击到了大马士革地区。大马士革城市及其属地原本是牢牢地掌控在埃及人手中，但如今却被穆瓦塔里的军队所占领，并由这位国王的弟弟哈图西里来管控。后来，大马士革被归还给埃及，而赫梯与埃及领土的一条实际边界就刚好建立在这座城市的北面。

当然，如果你的时光机器把你带回到拉美西斯的埃及，你就不会意识到这一点，法老将带你参观五座神庙，那里记录了他对卡迭什之战的描述。他会津津有味地向你指出，他彻底击败了对手，赫梯国王卑躬屈膝地投降，"可怜的赫梯国王"。即便是用事后诸葛亮的视角来看，作为他的客人，你敢挑战他对事件的描述吗？

在随后的岁月中，拉美西斯确实试图通过进一步的征战来加强自己的国际声誉，这些战争让他深入到赫梯属地，并对赫梯叙利亚附属国的安全构成了进一步威胁。但是，这两位大王之间从未再有过一次重大的战争。事实上，双方的伤亡如此严重，以致没有任何一方能够负担得起再来一场这样的战斗。即便如此，两个大国之间的紧张局势仍然严重，在未来的一些年里都无法解决。而作为旁观者的亚述却一直是潜伏着的威胁。

第十八章　国王的所有兵马：赫梯军事机器[1]

他们是如何做到的？在我解释这个问题的意思之前，让我们看一些数据。

军队的规模

正如我们已经注意到的，拉美西斯的铭文告诉我们，赫梯国王在卡迭什之战把 47,500 名战士投入了战场。他声称，这个总数里包括了一大群雇佣兵，他们是其对手赫梯人雇来的。虽然拉美西斯也许夸大了雇佣兵在卡迭什的组成规模，但为了重大的军事行动，赫梯国王可能确实使用了雇佣兵，以此来壮大他们的队伍（尽管事实上并没有任何赫梯文献提到他们）。但即使拉美西斯有所夸张，他的总体数字可能相当准确。事实上，一位勇者型国王更喜欢高估而不是低估敌人的规模，如果他赢了，就会提高自己的军事声誉，如果他输了，那也可以有一个现成的借口。无论如何，双方的军队可能在数量和力量上相当均衡。毫无疑问，特别是先前拉美西斯的父亲在同一战场上击败穆瓦塔里之后，穆瓦塔里确实会把自己能召集的所有军队都带去参战。

考虑到他的军队中有雇佣兵的因素，至少在这场战争中，我们也

图 14　赫梯勇士〔埃基普电影公司（Ekip Film）作品《赫梯人》中的当地人〕。

许能够把穆瓦塔里在卡迭什的军队规模定在 40,000 人左右。当然，他需要把相当一部分防卫力量留在他身后的安纳托利亚，即在赫梯的核心区以及他在南边的新都城塔尔浑塔沙附近地区（这是基于他在卡迭什战争前就已把都城迁到了那里的假设）。他的数位先辈已经从痛苦的经历里吸取了教训，当他们在遥远的土地上进行大规模征战时，如果没有在国内留下足够的防卫力量，那他们的国土就会暴露在敌人入侵的危险之中。据我估算，至少有一支 10,000 —15,000 人的军队被留下来保卫帝国的核心地区。其中很多可能都是"预备队"，他们还有其他职业，例如雇农等，但也接受过军事训练，如果有需要的话，他们能够从日常工作中被迅速地征召上来。因此，在卡迭什战争时期的赫梯军队总规模大约是 50,000—55,000 人（上下浮动数千人）——如果使用了雇佣兵，那就加上他们，如果从附属国里征召了军队，那也得加上。

军队的构成

军队的核心是一支专业的常备部队，全年值班。他们生活在军营里，随时待命，以便立即采取军事行动。但一般来说，军事征战是一种季节性活动，在春季和初秋之间进行。在"淡季"，全职的士兵可以承担公共项目，例如修建和维护道路、公共建筑和防御工事以及维护治安。常备军里的很多成员都可能是从附属领地招募而来。有时，某些国家会被豁免提供年轻人去赫梯军队全职服役的义务，例如塔尔浑塔沙。此外，当地官员有责任从自己的辖区招募年轻人，并将他们送到哈图沙去接受军事训练。可以想象，很多人都生活在害怕当地征兵员敲门的恐惧中。而一旦被选中，就没有出路，也没有任何机会花钱让别人来代替你，即便你能够负担得起这笔钱。加入由本地其他被征召者所组成的部队，然后在同样是本地招募的军官手下当差，这将是被勉强征召而来之人的一个温和慰藉。

我们还应该把一个重要的群体加到上述招募的池子里，即很多俘虏，他们是赫梯军事征服后带回的战利品。正如我们已经注意到的，他们很多人都作为雇农，被分配到农庄以及各种其他劳动密集型活动中，但也有很多人帮助壮大队伍或弥补军队的缺口——有些作为常备军的一部分，有些作为预备役，需要时才会被征召。

国王是军队的最高统帅，常常亲自领导战争，以此保持他在王室意识形态中伟大勇士型领袖的形象。但他有时会让其他家庭成员代替自己指挥，尤其是王储，或者国王的一个兄弟。这一情况偶尔发生，尤其是在赫梯军队不得不同时在几个地区征战，或者在进行相对次要的战役时。当国王御驾亲征时，王储和其他健壮的王室男性常常担任军团的领导，服从国王的最高指挥。像日常生活一样，在战斗中，国王由一支精英侍卫队来保护，他们是长矛兵，被叫作"麦舍迪"，其领导者是另一位王室家庭成员，被称作"伽尔麦舍迪"，这是帝国政府中最有威望的职位之一。

军事阶层中的下一等级是军官骨干，他们是从贵族里抽调出来的。拥有土地的王公和其他贵族则构成了军官阶层。但对他们和所有其他赫梯战士来说，战斗是一份兼职工作。它大多数发生在征战季，通常跨越了春季到初秋之间，我们已经提到过这一点。只要有可能，在冬季降雪来临之前，让军队及时结束战斗，并返回家中，这是非常重要的。兼职的军官阶层主要由大牧场和庄园的所有者们构成，这些大牧场和庄园常常是作为王室份地赠予他们。作为回报，他们有义务在征战季为国王服兵役，并因此得到进一步的奖赏，国王会把军事胜利所得一部分战利品分给他们，有俘虏，以及牛和羊。俘虏增加了他们的主人的农业劳动力，牛羊则壮大了他的牛群和羊群。很可能在有需要军事征战的时候，拥有土地的军官有义务带着许多男性雇农，去壮大军队的步兵队伍。它是一个双重交换系统。

在大多数战役中，步兵可能至少占军队总兵力的90%。剩余的10%几乎全是由一支精英战车部队构成，他们主要是从军官阶层中抽调（卡迭什之战的战车部队显然在整个赫梯军队中构成了很大比例）。

武器和军装

通过著名的勇士神浮雕，我们对赫梯步兵的武装和配备有了一个相当清晰的画面，该浮雕高 2.25 米，被刻在哈图沙其中一个主城门的内侧，它曾让夏尔·特谢尔非常困惑。勇士神的装备清晰地代表了他那些凡人崇拜者们的装备。他的头被包裹在一个皮质头盔里，头盔的脸颊和颈脖处有护盖，后面则有一根长羽饰。他躯干的下半身穿着一件短裙。他也许还穿了一件甲衫，就像他上半身的金属丝状线圈可能表明的那样。这些线圈已经被解释为一团厚头发，但还有另外的迹象（包括在哈图沙发现的少量的鳞甲）表明，它是一件甲衫的保护性遮盖物。

有趣的是，在埃及浮雕上所描绘的卡迭什之战，赫梯战车兵都身穿从颈脖到脚踝的带袖衣物。这些衣物可能是由亚麻布和皮革制成，在上面缝了护甲。皮质鞋子的足尖向上翻卷，这似乎也已经是赫梯军队的规定行头。几种类型的护盾则提供了基本的防御型装备，标准的护盾是由皮革制成，延展覆盖在一个木制框架上，它的大小足以保护从脖子到大腿的身体部分。

赫梯步兵的代表性武器是勇士神握在右手中的战斧，还有一把佩戴在腰间的弯刃短剑。短小的罗纹刺剑，剑柄顶端带有新月形圆球，有些则带少许弯刃，还有用于冲刺的长剑，它们都是赫梯军队的标配。第一种武器尤其适合在山区或森林地区近身或肉搏战。长剑则在开阔地带的战斗中更加有效，这也是赫梯人更喜欢和更擅长的。同样还有长矛，它长度超过 2 米，是所有级别正规军的配置。弓和青铜镞是战车兵的主要武器。

图15　勇士神及其上半身细节，国王门，哈图沙。

战车和马匹

可能在公元前 1600 年左右，马被引进了赫梯世界，自此之后，战车才被首次使用于战争中。关于赫梯人如何为马车作战准备马匹，现存的一本训练手册提供了详细的信息，据称它由一名战俘所作，赫梯人把他作为俘虏从米坦尼带了回来。[2] 驯马手册包括的驯期长达 214 天，其中 32 天安排的是夜间训练手段，这样可以让动物习惯夜间的作战行动。马匹训练的是它们的速度、力量和对指令的迅速反应，以及最重要的是它们的耐力。在项目开始前，对动物要进行严格的筛选，以便只有最强壮和最适合的马匹才能接受训练。

图 16　赫梯的三人战车，卢克索。

当战车乘员从两人增加到三人时，赫梯的马车作战明显有了一个重要的发展，驾车者和攻击者（装备有矛和弓箭）的标准组合如今增加了第三个人，即一名持护盾的防御者。防御者的唯一工作就是保护驾车者和攻击者，抵挡敌人的矛与箭，由此让驾车者可以自由操控车辆，令其保持直立，并让攻击者可以进攻敌人。在卡迭什之战的埃及浮雕上，我们看到了其描绘的这三名战车兵。战车是在一个木框架上用拉伸的皮革覆盖制成，它必须足够结实才能在极端战斗条件下支撑住三名全副武装的战士。为了给重载车辆更大的稳定性，车轴从车辆的后面移到了中间。

我要说的是，除了卡迭什战役中的记载，我们并没有赫梯三人战车在战争中使用的证据。这让我怀疑三人的组员纯粹就是一次性战术——在数年前塞提一世统治时期，赫梯人与埃及军队在卡迭什首次灾难性遭遇后，这是让赫梯人在对手面前占据优势的一次努力。我们也没有迹象表明，在卡迭什战役之后，赫梯人再次使用过三人战车。

尽管三人战车有其理论上的优势，但它在战斗中的使用也存在着明显的局限。主要的一点在于，它必须更慢，其操控性和稳定性比双人战车更差——不管驾车者技术多高超，如果它必须急转弯的话，就很有可能让车上的人摔落下来。它当时很可能主要是在战斗之初使用，一个战车分队如同一个现代坦克编队，在其他军队之前全速行进，冲入敌军并在其中制造混乱，由此为步兵进来杀戮铺平道路。战车分队在全力进攻模式下的速度估计是45公里（约28英里）每小时。令人非常有趣地想起了很多赫梯国王的那句话，他们的神灵"跑在他们前面去战斗"。如果仅从字面上来看，众神因此可以胜过很多现代的奥林匹克运动员！当然如果你是一位神灵，为什么不呢？

实际上如何把这些战车运送到遥远的战争场地也是一个问题，这些地方通常在数百公里以外，要跨越崎岖的地形，并载着它们全副武装的战士，以仍然足够完好的状态进入战斗热浪之中，这些战车却没有四分五裂的风险。我认为，很难相信它们实际上是被"开"到了遥远的战场，因为在路上它们会遭受各种损耗。相反，我觉得它们也许是在被拆卸之后，用木车"运"到了那里。当军队接近战场时，战车可以快速卸下，如果必要就重新组装，因此仍然处于最优的战斗状态（战车组训练的一部分，很可能是学习在接近敌人地区时如何迅速重装他们的战车）。这显然对战车的马匹也有好处——因为不需要远距离地拖拉战车和驾车者，这样在面对艰苦的军事冲突之前，它们可以尽可能地保持一个精力充沛的状态。

那骑兵如何呢？事实上，我们无法确切地证明赫梯的军队通常包括一支骑兵分队，但在赫梯的军事行动中，骑兵小分队和小队武装骑手也许充当了一些角色，我们偶尔提及向城市、乡镇和敌军派出了骑马的军队。[3] 骏马上的骑手有可能主要是参与侦察活动，把俘虏和被俘获的牲畜护送回国内。（顺便说一句，我们发现埃及人在军队中使用了少量的骑兵。）

军队纪律

虽然我们掌握的细节很少，但军事训练和军队纪律肯定是残酷和严格的。这是因为远征军必须要在尽可能短的时间里，且常常在艰苦的环境条件下跨越很远的距离。他们始终需要保持身体的巅峰状态，充分做好准备，在短时间内应付行军途中以及到达最终目的地时敌人所发起的攻击。逃兵被直接交给国王去惩罚。那些被发现有罪之人几乎肯定会被处决，可能是在被游街示众之后：他们要身穿女人的衣服，当着军队的面示众，以示他们的懦弱。未举报不忠行为的军官和那些普通士兵，也会被处以死刑。在一次特别严重的危机中，一位国王威胁他驻扎在国内一个行省的军官们，如果他们没有及时回应他的命令，那就会被刺瞎或处决："对卡苏和兹拉皮亚（Zilapiya）如是说：'一旦这封信到了你那儿，赶紧到陛下面前来。如果没有来，（我的人）将去你那儿并把你当场刺瞎！'"

他们是如何做到的？

这把我带回到最初的那个问题。他们是如何做到的？我的意思是这样。尽管他们的资源有限，但赫梯国王们却设法建立了一个帝国，它在公元前 14 世纪和前 13 世纪达到巅峰：从安纳托利亚西海岸越过安纳托利亚半岛，延伸到幼发拉底河，向南穿过叙利亚，远至大马士革的北部边界。它是由许多不同的附属国组成的王国，这些附属国大部分在地方事务上都保持了独立，也常常反抗赫梯的宗主权。赫梯统治者如何对这一广大地区保持控制，还能在主力军队作战时仍然确保他们的国土有足够的军队来守卫？他们也必须确保赫梯的粮田维持多产并达到其最大能力。粮食生产是一项高度劳动密集型的活动，如果土地上农业劳动力的大部分比例都被重新分配到军事服役中——尤其是在农业年的高峰期，这将会严重影响粮食生产。我们已经估算了赫梯战斗力的规模，包括预备役在内，大约在 50,000 人，或者加上附属国征召的也不会再多了。当你看到赫梯武装力量被期望去维持控制的庞大疆土时，这个数字

181

就并不是很大了。此时再回到我们的问题上。他们是如何做到的？

让我们先简单地考虑一下战争的后勤保障。其中最重要的一点是，军队要确保有足够的饮食来维持行军，他们常常穿过干旱和半干旱地区，有时这些地方还被敌方或敌方的支持者所占领。基本的食物供应都是从国内带来的。它们主要由面粉和面包（被称为"军用面包"）的定量口粮构成，被装在牛或马拉的车上，成为行李辎重的一部分，或者用麻布袋挂在驴背上。这些供给的补充来自被称为"密封屋"的食物筒仓，它们建在很多征战路线上以及属地内的战略要地，为军队及其动物重新补给粮草。有些当地统治者臣服于赫梯或者是与赫梯友好，当赫梯远征军经过他们的领地时，也会从他们那里征用供给。赫梯国王会保证所有征用物品将全额付清。但当军队通过敌对或中立的区域时，军队的缰绳就被自由地放开，他们就会去城镇、村庄和粮田抢夺任何能得到的东西，用以补充口粮。

此时还有一个问题，即在一场战争胜利后，如何返回家园。在向外征途中，训练有素、体能充沛的军队可以相当迅速地移动到他们的目的地。但返程肯定就缓慢多了。这是因为要把大量的俘虏强行迁移到国内，作为战利品的一部分，同时还有大量的牛羊。根据赫梯人的记录，有时俘虏的数量达到数千人——男人、女人和儿童；而我们被告知的牲畜数量更是多到无法统计。

这一切的有利之处在于，俘虏成为国内人口的一个重要补充，事实上有时也许是必不可少的补充，尤其在大瘟疫爆发之后——它是在苏皮鲁流马一世统治的最后几年里爆发的，而牲畜则明显增加了国内的牛羊牧群。不利的一面在于，俘虏和牲畜的迁移将极大减缓回程行军，还不得不找到更多的食物来维系人和动物类战利品的生存，而所有战利品都必须严密看守，以防其中一些人的叛逃以及其中的动物被当地抢劫者偷窃。任何国家若为逃跑的俘虏提供庇护，赫梯国王都会对其发出可怕的警告，附属国条约中的引渡条款就包含了遣返已到达附属国统治者国家的逃犯，这些警告和引渡条款似乎相当有效地维持了低损耗率。

这时当然还有一个问题，如何快速有效地让俘虏被赫梯人同化。我们对此并没有任何信息。但考虑到赫梯的人口一开始就是成分混杂的，相比其人口是建立在更明确的民族界线上的情形，新的元素可以更快地被吸收到这个群体中。据我们所知，赫梯国内长久以来的建立过程中，种族歧视问题或对新来者宣称种族优越性的问题从未发生过。除了在公元前14世纪早期的那次数千名战俘叛乱（见第七章）之外，被分配到农业劳动和军事服役中的俘虏们也许在巨大的压迫下，但似乎相当欣然地适应了自己的新生活。至少我们没有听到过任何与此相反的例子。

但在试图回答我们的问题"他们是如何做到的？"时，让我们提出另一个问题："他们有时间避免这样做吗？"虽然王室观念要求国王用令人敬佩的征服和成堆的掠夺物证明自己作为军事领袖的非凡才能，勇士文化深深根植于赫梯社会，但只有当赫梯伟大的国王们似乎别无选择时，他们才常常致力于国土之外的军事冒险。他们充分意识到了这些冒险所牵涉的代价和风险。尤其是考虑到他们可抽调的人手有限，还有这样做的必要性，它不能严重影响供应体格健壮之人，因为他们还要在土地和其他重大工程上工作，例如城市防御的修建和维护。

这些考虑帮助解释了为什么赫梯的国王们有时似乎会对任性的附庸们过分纵容，以及会试图与地方叛乱者达成妥协，而不是对其采取军事行动。我们在第八章里看到，即使玛都瓦塔是善于摆布人且奸诈的被保护者，还与敌人厮混结盟并在西部建立自己的小帝国，但接连两位赫梯国王都不情愿对玛都瓦塔使用武力。后来，西部的叛徒皮亚玛拉都屡次藐视赫梯权威，直到有一位赫梯国王，可能是哈图西里三世被迫率军征讨了他；即便是在行军途中，哈图西里都在试图用外交手段而非军事手段去结束皮亚玛拉都在赫梯国西部国家的反叛活动，但他的这一尝试并未成功。

条约的作用

然而，外交活动往往给赫梯人提供了一种相对成功的手段，这让他们在最初通过武力所赢来的土地上，维持了自己的权威。在把很多战败国家居民俘虏之后，该国未来潜在的反叛也由此被削弱了，一位赫梯国王就试图通过条约来明确自己对这个国家的权威，此条约则将该国统治者约束成了他的附庸。附属条约是一对一的契约，由赫梯国王起草并强加给他的附庸——要么是在被征服前就已经统治着自己国家的附庸，要么是由赫梯国王新任命的附庸。在这两种情况下，统治者都是土生土长的。在管理王国的方式上，他被赋予了很大程度的自治权。而作为对其宗主履行义务的回报，他所得到的保障不仅是他在自己国家内的统治，还有自己合法王位继承人的统治权。这种保障是靠着赫梯在其背后的军事支持才得以实现，如果这确实有必要的话。作为回报，这个附庸要宣誓无条件效忠他的宗主及其合法继承人。[4]

因此，在与安纳托利亚西部国家维鲁沙统治者阿拉克桑都的条约里，穆瓦塔里说道：

你，阿拉克桑都（必须）仁慈地保护我主。此后保护我的儿子和孙子，直到第一代和第二代。而我主将出于善意地保护你——阿拉克桑都，因为你父亲的话，我会来帮助你，为你杀死敌人，以后我的儿子和孙子一定会在未来保护你的后代，直到第一代和第二代。如果敌人反叛你，我不会抛弃你，就像现在我没有抛弃你一样。我将为你杀死敌人。[5]

这项规定强调了条约的一个决定性特征：它们不是两个国家之间缔结的协议，而是两个人之间的。这就意味着，每次新的大王或新的附属国统治者登上自己王国的王位时，就必须起草一份新的条约。

附属条约的另外一个重要特征是，无论何时只要有需要——最可能是当国王在附庸所在地征讨别的国家时，附庸都必须为其宗主提供军队。尤其是在西部的国家，附庸们有义务为他们的宗主扮演一只当地看门狗的角色，并就所在地以内或以外地区有损赫梯利益的任何动向向其宗主汇报，例如在相邻国家酝酿的反叛活动。因此，国王穆尔西里二世就警告过他的一位阿尔查瓦附属国统治者塔尔伽什那里（Targasnalli）：

如果你事先听闻某个罪恶的叛乱计划，是某个赫梯人或者是某个阿尔查瓦人有过错［……］你没有迅速写信提前告诉我主，反而忽视这些人，并只想着"让这个罪恶发生"，这样你就违背了自己的誓言。[6]

此种活动的预警能让国王采取适当的先发制人行动——最好是外交的，但必要时会采取军事行动。

条约有时明确地规定附属国统治者代表自己王国向哈图沙交付年度贡品。这无疑对赫梯的财政收入构成了不小的贡献。但与其他事情一样，条约是赫梯人用来减少在签约方所在地发起的常规军事行动。如果赫梯国王不得不在这些地区开展军事行动，他可以要求附庸提供军事支持，并为赫梯军队供应食物和其他生活必需品。

　　赫梯的驻军从未永久地驻扎在附属国疆域内，从而确保他们的忠诚和良好的行为。这在某种程度上可以被视为一种外交措施，其目的就是要明确显示，尽管一个附属国有义务并在名义上臣服于赫梯王权，但它实际上仍然是自治的。然而更重要的在于，它是一个实用主义的问题。赫梯国王只不过是没有资源去部署足够力量的驻防军队，用以将赫梯所控制的每个国家都保持在自己的统治之下。驻军偶尔会有，但只是在一个国家被征服后还继续麻烦不断的情况下，并只是直到麻烦被平息为止。

　　条约里尚存的前言常常会提供有用的信息，它有关附属国与其宗主之间过去的关系，因此能够为我们尝试重建赫梯历史做出有价值的贡献。但有一个重要的告诫：它们所包含的"事实"纯粹是以宗主的角度呈现，而在很多情况下也许会被改编、歪曲、筛选，甚至也许是伪造，从而给出的是宗主对此事的期望性陈述，于是才导致了该条约。有时，国王会用前言来赞扬现任附庸之先辈的忠诚，以此当作附庸行为的表率。有时，国王会说起附庸的父亲和前任的不忠与背叛，以此强调他的忍让，并准备"原谅"和接受新的统治者（要记住，一个儿子完全可以对"他父亲的罪恶"负责任）。当然，对于这样的宣称，我们需要保留怀疑的态度。国王接受新的附庸，纯粹是因为这样做可以符合他自己的最大利益。

赫梯国王们很多时候试图通过表现得仁慈而不是威胁与恐吓来赢取他们的附属统治者。这就是一例：赫梯国王穆尔西里二世正准备入侵一个反叛的附属国——赛哈河国，它的统治者玛那帕-塔尔浑塔（Manapa-Tarhunda）一直违抗赫梯让他投降的命令。根据战争"规则"，如果国王被迫以武力攻取一个国家或者城市，那他和他的军队就可以自由地洗劫和掠夺它，并对其所有居民进行屠杀或把他们变为俘虏。在这种情况下，正当穆尔西里差点就要那样做时，惊恐万分的玛那帕-塔尔浑塔向他派来了一个老人与妇女的代表团，它由叛军统治者的母亲率领，为的就是向他投降，并代表叛乱者认罪。穆尔西里被说服了，或者他如此说道："因为那些女人们跪倒在我的脚下，我可怜她们，所以我们没有进入赛哈河国。"[7]

虽然这明显是宣传性的东西，但它确实体现了很多赫梯国王的一个特征性愿望，即展现出一个风度翩翩、慈悲为怀的形象，而不是以粗暴蛮力来赢取人民臣服的形象。穆尔西里肯定欢迎反叛者的最后投降，而无需采取军事行动——尤其是在征战季很快就要告一段落之时。这是一个圆满的结局。国王免去了花费更多天乃至更多个星期用武力去占领和征服反叛的国家，他可以彰显自己作为一个仁慈和怜悯征服者的行为，而该国家及其人民也能躲过不可避免的残酷破坏。

我们看到很多这样的案例，附属国统治者违背了自己的忠诚，反叛他们的宗主，或者忠诚的附庸被当地的反叛者推翻。远征军就会经常被派去平定叛乱。但总的来说，这种附庸体系似乎运作得相当好。很多当地统治者仍然保持他们的效忠，忠于他们所宣誓的条约义务，或者至少让他们的宗主有足够长的时间去调配他们的资源，将其用到更迫切需要关注和行动的其他地方。毫无疑问，我们应该把赫梯帝国的成功同样或几乎同样地归功于条约体系及其统治者的外交技巧，还有其军队在战场上的实力。

但在帝国最后的数十年里，附属领地内的麻烦变得日益频繁，并试图重申他们的权力，这迫使赫梯国王的资源消耗越来越大。帝国的衰落和倒塌已然不可避免，而国王的所有兵马都无法再把赫梯维系在一起了。

第十九章　将要成为国王之人

通向伟大王权之路

他是一个体弱多病的孩子，只剩下几年的寿命了。那是对国王穆尔西里第四个儿子的预言。但这时又传来了好消息。在国王睡觉之际，他的长子、未来的国王穆瓦塔里在梦中来到他面前，带着伊什塔尔女神的信息：如果国王把生病的儿子献出来为伊什塔尔服务，那这个孩子就能活下来。结果此事就这样过去了。这个多病的孩子——另一位哈图西里，不仅在幼年活了下来，还继续活到了一个花甲之年，并在此过程中成了赫梯王国里最重要的人。

我们从一份通常被称为《自辩词》的文献中知道了这一切。[1]"自辩词"这一术语并不是用来表示道歉或懊悔，而是为哈图西里所做之事提供一个正当理由，并为他如何上升到这个国家最高职位的方式做一个辩护。因为哈图西里最终成为赫梯伟大的国王，并不是通过正常的继位过程，而是通过从一个王子那里夺取了王位，这个王子就是他哥哥穆瓦塔里的儿子，名叫乌尔黑-泰苏普（Urhi-Teshub），他在其父去世后获得了王位。

但那是未来若干年的事情了。在哈图西里成年的早期，随着健康

189

的明显好转，他被证明是自己哥哥最有能力和忠诚的帮手之一。早在穆瓦塔里任命他为内陆高地的地方长官时，他的军事和行政才能就脱颖而出了。这个任命为哈图西里树立了一批敌人，因为它意味着要取代现任地方长官阿尔玛–塔尔浑塔（Arma-Tarhunda）。此人也是一名王室家族成员，他为了给国王的弟弟让路而被弃置一边，由此心生怨恨，愤愤不平。其他人蜂拥而至地支持他，并对新就任者提出了各种各样的指控，试图以此诋毁新的就任者。哈图西里极力为自己辩护，反对这些指控，他宣称自己得到了保护神伊什塔尔的支持和爱护。

然后他继续证明自己被任命的正当性，他在被托付的土地上征战王国的敌人，并取得了一系列令人瞩目的成功。当穆瓦塔里把都城迁往塔尔浑塔沙，导致北部地区烽烟四起和敌人进攻赫梯领土时，作为一名战争领袖，哈图西里的能力经受住了严格的考验。哈图西里告诉我们，因为伊什塔尔在战斗中带路，他战胜了自己的敌人，并恢复了赫梯对北部疆域的控制。当穆瓦塔里收到这个好消息时，他非常高兴。为了表彰自己的弟弟的成就，他向后者授予了"卢伽尔"（国王）的头衔，并在哈克皮什（Hakpis）城（目前仍不知其位置）让其登上了权力的宝座。这就赋予哈图西里统治整个王国北部的权力，也许还包括了以前的都城哈图沙。哈图西里在该地区行使权力和职责时，似乎表现出楷模式的勤勉——至少根据他自己在《自辩词》里的描述是这样。

但我们也从《自辩词》里了解到，赫梯人对该地区的控制依然脆弱。当哈图西里加入其哥哥在叙利亚与拉美西斯的卡迭什决战时，这一点变得显而易见。哈图西里指挥了赫梯军队里的一个军团，随后被安排负责大马士革地区。在穆瓦塔里把该地还给拉美西斯之前，我们不知道哈图西里在那里逗留多久。但从安纳托利亚北部传来了消息——卡什卡人进一步的入侵和哈克皮什的叛乱，这使得哈图西里必须尽早地返回自己的王国。

然而在回家的路上，他中断了行程，去拜访了基祖瓦特那国的一个城市，名叫拉瓦赞提亚（Lawazantiya）。这是伊什塔尔女神的一个重要崇拜中心，她的信徒认为在这个城市向她表示敬意是恰如其分的。在他返乡面临等待自己的潜在危险情况之前，这一举动将重申女神对他的友善和支持。但当他在拉瓦赞提亚时，发生了一些改变他人生历程的事情，并确实对赫梯的未来起到了不小的作用。因为在一段看似闪电式的恋爱中，他遇到并迎娶了一位伊什塔尔祭司的女儿，她的名字叫普都海帕。当然，我们完全不知道两人是否有那种"一见钟情"的时刻，或者这段婚姻实际上是否已经预先安排好了，而这就是哈图西里在返乡途中拜访拉瓦赞提亚的原因。无论如何，普都海帕成了她丈夫余生的主要支持者，并在他死后的许多年里，对王国发挥着巨大的影响。

一回到家，哈图西里立即开始清除这片土地上的敌人，并恢复了他对哈克皮什的权力，在此处，他的新娘被任命为王后。但他的王国内的叛乱无疑让他意识到，还有很多人继续对他的上任愤愤不平。其中值得注意的是该地卸任的地方长官阿尔玛-塔尔浑塔，他利用哈图西里身在叙利亚的机会，对后者进行了控诉。据称在他无情地寻求推翻其下一任时，他甚至采取了巫术。哈图西里以反控诉回应，并赢得了官司。穆瓦塔里告诉他，如今可以对败诉者做任何他想做的事情。这是一个极好的宣传机会。他在《自辩词》里告诉我们："我没有以怨恨来回应。相反，因为阿尔玛-塔尔浑塔是一位血亲，而且还是一个老人，我可怜他，就让他自由了。"哈图西里说自己还释放了他的儿子。后来他有理由为此而后悔。阿尔玛-塔尔浑塔的家人非但没有因这一仁慈行为与哈

191

图西里和解，反而仍然执拗地怀有敌意。时间将会清楚地表明这一点。

穆瓦塔里之子命途多舛的统治

公元前1272年，穆瓦塔里驾崩，继承权顺利地过渡给自己的儿子乌尔黑-泰苏普。新的国王是一位侧妃的后代，也就是妃嫔的子嗣，因为可能是国王的正妻没有继承人，或者是没有合适的继承人。乌尔黑-泰苏普的继位完全符合王室继承法，并受到这位年轻人的叔叔哈图西里的全力支持。确实，在《自辩词》里，哈图西里夸耀他的确把自己的侄子推上了王位。也许他这样说是为了证明自己后来对这位国王采取的行为是正当的。或者实际上穆瓦塔里驾崩的时候很有可能并未正式宣布乌尔黑-泰苏普为自己的继承人，而是让如今这个国家最高级的官员哈图西里来正式任命他。无论如何，毫无疑问，乌尔黑-泰苏普现在是合法的赫梯大王。也许为了强调这一点，他采用了王位名穆尔西里，在他最杰出的先辈中有两位国王均采用此名。

在其统治的早些年里，侄子与叔叔的关系相处得似乎很融洽。公平而论，哈图西里虽然最终是一位无情的阴谋家，但他也许最初并没有打算改变现状。然而，乌尔黑-泰苏普（我们将保留他的出生名以避免混淆）的一个重大决定也许是改变这一切的催化剂。在其父迁都塔尔浑塔沙大约20年后，乌尔黑-泰苏普决定将都城迁回哈图沙。塔尔浑塔沙并没有被遗弃。事实上，它成为伟大王国的最重要区域中心之一，处在一位高级统治者的直接统治下，他也许是一名王室家庭成员，其实际地位相当于叙利亚的封侯。

乌尔黑-泰苏普还做了其他的改变，它们都与他父亲的行为背道而驰。在很大程度上，哈图西里似乎赞同了这些改变，在某些情况下还积极地支持乃至是促成了它们。但当乌尔黑-泰苏普开始剥夺他叔叔的实权时，后者的这些权力是穆瓦塔里赋予的——尤其是他对王国北部的统治权，两人之间的关系随即变得紧张起来了。哈图西里在自己的哥哥驾崩后，仍然是这个地区的实际统治者。事实上，在其侄子的统治初期，哈图西里登峰造极的成就之一是重新夺回并重建了奈里克（Nerik），它是赫梯王国最神圣的城市之一。两个世纪或者更早以前，它被卡什卡人洗劫一空，处于一个毁灭的状态。毫无疑问，重新夺回和整修该城是哈图西里帽子上一根重要的羽毛。

哈图西里在王国内拥有的权力史无前例，但这却让乌尔黑-泰苏普日益不安。除此之外，在已恢复都城的北部还有一个实际上是共同摄政的统治区域，乌尔黑-泰苏普很可能认为，把都城迁回哈图沙可以大大减少如此行政设置的正当性。乌尔黑-泰苏普开始越来越独立于他的叔叔而行事，并无视后者的建议。但当他开始剥夺穆瓦塔里赋予哈图西里的权力时，双方的关系就不可避免地破裂了。根据哈图西里所说，他最初顺从于降级的地位——因为他的正义感和回忆起对哥哥的敬意与忠诚。但是，当乌尔黑-泰苏普试图拿走他最宝贵的财产哈克皮什和奈里克时，前者是他的行政管理中心，后者则是他重新收回圣城后距离其心脏非常近的地方，于是压死骆驼的最后一根稻草来临了。

叔侄间日益紧张的关系爆发成一场内战。在《自辩词》里，哈图西里尽全力让我们相信，这场冲突不应该被视为他对合法国王的一次反叛。相反，它是一场公正的、合法的比赛，将由神灵的判决来定夺。"来吧！沙姆哈的伊什塔尔和奈里克的雷雨神将为我们决定此事！"当然，战争的领导者宣称在他们的"正义的"战争中，有自己的神灵或众神站在他们一边来反对各自的敌人，这在历史上司空见惯。尽管哈图西里一再辩白，他绝对没有合法依据向赫梯正当继任的大王开战。也没有理由相信，在大约七年的短暂王位任期内，乌尔黑-泰苏普是一位无能且懈怠的统治者，而他叔叔（他通过从不提及乌尔黑-泰苏普的王位名穆尔西里，来试图淡化后者的合法性）挑起的这场战争只是两人之间的权力争夺——一位是合法的国王，另一位是潜在的篡位者。这场斗争短暂而痛苦，对角逐双方的支持从国内延伸到安纳托利亚西部的国家。当哈图西里占得上风时，他俘虏了乌尔黑-泰苏普，将其流放，并让自己坐上了赫梯的王位，这场争夺才最终结束。

篡位者寻求国内外的认可

这时出现了哈图西里生涯里最大的挑战之一。他不得不让自己的臣民和外国统治者相信，他现在才是真正合法的赫梯大王。这并非易事。哈图西里知道，这场冲突已经让赫梯的人民分裂了（甚至在都城也许都发生了骚乱），通过试图向他们证明自己夺权的正当性，并承诺不会对那些支持乌尔黑-泰苏普的人进行报复，他以此来寻求重新团结所有臣民。

赢得来自他国际上的"王室弟兄们"的支持至少是同样重要的一项任务。如果他们准备承认他是赫梯的大王，那这也许有助于他获得臣民们的认可。但被流放的乌尔黑-泰苏普仍是一个严重的障碍。他已经被放逐到叙利亚的努哈塞，并在那里被给予了一些行政管理的职责，从而让他保持忙碌，无暇惹出麻烦。这并没有起到作用。乌尔黑-泰苏普决心夺回自己的王位，并似乎为此至少向亚述和巴比伦的国王都寻求过外交帮助。

当亚述国王阿达德-尼拉里（Adad-Nirari）攻击哈尼伽尔巴特的土地时，赫梯与亚述的关系变得紧张起来了。这是原米坦尼王国遗留下来的地方，虽然名义上是独立的，但直到最近都还是赫梯的傀儡国家。阿达德-尼拉里把它降为亚述的附庸地位，然后吞并了它。此事正当乌尔黑-泰苏普在赫梯为王的时候。因为不想与赫梯挑起战争，阿达德-尼拉里向乌尔黑-泰苏普摆出了和平友好的姿态，却被断然拒绝了。如今哈图西里正在设法与其侄子的统治撇清关系，他谋求与阿达德-尼拉里建立友好关系，想首先让亚述人承认他是赫梯的合法国王。但他对阿达德-尼拉里的友好姿态却失败了，至少最初是这样。我们从哈图西里写给阿达德-尼拉里的信中得出此结论，这位篡权者在信里抱怨后者冷落了他的加冕礼：

> 当我即位为王时，你没有派来一位信使。这是惯例，当国王登基时，与他地位相等的国王应该送他合适的问候礼物、适合王权的衣服以及涂抹所用的精油，但你都没有做这些。[2]

哈图西里在与巴比伦国王卡达什曼-恩里尔二世（Kadashman-Enlil II）建立外交关系时也有困难，尽管这位国王的父亲在死前不久刚和哈图西里结成了同盟。

因此，也许是出于诸多顾虑，这位篡权者觉得自己别无选择，只能去和以前的死敌拉美西斯培养好感。他希望法老承认他是赫梯的合法国王，这样可以大大增加他在自己臣民们中的威信。但有一个重要的难题，乌尔黑-泰苏普逃离了他在叙利亚的流放地，并避难于埃及，哈图西里希望让他回来。赫梯与埃及王室之间有些书信涉及乌尔黑-泰苏普的行踪下落和最终命运。这些信件言语激烈。拉美西斯声称自己无法交出乌尔黑-泰苏普，因为他并不知道其下落。哈图西里和普都海帕却并不相信他。但在法老对他们的要求的回应中，尤其令人恼火之处在于，他声称乌尔黑-泰苏普事实上已经离开埃及，并回到了赫梯。哈图西里据理力争地否认这一点。"乌尔黑-泰苏普不在阿勒颇或卡迭什或基祖瓦特那，"他宣称，"否则我的臣民会告诉我的！"法老则不以为然地回应："你的臣民并不可信。"

终于和平了！

乌尔黑-泰苏普事件似乎拖延了很多年。尽管他们为此事和其他事情激烈交锋，但拉美西斯和哈图西里达成了一项共识，如果他们通过签订一项和平条约来解决分歧，那将会有更大的好处。于是在卡迭什之战15年后，即公元前1259年，他们就这样做了。之所以被称为"永恒条约"，是因为条约双方承诺"他们之间永存伟大的和平与深厚的兄弟情义"。两个独立的版本被撰写出来，一个在哈图沙，另一个在皮-拉美西斯。尽管每个版本都体现出它的作者对约定事宜的看法，但两者之间的差异通常很小。

赫梯的版本最初是用阿卡德语写成，译自一个赫梯语的草稿，刻写在一块银板上，然后送到了埃及，在此被翻译成埃及语。这个版本的复本被刻在了卡尔纳克的阿蒙神庙墙壁上，还有拉美西斯的神庙墙壁上，该神庙名叫拉美西姆（Ramesseum），它的位置与现代卢克索相隔一条尼罗河。相对应的埃及版本则最早是在埃及撰写，然后被翻译成阿卡德语，在被送往赫梯王室之前就刻写在一块银板上。[3]（因此，用埃及语书写的条约版本代表了原始的赫梯版本，而用阿卡德语书写的版本则是原始的埃及版本。）该条约一直以来都被视为全世界和平与融洽的灵感，它的译本已经被镶嵌在纽约联合国大厦的安理会入口处。

让我们对这一切有点愤世嫉俗的想法。这两个版本的条约本身反映出的并非一种广泛的国家之间和平与融洽的意识形态，而是一套狭隘的自身利益。它更关心的事情是，诸如在受到第三方进攻时，要保障条约双方予以互相军事支持，还包含引渡从一个王国到另一个王国去寻求庇护之避难者的规定。而非常重要的是，赫梯的版本里包含了一条埃及版本中没有的规定：如果赫梯的人民起来反抗哈图西里，拉美西斯必须派军队来帮助他。这一条无疑表明哈图西里觉得自己的王位仍不安全，于是现在就表示如果有新的叛乱来反对他的统治，他就准备呼吁国外的军事援助。

因此，从哈图西里的角度来看，该条约的重要之处在于证实了法老对他在哈图沙的统治的支持，而且法老还承诺了埃及的军事支持，如果他的统治受到子民的挑战的话。对拉美西斯而言，缔结该条约的动机之一则很可能是其对自己的宣传价值：他可以把它作为赫梯国王如今卑微乞和所寻求的一种协议。由于他在叙利亚和巴勒斯坦地区的军事冒险没有取得持久的价值，尤其是与以往的埃及勇士型领袖例如图特摩斯三世在此地的巨大功绩相比，因此这一条约可以有效地提高法老拉美西斯作为一名勇士型领袖的可信性。如果亚述决定越过幼发拉底河发动入侵，那它对这两个王国属地具有的威胁则会日益增长，这可能也是说服这两个往日宿敌相互妥协的一个因素。对一个共同敌人的恐惧与对持久和平融洽的渴望一样多，甚至前者更多于后者，这很可能为"永恒条约"提供了关键性的基础。

当你下次参观联合国，读到这篇铭文时，你也许会在脑海里记住这一切。但也许我们不该过于愤世嫉俗。虽然赫梯与埃及王室之间的紧张关系仍在酝酿，但两个王国在余下的青铜时代里都保持着和平。而最重要的是，该条约为叙利亚和巴勒斯坦地区更大的稳定建立了基础。毫无疑问，这两个王国之间的界线已经理清，在这些界线里的各个城市和王国之间的结盟也得到了确认。

公然反抗的叛徒

让哈图西里特别欣喜的是，在安纳托利亚的土地上，一些令人不安的新动向迫切需要得到关注。卡什卡人再次威胁了赫梯的北部边境，需要定期征战才能防止他们的侵袭。但更令人不安的是，西部爆发了新的状况。我们从这位国王少数现存的《年代记》残片里得知，半岛西南部卢卡诸国的叛乱者已经开始征服了赫梯在这一地区的大部分属地。形势严重到国王需要亲自指挥一场对西部的战争。赫梯最著名的文献里就有一份也许可以归属到这个背景之下。

这份文献通常被称为《塔瓦卡拉瓦（Tawagalawa）书信》，它由一位赫梯国王写给其对手阿黑亚瓦的国王。[4] 它是以阿黑亚瓦国王的兄弟塔瓦卡拉瓦之名来命名的，此人来到安纳托利亚是为了从赫梯当局那里带走逃亡者。这封信最初有三块泥板，只有最后一块得以幸存。其作者和收信人的名字应该都出现在第一块泥板上，我们因此无缘知晓。但大部分学者都把这个文档归于哈图西里三世。

此外，信件的主题并不像人们曾相信的那样是塔瓦卡拉瓦，而是我们已经见过的某个人——叛徒皮亚玛拉都。此人长期躲避着赫梯当局，如今收拢了一些赫梯臣民，他们主要来自卢卡诸国，并被交给了塔瓦卡拉瓦，这可能是为了把他们重新安置在阿黑亚瓦的疆域内。有些人可能是自愿前往，但其他人似乎仍然效忠于赫梯，故而是违背了他们的意愿。最有可能的是，他们被征召进入新国家的劳动队伍中，就像在赫梯征战中所俘获并被押送到赫梯国内的很多俘虏一样。无论如何，哈图西里都想让他们全部回来，而把他们要回来至少是他西征的原因之一。

彻底终结皮亚玛拉都的活动显然是这次征战的主要目标之一。但这并不能轻松地实现。充分意识到了皮亚玛拉都在西部所博得的支持，包括至少其背后还有阿黑亚瓦国王的默默支持，哈图西里试图不使用武力让他就范。当他还在西进的途中时，就向皮亚玛拉都派出了信使，目的是开展交流，并与他和平解决。但皮亚玛拉都并没有兴趣。他拒绝了往日宗主的建议，其似是而非的理由是，后者对他采取的方法没有遵循一个适当的外交程序。用武力冲突来解决这个问题如今已不可避免。

哈图西里继续向西进军，而皮亚玛拉都及其支持者被一直追赶到了海边。虽然他们在到达之前进行了一些顽强的抵抗，但最后还是被追赶者击败了，而皮亚玛拉都已经手无寸铁。他的敌人仍必须向他下手，但皮亚玛拉都不可能指望太长的自由时间。那就只剩下一个选择，他逃往了米拉瓦塔城，并在那儿寻求避难。他认为此处是安全的，因为那时候米拉瓦塔正处在阿黑亚瓦的控制下。赫梯国王肯定会尊重阿黑亚瓦的领土主权，并停留在这座城市的外面。这是一个错误的希望。现在哈图西里离俘获自己的猎物如此之近，他忽视了外交礼节，并命令军队进入这座城市，去抓捕皮亚玛拉都。这位叛徒的生涯看似将要戛然而止。但哈图西里还是低估了他的求生本能，因为皮亚玛拉都再一次躲过了追捕者。他从米拉瓦塔乘船逃走，在别处找到了避风港，此地对赫梯人来说遥不可及，是在阿黑亚瓦的土地上，可能是阿黑亚瓦控制下的一个海岛，远离安纳托利亚的海岸。

哈图西里沮丧地空手而归。他就整个事情，写信给阿黑亚瓦国王，责备后者支持或者至少纵容了皮亚玛拉都的活动。但信件的大部分措辞意在和解。信的内容等同于为进入米拉瓦塔疆域而道歉，但他宣称这只是为了抓捕逃犯，而并非打算针对阿黑亚瓦的一种敌对行为。他现在请求的是，让其收信人用绳子拴住皮亚玛拉都，防止他利用阿黑亚瓦的地方作为基地，在安纳托利亚西部挑起反对赫梯当局的更大范围的反叛，或者最好还是将他转交给赫梯当局。更概括地说，这封信试图赢得阿黑亚瓦国王在稳定西部上的合作，更重要的是不干涉赫梯的属地，或者不鼓励和支持他的党羽如皮亚玛拉都这样做。

为了巴结他的收信人，并使其更顺从自己的要求，赫梯国王称他为"伟大的国王"，并喊他"我的兄弟"。这些术语通常严格地专用于近东世界那些真正的大王，即法老与赫梯、亚述以及巴比伦的国王。假设《塔瓦卡拉瓦书信》中的阿黑亚瓦国王仅仅是很多迈锡尼国家的其中一位统治者，这些迈锡尼国家又与青铜时代后期的近东王国同处一个时代，那授予他如此地位就是一种纯粹的外交虚构。毕竟，与他们东边那些统治着广袤土地的伟大王国相比，像迈锡尼和底比斯这样的迈锡尼国家都是微不足道的。但不管阿黑亚瓦国王是谁，考虑到他有能力在赫梯西部世界引发重大的破坏，那就值得讨好他，可以为了赢得他的合作而赋予他一个远超其实际价值的身份。当然，我们必须承认这种可能，即哈图西里对阿黑亚瓦王国的了解非常少。他也许真的相信，阿黑亚瓦的规模和资源足以保证其统治者在"王室弟兄俱乐部"的成员资格。

我们不知道赫梯人呼吁的结果，但它似乎并没有奏效。因为皮亚玛拉都在未来的岁月里继续骚扰赫梯西部的土地。而在安纳托利亚的西部事务中，阿黑亚瓦继续扮演一个暗中破坏的角色，并且可能在政治上，也许还有军事上都扮演着一个日益活跃的角色。

但那都是哈图西里的继任者图塔里亚四世所承接过来的诸多问题之一，后者所登上的王位依然是带着非法占有的污点。王室家族中仍有不满的因素，尤其对那些自认为被剥夺了合法遗产之人而言。乌尔黑-泰苏普如今已退出了舞台，但舞台上又出现了一个人，他的名字听起来像是警示的鼓声——库伦塔（库伦提亚，Kuruntiya）。他是乌尔黑-泰苏普的兄弟或者同父异母的兄弟，在王国进入最后数十年的历史中，库伦塔扮演了一个重要的角色。

我们将在第二十三章回到这些事情上。

第二十章　权力合伙人：赫梯国伟大的王后们

　　赫梯社会的一个独特之处在于其"第一夫人"所拥有的地位。正如我们已经看到的一样，"塔瓦娜娜"这一术语有时会用来特指她。也许是源自卢维语或者哈梯语，这个术语最初可能是第一位赫梯王后的个人名字，相当于女性的拉巴尔那。但后来，她的很多继任者将它用作一个头衔。塔瓦娜娜的主要角色是赫梯王国的首席女祭司。在一个世俗和宗教权力紧密相连的国家，这本身就赋予她相当大的权力和威信。她同时也是王室的管理者，这个角色也给她带来了巨大的权力和影响，因为她由此获得管理国王后宫的权力，里面有许多妃嫔以及因此而生下的很多后代子孙，同样还有宫廷的日常管理和家庭内部经营的职责。让她地位更加强大之处在于，她可以终生任职。她一开始也许是在位国王的妻子或者首席配偶。但如果她的夫君在她之前驾崩，她仍然可以是塔瓦娜娜，直到去世。这意味着，她可能是一位国王的妻子，也可能是新国王的母亲，乃至有时是国王的姐妹或姑母或其他一些女性亲属。如果新国王有妻子，她将必须等到老塔瓦娜娜去世，自己才能获得这一头衔，并成为"第一夫人"。

　　那是在正常情况下。在一个其他方面都是强烈的父权制和男性主导的社会里，塔瓦娜娜不寻常的地位有可能会在王室内外引发很大的混乱。尤其是如果该职位的拥有者超越了自己权力的界限，或者从事腐败和犯罪活动。据说有几位塔瓦娜娜都这样做了。但就像我们将看到的一样，正义终究会让她们尝到苦果。

她是一位有权力的统治者吗？

我们提到的第一个塔瓦娜娜出现在哈图西里一世《年代记》的序言里。一位国王说明自己身份的常见做法是，在重要文档的开头或自己的王室印章上使用他的王衔，或者描述他与一位或多位王室先辈之间的关系（某某之子，某某之孙，等等）。因此在其《年代记》中，哈图西里宣称自己是"伟大的国王，塔巴尔那，赫梯国王，库萨尔城的统治者"，然后补充说，他是"塔瓦娜娜的兄弟之子"。

最后这些词在赫梯王室称谓中是独一无二的，对它们的解释有很多尝试。例如，它们是否表明存在着某种舅权制？即继承权从舅父（或者这种情况下的姑母）传给外甥。你能想到其他的可能性吗？这是我自己的一个想法。它纯粹是一种猜测，其他学者并不会对此表示赞同。我绝不是坚定地执着于此，但我不知道有任何理由可以去明确地排除这一点。因此，让我来做一点梳理。

我已经提示过，塔瓦娜娜最初是一个人的名字，她是王室家族中地位最高的女性成员。有一个马耳他十字架形状的印章，它记载了公元前14世纪末期国王穆尔西里二世的族谱，往回追溯了至少八代，它把第一位拉巴尔那和一个塔瓦娜娜作为王室的一对来命名。[1] 根据我对事件的重构，在沙纳胡伊达发动的政变也许推翻并杀害了拉巴尔那的儿子兼可能的继承人，即新的拉巴尔那，这场政变也许让国王没有了男性继承人。于是国王决定（我认为）谁是他的继承人，并要求他的臣民尊重自己的决定。通常来说，他会从自己的直系亲属中挑选继承人，除非形势迫使他从旁系亲属里选择某个人（一般会是外甥）作为他的继承人。

在这种情况下，如果拉巴尔那一世不再有任何子嗣来继承自己，那他会选择一个如今获得了塔瓦娜娜为正式头衔的女儿，让她成为王国的新统治者吗？而她会是哈图西里的直系王室前任吗？这样就可以解释为何她会出现在哈图西里的头衔称谓中。如果她没有儿子，或者没有合适的儿子，倘若把王室继承权传给她的内侄，也就是她兄弟的儿子，那继承权就仍然可以保留在同一个家族中。我认为，这个兄弟是第一位拉巴尔那的儿子，他原本注定要统治这个王国，但也许并没有在沙纳胡伊达的叛乱中幸存下来。后来的国王铁列平就有规定，国王女儿们中的一位，她的丈夫可以成为国王的养子和继承人。但我们没有证据表明，在铁列平之前就存在过或者曾实施过类似的规定。

我这个想法的一个明显缺陷就是，在赫梯历史上，后来从未有过女王统治王国的时候，也未在任何其他文献中提到过这种假设的女性统治者。但是，女性统治在该地区的历史上并非完全没有先例。在亚述殖民时期，我们从商业文献中已经知道，女王有时会统治着贸易商队所经过的城市。赫梯记录中保存了一则神话传统，里面的主要人物之一就是"卡尼什的女王"，她完成了一项惊人壮举，即在一年内生育了30个儿子。[2] 虽然这部分文献是童话式的（它后来逐渐变得更加历史化），但它仍然表明，女王统治的观念并非是完全无法相信的。如果我们想从另外一个伟大王国里得到历史的相似性，我们只需要去往埃及，那里有一位违背了所有传统和先例的女性，即哈特舍普苏特（Hatshepsut），她成为统治者的时间比塔瓦娜娜"统治"要晚了150多年。在她死后，其继任者图特摩斯三世开始抹去她的肖像以及她统治时期的其他记录。塔瓦娜娜的名字后来是否也因为一些我们不知道的原因，从赫梯的官方记录里被抹去了呢？

在哈图西里统治时期，还有另外一处提及塔瓦娜娜。这个主题是一道狠毒的政令：

> 以后，不准任何人提塔瓦娜娜的名字。不准任何人说她儿子或者女儿的名字。如果任何一个赫梯子孙提及他们，人们将割断他的喉咙，并把他吊挂在他的门上。如果我的臣民里有人提及他们的名字，他就不再是我的臣民。人们将割断他的喉咙，并把他吊挂在他的门上。[3]

这个引起国王愤怒的人是谁？也许正是国王的妻子，她可能在自己的夫君即位后被授予这个头衔。如果是这样，那就是她的孩子们，至少有两个孩子都已经因为背叛而被他们的父亲所抛弃，他们被列入了"除名毁忆"（damnatio memoriae）的名单。但可能是因为某种原因，塔瓦娜娜的职位已经由哈图西里的姐妹来担任。她的儿子现在已经被拒绝作为她兄弟的继承人，而她本人以及她所有的孩子都不断地与国王作对，她和她的家人也许就是这条政令的目标。

邪恶的继母

无论如何，这个职位本身幸存下来了。后世的一些塔瓦娜娜很可能忠诚地、不惹人注意地履行了自己的职责，如此这般以至于我们甚至都没有听过她们。但其他人却被证明是非常有问题的。她们之中最臭名昭著的是苏皮鲁流马的巴比伦妻子，她获得了塔瓦娜娜头衔，并以此作为个人名字。她与苏皮鲁流马的婚姻状况仍然不清楚。但似乎是苏皮鲁流马为了给这段新婚姻铺路，把前妻亨提（Henti）搁置在一边（也许是流放？），此时亨提已是苏皮鲁流马五个儿子的母亲。毫无疑问，国家层面的原因才是他的行为的主要动机。无论如何，巴比伦的塔瓦娜娜比他长寿，而且在他的第一位继承人阿尔努旺达二世的主要统治时期，以及阿尔努旺达的兄弟兼继任者穆尔西里二世的部分统治时期，她都继续享有其职位的所有特权和权力。

穆尔西里给我们留下了她滥用职权的可耻记录。他说到她在王宫内外专横跋扈和奢侈挥霍，她剥夺宫廷财富并滥用在自己的嗜好上，还把不良的国外习俗引到了国内。穆尔西里的父亲显然没有对她施加约束，可能是因为醉心于在外征战，而在他死后，塔瓦娜娜则继续其破坏性和扰乱性的做法。"当我父亲在世时，她管理着国王的家庭与赫梯国，同样当我哥哥在世时，她还管理着它们。"穆尔西里这样抱怨道。甚至在他登基后，他也很少限制她的行为——但直到他深爱的妻子病重去世。那是压死骆驼的最后一根稻草。他认为其继母要为爱妻之死负直接责任（而且她也许确实把其继子的妻子视为自己统治王室的一个威胁），于是便以谋杀罪来审判她。塔瓦娜娜被判有罪并被从王宫中驱逐出去。[4]（赫梯国王们极不情愿用流放以外的手段来惩罚他们犯了错的家庭成员，即便这些人被判了最严重的罪行。）

但是，在被证明对王国或至少对王室有着扰乱性影响的赫梯王室配偶中，她并非最后一人。事实上，在她失宠后不久，另一位赫梯王后也触犯了国王，她叫塔努海帕（Tanuhepa）或达努海帕（Danuhepa）。

她也许是穆尔西里后来的妻子，或者是他儿子兼继承人穆瓦塔里的妻子。无论如何，她卷入了与穆瓦塔里的一场争端，明显是由于她犯下了亵渎的行为，于是由国王进行了审判。就像巴比伦的塔瓦娜娜一样，她也被判有罪并被流放。

令人敬畏的普都海帕

但所有的赫梯王后中，最有权势和最著名的是穆尔西里之子兼第三任继承人哈图西里三世的妻子，她的名字叫普都海帕。正如我们在前一章所述，她在基祖瓦特那是一名胡里人祭司的女儿，当哈图西里从叙利亚返回家乡时，她成了他的妻子。那时赫梯王位上坐着的仍是穆瓦塔里，并且王位由他传给了他的儿子乌尔黑-泰苏普。但正如我们已经看到的，乌尔黑-泰苏普多年后把王位输给了自己的叔叔哈图西里。普都海帕如今变成了赫梯帝国的"第一夫人"。她可能比自己的夫君年轻很多，她在王国内有着巨大的影响，她在夫君身边不仅是作为王位背后的掌权者，而且还享有王位上的实际权力。

她和哈图西里一起签署条约，包括与埃及的著名条约，她与法老拉美西斯有书信往来，并从法老那里收到给她夫君的信件的副本，她常常与其夫君一起出现在给众神的献祭中，并参加宗教节日庆典，她还在重要的法律案件中担任法官。毫无疑问，随着她夫因自幼所患疾病的折磨而日益衰弱，岁月为她丈夫敲响了丧钟，她的权力和影响也由此与日俱增。当然，她的首要职责之一是管理王室家族，这并不是一项简单的工作，因为我们被告知，可能在她作为哈图西里的新娘到达哈图沙时，她就发现宫廷中已经充满了她丈夫的妃嫔们所生的后代。后来，在赫梯公主与外国或附属国统治者之间签订的婚姻联盟中，她作为媒人扮演了一个重要的角色。

　　总的来说，普都海帕拥有的权力和影响似乎很好地服务了这个王国。但她不可避免地在宫廷圈子里树立了敌人，在她夫君死后，对她的敌意也许就增加了。她的儿子图塔里亚迎娶了一位来自巴比伦的公主，这可能就是普都海帕亲自安排的一场婚姻。但在图塔里亚登基后，他一方面与其妻子，另一方面则与其母亲之间似乎都发生了冲突，因为普都海帕继续行使着她在其夫君在位时就有的权力。该时期的一份神谕文献表明了宫廷女人们之间的派系，她们把自己分裂成了一个"伟大的王后"的拥护者和反对者。我们虽不能完全确定，但被提及的这个"伟大的王后"几乎肯定就是普都海帕。事实上，可能正是因为王室家族的夙怨，普都海帕才被逐出了宫廷。[5] 但如果是这样，她似乎最终战胜了自己的对手们，而且很可能在王国的内外事务中继续发挥着重要的影响，直至她生命结束。她去世的时候可能至少已经 90 岁了。

第二十一章 神庙与官府之城：都城¹

宏伟的斜坡垒、暗门与城墙

当游客走近赫梯的都城时，一副令人赞叹的图景将映入眼帘：一座宏伟的土制斜坡垒，长约 250 米，高约 30 米，由石灰岩铺制而成，在安纳托利亚强烈的阳光反射下，闪闪发光。它如今被叫作"耶尔卡皮"（Yerkapı），意思是"地上之门"。这个现代名的原因在于，有一条暗道穿过了这段斜坡垒（实际上是在斜坡垒以前修建的），如今被称为"暗门"，它为去往城外世界提供了通道。哈图沙还有很多其他的暗道（"暗道"一词源自拉丁语 posterula，意思是"侧门或后门"），但这是唯一一条你仍然能够从中穿过去的暗道。这条通道由粗凿的石块层层垒成，每一层与下一层之间都有细微的重叠，这在技术上叫作"梁托"。完全一样的建筑技术在同时代迈锡尼世界的建筑里也能看到。在梯林斯（Tiryns）的迈锡尼宫殿中心有一段画廊，其时间可追溯到公元前 1200 年，它就能提供一个极好的例子。这项技术源自赫梯世界，向西传播到安纳托利亚的爱琴海海岸，随后越海到达希腊大陆，这条路线并非没有可能。

这条 71 米长的暗门曾经用一对木门关上。它的实际用途仍然是个

图 17　耶尔卡皮，哈图沙。

图 18　梯林斯长廊。

谜。入口门是一座城市防御工事的最薄弱部分，需要有城市防卫力量的保护，这样才能防止敌人的进攻。那这种暗道能否作为对围城部队实施突然反击的突破口？几乎肯定不行。对于任何一支围城部队来说，非常显眼的地下通道都太明显了，而且无论如何，对上面的保卫者来说，自城墙向外延伸得太远，这样就无法为反击部队提供火力掩护。你是怎么想的呢？你能提供暗门有什么实际用途的建议吗？

让我们回到斜坡垒。从它的顶部，即在城市的最南端和最高的部分，可以看到整个哈图沙的防御体系。而且通过攀爬斜坡垒两端的层级台阶就能进入到防御体系的这个部分。很明显，它的修建并非为了防

图 19　暗门，哈图沙。

211

御，而是为了作秀，即让都城的游客提前领略这座城市的宏伟和壮丽，不管他们是商人、外国显贵，还是从事商业贸易的旅行者。

都城的最大范围覆盖了 181 公顷的区域，它是古代近东世界最大的城市之一。它的防御墙长度超过 9 公里。围绕城市的外墙有 6.6 公里长，每隔大约 30 米就会有向外凸出的塔楼或堡垒。城墙的基底由粗凿的石块构成，部分石块高出地面 3—4 米。在此之上，泥砖墙将防御工事的高度扩展到大约 8 米，而塔楼则还要再高出数米。城墙和塔楼上装饰了圆三角状雉堞，它有助于保护城市防卫者，让其免受来自下方的敌人的火力射击，同样也增加了整个防御综合体给人的难忘印象。特别是考虑到建造该城的崎岖地形，其防御工事蜿蜒至远处，当它们出现在游客视线里时，本身就是一项巨大的建筑和工程成就，这个王国的力量和伟大得以彰显，其都城的防御能力也毫不逊色。

斯芬克斯门

即使在今天，你也可以爬上耶尔卡皮的台阶，它将带你到达这座城市的主门之一，即所谓的"斯芬克斯门"。曾有四尊狮身人面像装饰出入口，两尊面朝城里，两尊面朝城外的世界。埃及的狮身人面像为他们提供了艺术灵感，但不同之处在于，赫梯的狮身人面像是女性（许多纪念性的狮身人面像都已经被发现于哈图沙和其他遗址，尤其是阿拉贾许于克）。不幸的是，在原来的位置上只剩下一尊狮身人面像，它是面朝城外的那一尊，而且磨损严重。两尊面朝城内的狮身人面像则保存得好多了，其中一尊收藏于伊斯坦布尔的近东博物馆，另外一尊在它被安排返还给土耳其之前，直到最近都还在柏林的近东博物馆。人首和带翼

图 20　斯芬克斯，阿拉贾许于克。

的狮身，这些混合的生物代表着神灵。我们知道这一点，是来自"内侧狮身人面像"头盔上的角（神灵的标志），它们几乎完全被刻画成了圆形，狮身末端是一根猫尾巴。它们面向下方的城市，慈祥地微笑。

通过城市防御墙进出哈图沙有很多大门，但斯芬克斯门几乎肯定不是一个寻常入口，部分原因是台阶狭窄，而这些台阶又是从城外到达

213

该门的唯一方式。在都城工作的考古学家们解释，门楼立有两尊内侧狮身人面像，这让它有一种神龛般的感觉；在特殊的场合下，祭司也许会带着神灵的肖像，穿过它而出现，斜坡垒作为一种巨型舞台，用于宗教仪式的庆祝，台下是聚集的人群。但对任何被允许登上其中一个台阶的访客来说，大门将为其俯瞰整座城市提供一个绝佳的有利位置，这座城市被包围在巨大的防御工事中，这些防御工事看似延伸到了近乎无止境的远处。

上城和下城

从你所站的地方，也就是哈图沙的最高点，整个城市的地形逐渐向下倾斜。那是一片崎岖的地形，到处都是巨大的露天岩石和山嘴，其间还穿插着平地、坑洼和大水池。当你的眼睛跟着崎岖的斜下坡向北移动，穿过一片砖木结构的建筑群，这时你就会看到，在更远的露天岩石之外还有一堵墙，它把该城市的另一大块区域隔开了。有很多我们称之为"暗道"的地下通道嵌入这堵城墙中，它们为城市两部分之间提供了通道——因此这道墙的现代名叫"暗道之墙"。考古学家们如今把城市南面地势较高的部分称作"上城"，地势较低的北面部分称作"下城"。在下城的东南角有一块高地，今天被称为"比于卡莱"，它有自己的围墙。这是王室城堡，赫梯大王的宫殿所在地。在它的西北部，坐落着一个巨大的杂乱建筑群，它是赫梯世界最大的神庙，通常被称为雷雨神（天气神）的神庙，在最里面的壁龛中有两个神龛，相比之下，其他大多数神庙只有一个神龛。有鉴于此，它被认为供奉着赫梯万神殿里最重要的两位神灵——雷雨神及其配偶阿丽娜太阳女神。

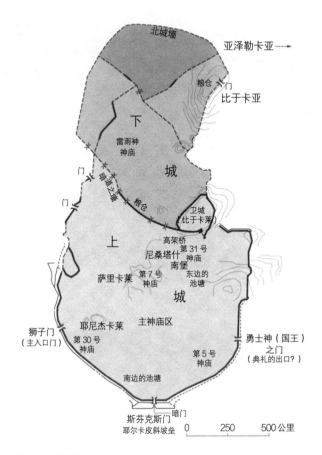

图21　哈图沙。

城市的神庙

　　当我们在更近的地方审视这座城时，我们将更详细地观察到其中的一些特征。但现在让我们回到原来所在的位置，即斯芬克斯门，然后从那里向下，走西侧的台阶，到达这座城市毫无疑问的主入

215

图 22　卫城，哈图沙。

图 23　雷雨神神庙，哈图沙。

图 24　狮子门，哈图沙。

口。这是所谓的"狮子门"，位于斯芬克斯门的西北部，门两侧有一对咆哮的狮子。几乎所有到达该城的访客，不管他们的任务和目的是什么，都要从这一城门进入和离开这座城市。在它的东侧以及斯芬克斯门的北边，有一片泥砖建筑，这些建筑类似坐落在上城不同区域的其他建筑。虽然在细节上有许多不同，但在概念上还是类似的，这些建筑是神庙，其内部摆放着赫梯"一千个神灵"的雕像。

　　所有的神庙都是用晒干的泥砖建在木框架上，它们的墙面里外两层都要涂抹灰泥，而且至少有些神庙的内墙还会涂抹装饰。除了雷雨神神庙，神庙的大小范围从 400 平方米到 1500 平方米不等。所有这些神庙都有一个开放的庭院，这为去往门廊提供了通道，然后经由一系列前厅可到达最里面的神龛。这里是神庙最神圣的区域，因为此处存放着该神庙神灵的雕像，它如真人般大小，或者更大一些，雕像木芯表面涂以金银，故而闪闪发光。庭院则为崇拜神灵的仪式提供了场所。但出席这些仪式和真正进入神庙任何部分的人仅限于为神灵服务的祭司，当然还包括国王和王后，因为他们的职位是赫梯世界的首席祭司和首席女祭司。许多仪式和节日庆典活动，可能还包括王室加冕典礼，一定都是在神庙的庭院里举办的。

到目前为止，在该城市一共发现了 31 座神庙（可能会有更多的为

图 25　上城的神庙群，哈图沙。

218

人所知）。除了最大和最重要的那个神庙，即下城的雷雨神（可能还有太阳女神）神庙之外，所有的神庙都在上城。在其已知的最近时期，这座神庙被断代到了公元前14—前13世纪，尽管在神庙平台下面，几乎肯定有更早时期的遗存。神像立于神龛后面的基座上，与希腊神龛昏暗无窗的内部形成鲜明对比的是，这些神像可以沐浴在阳光下，而这些光透过几乎到达地板的窗户照射进来。毫无疑问，在适当的时候，安装窗纱可以为神灵提供隐私。

除了它们最神圣的空间、它们的神龛、门廊和庭院，赫梯神庙建筑群还包括许多附属区域。就像近东其他地区的神庙一样，赫梯世界的这些神庙常常是杂乱的、多功能的建筑，相比之下，简单的、功能单一的对称性神庙则是西方建筑传统的一个标志，这从古典希腊时期就开始了。近东和古典的神庙都有一个内部的圣所，它存放着守护神的雕像，而神圣的仪式也在此举行。但赫梯人最大的神庙与近东其他地区的神庙一样，内部包含了储藏室，它用于存放宗教仪式所需的服饰和用品，还有厨房区域，在此可以为神灵和祭司准备面包、肉和其他食物，另外还有书吏人员和泥板档案的房间。

雷雨神神庙占地2730平方米，它是体现所有这些特征的典型例子。神庙一层本身就被至少82间储藏室所围绕，如果有两层或三层高，那可能会有200间房屋之多。毫无疑问，这些房间很多都是用于存放袍服、仪式器皿、乐器和其他设备，它们在与该神庙相关的典礼和节日中使用，而不用的时候，它们就都会被存放起来。有些房间则用来存放神庙的泥板档案，它们被放在木架子上，这些档案包含了很多从赫梯世界幸存下来的最重要的文献，其中就包括国际条约和附属国条约的副本。神庙也会为书吏提供工作空间，很多与神庙相关的人员，包括被分配了各种神庙职责的俘虏们也同样会有这样的空间。其他储存区域还有一些陷入地下的巨型陶器。数百个这样的陶器已被发现，每个容量都高达2000 升，它们所含之物包括诸如谷物、豆类、油和酒等食物。屠宰场和烘焙坊肯定也会出现在神庙建筑群里，它们为众神提供献祭的食物，同样供神庙职员维持生计。以神庙本身为核心的建筑群总体面积超过14,500 平方米。

哈图沙的其他神庙与赫梯世界其他地区的神庙规模都比较小，除了纯粹宗教和仪式性的功能以外，它们都有一系列相似的功能。在哈图沙许多神庙里发现的泥板表明，这些宗教机构通常拥有生产粮食的耕地，这让它们能为赫梯的粮食供应和经济发展做出贡献；这些机构本身有时出于再分配之目的，也会为至少一部分产品提供贮藏的设施。

总之，赫梯神庙的功能在复杂性上非常像中世纪的修道院，它们所从事的一系列活动既有世俗性，也有宗教性。

岩石和池塘

鉴于赫梯世界中的岩石具有特定的宗教意义，上城内有几个巨型露天岩石，尤其是那些如今被称为萨里卡莱（Sarikale，土耳其语意思是"黄色的城堡"）、耶尼杰卡莱（Yenicekale，"新的城堡"）和尼桑塔什（Nişantaş，"有标记的岩石"），它们都具有特殊的意义。它们的位置在城市平面图上都已标明，它们曾经被包含在建筑群里。因此，萨里卡莱有一些保存完好的砖石和一个蓄水池的遗存，而在耶尼杰卡莱，你仍然能看到一段保存完好的 7 米高墙；高墙内的建筑群被建造在露天岩石的平顶上。在耶尼杰卡莱的南面，靠近哈图沙的最高点，人们挖了五个

图 26　耶尼杰卡莱，哈图沙。

池塘，用作城市供水的蓄水池。

　　在尼桑塔什的遗存中，值得注意的是两尊狮身人面像的残片，它们和耶尔卡皮斯芬克斯门的那些狮身人面像一样，都被雕刻在入口门里。通过一个斜坡可以到达此门，该斜坡通向了露天岩石顶部的大型建筑群。在最后一位国王苏皮鲁流马二世统治期间，一段长长的象形文字铭文被刻写在露天岩石的一侧（因此土耳其语名字叫“有标记的岩石”）。这段铭文如今风化得很严重，几乎难以辨认，可能是列举了苏皮鲁流马二世统治时的主要成就。人们普遍认为，这些岩石建筑群是宗教机构的所在地，也许就是赫梯文献中所说的“石峰”建筑物，它与对去世国王的崇拜有关。

我们还要为所有这些特征（它们突出了都城格外神圣的特点）增加两个池塘或人工湖，它们的堤围已铺好，用灰泥抹的防水底。所谓的"1号池塘"，表面积有60×90平方米，有一道坝将其与稍小的"2号池塘"隔开。这些池塘由很多泉水供水，因此是城市供水的一部分，它们也具有神圣的意义。两个拱形洞室表明了这一点，其中一个位于1号池塘西边的一角，另一个在北边的一角。这两间洞室偶然为我们提供了近东已知最早的拱形石制结构，它们被发现于1988年，刚好就在王室卫城的南边。

"2号洞室"因其保存完好的浮雕和铭文而备受关注。浮雕描绘的是一位神灵——太阳神和最后一位赫梯国王苏皮鲁流马二世；铭文记录的是苏皮鲁流马在安纳托利亚南部和西南部的军事功绩。虽然这曾被认为是苏皮鲁流马的墓室，但学者戴维·霍金斯得出的结论认为，这一建筑是作为通往地下世界的象征性入口——赫梯文献中称之为"卡什卡库尔"（KASKAL. KUR），学术界对此也广泛认同。在这里举行宗教庆典仪式是为了纪念神灵，通过这种方式，建造的洞室与人工湖相连，这样不仅在实际用途上可以为城市供水，还与古代世界很多地方的湖泊和泉水一样，为去往地下世界提供了通道。

宫　殿

在下城的东南末端，如今被叫作"比于卡莱"的高地上，有一座大型建筑群，尽管没有铭文来识别，但它肯定是赫梯大王的宫殿。这就是赫梯世界的心脏。它受到了严密的保护，一道加固的防御墙将它与城市的其他部分隔开，它占地面积约31,185平方米。今天它的遗迹大多可以

图27 卫城的入口，哈图沙。

追溯到其最后整修的阶段，大约是公元前 13 世纪末期。获准经由南门进入该建筑的人（前来拜访的显贵和外交官，宫廷人员，等等），要通过一系列的庭院，这些庭院由门道连接，并由柱廊和成组的房间环绕，它们通往宫殿的各个部分，包括巨大的"会客厅"。国王在这个"厅"里上朝，会见来自外国国王的使节、附属国的统治者和他的高级官僚以及军事领导人。它可能位于第二层，在一个中央大厅之上。在东南方向的"低厅"周围有很多建筑，它们可能为大部分重要的宫廷官员提供了住所，为贵宾们提供了客房，为国王的专属保镖"持金矛者"提供了住处。国王大家族中的很大一部分可能也都住在宫廷区域内，而到了公元前 13世纪，当你考虑到这个家族的所有旁支时，他们的人数就会很多了。

还有谁住在哈图沙？

尽管宫殿很宽敞，但肯定还有很多影响较弱之人，他们与宫廷有关却又住在宫墙之外。但住在哪里呢？到目前为止，很少有这座城市的居民区公之于众。其中最重要的一个位于下城，靠近雷雨神神庙，因此它和宫殿处在一个便捷的交通距离范围内。它似乎是一片精英住宅区，有多室住宅，一些还有管道系统以及烤炉和开放式壁炉。随着时间的推移，建筑风格也发生了变化。早期的住宅带有露天内院，后来被前厅房屋取代，生活区完全被屋顶覆盖。就像神庙一样，这些房屋由泥砖砌成，建在了木框架上，屋顶平坦，且由灰泥覆盖。

我们可以想象，这片区域主要居住着官僚、祭司、禁卫军（上城已曝光的方形建筑可能是军营，靠近萨里卡莱露天岩石），还有技艺最高超的专业工匠和艺人，他们的服务对于维护赫梯社会的物质生活有至关重要的作用。泥瓦匠、雇农和农民等其他社会地位较低之人生活在城外，毫无疑问是在周边很多的乡镇、小村庄和农庄——它们聚集在离城墙足够近的地方，以便在受到敌人进攻的威胁时，其居民能够进入城墙内。但到目前为止，考古调查尚未确定此类外围社区的存在，很可能它们的痕迹太小，很难被发现。

哈图沙大约有 9000 到 15,000 名居民。对于一个伟大的近东王国的都城人口而言，这些数字似乎极其保守。但如果它们接近事实，那可以用这样的事实来解释，即哈图沙主要是一个行政管理者、外交人员和祭司的城市，它没有重要的贸易中心或者商人阶层，也没有重要的工业和制造业活动。在帝国存在的最后数十年里，当上城最南端部分的一些神庙被废弃时，这一点开始有所改变。[2] 它们的遗址被很多较小的住宅和作坊占据，因为有更多的较低层人群设法在此重新安居，他们原本住在城墙外面，他们不再相信国王的军队能够为没有防御的居住地提供保护了。

谷物粮仓

除了宗教和行政作用，哈图沙在赫梯国家还扮演了一个极其重要的角色，即作为一个谷物存储和再分配中心。于尔根·泽赫（Jürgen Seeher）团队的考古挖掘揭示了两个主要的存储建筑。其中一个在一条又长又高的山脊上，它位于下城的东北部，被一条深河谷隔开。它今天被称作"比于卡亚"。在赫梯时代，它被一道坚固的城墙包围，其时间

图28　比于卡亚粮仓，哈图沙。

属于公元前 13 世纪。泽赫在此发现了一个巨大的谷仓，时间可向前追溯到公元前 16 世纪。泽赫的考古挖掘显示有 11 个地下矩形坑。这些坑或地下贮藏室主要用于储存谷物，主要是计划在都城和国内其他地区进行重新分配的单粒小麦（一种有壳或颖片的小麦）和大麦。泽赫的考古挖掘还在下城发现了同时期的第二个存储建筑。就在"暗道之墙"的后面发现了 32 个半地下洞室，它们分成平行的两排。这些设施里储存了数千吨谷物，主要是大麦和一些小麦（单粒小麦），如果有必要的话，在没有氧气和害虫的环境下，它们可以保存数年之久。在赫梯国内的其他地方也发现了谷物筒仓，毫无疑问还会有更多的发现。这些储存设施不仅保障了赫梯国内当年的食物充足供应，而且肯定也对以后关键时期的粮食供应做出了重要的贡献，这样可以应对因敌人行动、干旱或其他破坏性气候条件而导致一个季节或者连续几个季节的粮食歉收。

勇士神之门

通过城墙进入城市有很多大门，其中有三个特别突出，它们都在上城的南端。它们分别是也许为典礼表演提供背景舞台的斯芬克斯门，进城的主要公共入口狮子门，以及在狮子门正对面、城墙东部的勇士神之门（有时被不恰当地称为"国王门"）。正如我们在第十八章所指出的，这些特色的最后一个是高 2.25 米的浮雕，它位于大门内侧，描绘了一位勇士，戴流苏头盔，身着短裙，佩短剑和战斧（见图 15）。

当夏尔·特谢尔在 1834 年偶然发现这幅肖像时，他完全迷惑不解。在随后的岁月里，人们对它做出了多种解释。没有胡须的面颊、凸出的

图 29　第 5 号神庙，哈图沙。

乳头以及柔和圆润的胸部轮廓让一些人认为它是一位女勇士。如果是这样，这个奇怪的地方也许就是亚马孙城！这个观点经常突然出现，但长久以来都没有得到证实（也许你正考虑重提这一观点）。这个肖像很有可能代表了沙鲁玛神，它是赫梯倒数第三位国王图塔里亚四世的保护神，也是在他统治期间被雕刻而成。他的神性可以从其有角的头盔上看出来。

　　注意一下，该神灵出现在大门的内侧，并将左臂高举，还握紧了拳头。我认为，这是赫梯的军队出发征战时，行军所经过的大门。握紧的拳头让我想起今天的运动选手，他们握紧拳头，作为胜利的标志，或者是对仍然有待实现之胜利的信心。我相信，该神灵是在向离别的军队发出辞行的信号，并保证胜利将属于他们。当然，这个大门也可能用作其他目的，例如外交使团的辞行地点，或者一位国王由此动身进行宗教朝圣，去往国家的圣地，或者为了宗教巡游。

第 5 号神庙遗迹就位于附近。它是哈图沙最大的神庙之一，并不比"大神庙"小多少，而且像"大神庙"一样也有两个内在的神龛，这表明它供奉着两位神灵。我认为，这也是雷雨神和阿丽娜太阳女神的一座神庙，并且间接地与勇士神之门相连。也许在此处有一位将要离去的国王，当他要踏上自己的国外冒险之旅时，在神庙最里面的圣殿里，他向这些神灵表达了自己的敬意，在离别的大门处，他将收到来自这些神灵之子沙鲁玛神的最后欢送。

还有其他的建议吗？

哈图沙城墙的重建[3]

今天当你参观哈图沙时，经过坐落在"大神庙"南面的售票处，首先映入眼帘的是一段完好无缺的城墙，它长 65 米，包括两座有雉堞的塔楼，相隔 20—25 米，侧面有三段幕墙。它是你参观这座城市时令人印象深刻的一道主菜。但它是一个重建品，只有十多年的历史。

在 2003 年到 2005 年（总工期超过了 11 个月）的一个项目中，于尔根·泽赫指导着在哈图沙工作的考古团队，在地方当局和 65 名工人的协助下，建造了这段城墙。它所用的泥砖是以考古学家认为的传统方式制作，每一块砖都是手动铺设，没有借助机械设备。赫梯城墙和塔楼的小泥土模型以及其他证据均来自赫梯时代，它们被用作此次重建的基

图 30　重建的城墙，哈图沙。

础。炮塔城墙建在了被叫作台柱的石头基座上，在地平面以上最高达
8.3 米，塔楼则有 12.8 米。"炮塔"这一术语指内外层平行的墙体（每
层厚达 1.5—2 米），就像现代房屋中空心砖的双层平行方式，彼此之间
通过交叉墙连接。这些交叉墙所形成的洞室被称为瓮厅。在其他防御系
统里，瓮厅被用作食物和军事装备的储藏间。但在哈图沙并没有证据表
明这一点，而在重建的防御工事里，瓮厅则用泥土给塞满了。墙体的宽
度，包括瓮厅在内，大致在 3—5 米之间。泥砖本身由壤土、麦秆和卵
石调和而成——主要是为了确保砖块干燥时不会裂开，或在压力下碎
裂。它们在木框模具中定型，大小尺寸是 45×45×10 厘米。每块砖的

重量大约34*公斤。

　　制砖在一年中最干燥的时候进行，从6月到9月。当然，即使在这些月份里，暴雨有时也会来临，当乌云开始出现在地平线上时，大片的塑料就会被用来盖住新制好的砖块。赫梯人非常有可能在相同的月份里制作他们的砖块，当有降雨威胁时，就用麦秆席来覆盖它们。项目组通过实验得出结论，根据温度和其他气候条件，这些砖块在室外阳光下要加工贮藏12天，才能达到最大的强度。然后这些砖块可以储存起来或直接放在墙上的位置，用壤土灰浆砌抹。我们在一些加工好的砖块上

图31　正在进行中的重建。

---

　* 此处可能是作者笔误或印刷错误，每块砖的重量约3.4公斤。——译者注

通过驾驶重型车辆进行了压力测试。一辆满载石头的拖拉机无法对其造成任何损坏。只有当一辆压路机开到上面时，砖块才会开始出现裂纹。

总的来说，重建的城墙部分大约使用了 64,500 块泥砖（每天制作的泥砖在 328—720 块之间）。事实上，这只代表了哈图沙总防御系统的 0.6%，由此可以对赫梯人所从事工作的规模有一些了解，他们没有任何帮助，例如在现代重建中使用的卡车和水车（需要超过 1000 吨水），这些工具把材料运送到了制作砖块的地方，然后再运到铺设地点。现代重建中的砖块是在现场制作的。在赫梯时代，它们必须在距离该城市大约 10 公里甚至更远的地方制作。你能解释为什么吗？

一旦砖块就位，它们必须涂上灰泥——可能是含有一定量石灰的一种壤土。这非常重要，因为泥砖结构的最大威胁就是风吹雨淋的侵蚀。一旦用涂抹灰泥来保护，泥砖结构就能持续很长时间——只要灰泥本身常常更新就行。持续维护赫梯城市的防御工事以及王国所有的泥砖建筑，不管是神圣的还是世俗的，这都肯定会严重消耗可用的人力资源，尤其是遇上一年的某个时候，很多健壮的人需要在远征中服兵役，以及为王国的食物供给进行生产劳作。

重建项目在很多方面都被证明是极为宝贵的。当然，它的一个动机是为了吸引游客来到这个遗址，此处相当缺乏很多其他古代遗址都拥有的古代遗存。但更重要的是，这个项目提供了非常宝贵的视角，让我们看到了赫梯人如何保护自己的城市，他们在建设防御工事和其他建筑时所采用的实际技术。最重要的是，它让我们比以往任何时候都更加赞赏赫梯人所面临的巨大挑战，他们把自己的都城提升成为近东世界的伟大名胜之一。

第二十二章　精英联谊会：王室弟兄俱乐部

一个王室外交使团

　　黎明的第一缕曙光照亮了东方的天空，在主门外聚集的人群正准备进城。官员们穿上官服，他们的随从收拾好帐篷和其他旅行装备，军事护卫们排好队，运送来的礼物做好了最后一次检查，以确保其仍然完好无缺。从遥远的南方奔波许多个星期之后，旅行者的路程终于告一段落。他们如今在通往主城门的陡峭斜坡底部耐心地等待。一对雕刻的狮子分立于两侧，它们张开大嘴，发出无声的挑衅式咆哮，狮子的舌头突出，而大门依然紧闭。但很快就有一名官员从里面走出来，并检查了前一天晚上大门锁闭时贴上的封印。他很满意封印没有被篡改，于是打开了大门。这些访客以及陪同他们的武装护卫队被允许进入，自埃及而来的漫长又危险的旅途中，这些护卫不仅保护了他们的人身安全，还保护了组成随行人员一部分的贵重礼物箱。他们是埃及法老拉美西斯二世的使者。他们带着信件和礼物来到哈图沙，送给拉美西斯的"王室弟兄"和其他家庭成员。国王哈图西里三世派出了宫廷卫队，护送这些使者去往自己在卫城上的宫殿。他们的首领，即拉美西斯的外交部部长将在此觐见哈图西里三世。

在大门里面有很多沿斜坡地形分布的泥砖建筑，它们向下直至被另一道城墙所包围的城市低洼部分。王室宫殿刚好坐落在其中的一块高地上。城墙重新修缮不久，墙体在晨曦下闪闪发光。国王的卫队为法老的人清出一条道路，护送他们通过围观的人群，越过一条长堤进入王室城堡。一进入王室辖区，使者们就被领着通过一系列庭院，并踏上一段台阶，来到一个巨大的柱厅，大厅尾端有一宝座。在此他们将代表法老，向赫梯大王表达敬意，转呈来自埃及"王室弟兄"的书信和礼物。

他们持续等候了些许时间。国王尚未从寝宫中出来。而这一耽搁让他的人有时间去检查礼物箱，它们被转到了宫殿的其他地方。箱子被打开，根据一块泥板目录清单来检查礼物，确保一切都吻合，有些黄金会被拿去融化，从而确认它们货真价实。所有的礼物都要进行评估，以确保它们配得上其接受者。从一个"王室弟兄"派给另一个"王室弟兄"的其他外交使团携带的目录清单来看，这些礼物也许包括了乌木家具、银妆瓶、典礼用的武器、精致的象牙梳、牛形油瓶，还有一些新奇物件，例如腿上坐着幼崽的银猴，并且有大量的亚麻布和上等的亚麻衣服以及大金条。有人会传话给其中一位官员说，一切都准备就绪。所有物件都要摆出来公开展示，或至少经由国王宫中的特权人员过目。

现在是国王隆重出场的时候了，他在王后的陪同下，两人都身着适合接待外国王室使节的盛装。法老的首席特使被召集到国王和王后的面前，然后被允许发言。他发言所用的是阿卡德语，而国王的一位翻译在旁边用赫梯语转译其发言。这位特使背诵了法老给赫梯国王的书信，他把信中的每个细节都熟记于心。[1] 国王的一位书吏仔细核对了他的每一个词，他所根据的就是实际书写这封信的泥板，它同样是用阿卡德语书写。这样做是为了确保他背诵的信件版本与书写的信件直到最后一字

233

都保持一致。如果有不一致的地方，这位特使不仅会丢了自己的工作，甚至还会丢了自己的脑袋。在两位大王之间的重要外交信函里，绝不能有任何翻译上的误解或错误。王国之间的友好关系很大程度上取决于帝王之间各项信息传递的正常运转。

法老书信的开头即是所有惯用的礼节——问候与祝福，对象是国王及其所有家人、孩子、牲畜和臣民，等等。这是使节在开始书信重要细节前必须进行的一项外交准备。在哈图西里三世和拉美西斯二世在位期间，赫梯与埃及王室之间所有幸存的书信，除了一小块残片被发现于埃及，其余的都在赫梯都城的档案中。这些信件的形式通常都是残片，包括拉美西斯及其家人写给哈图西里及其家人的书信，尤其是写给他的妻子普都海帕。事实上，普都海帕和拉美西斯直接相互通信，拉美西斯常常给她寄一些书信复本，其原稿寄给了她的丈夫。这些信件是在公元前1259年前后所写。这正是两位国王签订著名和平条约的那一年。除了其他事情，这些书信中还谈论了拉美西斯和哈图西里一个女儿的婚姻安排，也提及哈图西里可能要访问埃及，尽管此事不会有结果。

虽然两位国王之间有正式的和平，他们往来的信函却并非总是热情友好。让我们以一位王室听众的视角坐下。在最初的寒暄以及正式开始后，他的"王室弟兄"的话语被翻译并且被读了出来，赫梯大王仔细聆听。其中有些话明显不合他胃口，他面露不悦之色，目光转向正在为其分忧的普都海帕。他的"王室弟兄"真是这样说了？他向书吏露出了询问的眼神，书吏此时正在核对这些言语的泥板复本。书吏点头证实，特使的话确实就是书信上所写的。国王在脑海里已经勾勒出一个给他"王室弟兄"的适当回应。王后也同样如此！我已经在本书的其他地方讨论过该信件所涉及的国家要事，还有信中所写的令收信人高兴或不高

234

兴的种种事情。看看你还能记得多少？

当所有一切完成后，法老的使节们就等候国王的批准，让他们能够返回家乡。国王和王后都会给法老回信，这些信函以及适当的礼物将由国王自己的使节在埃及三角洲的王室都城皮–拉美西斯转呈法老。

王室俱乐部

哈图西里和拉美西斯是我们可以称为"王室弟兄俱乐部"的成员。当然，这是在某种意义上的一个俱乐部。它基本上只有四名成员，而这些成员从未真正会过面。但王室彼此间定期的外交使团却让他们保持着相对紧密的联系——尽管他们之间的距离遥远，宫廷之间的行程必须要耗费数个星期甚至数个月。

会员的资格是，你必须是那个时代伟大的国王之一。在赫梯文献中，术语"大王"是由苏美尔语词符"伽尔"（GAL，意思是"伟大的"）和"卢伽尔"（LUGAL，意思是"国王"——字面上是"大的人"）组合起来表示。在近东的青铜时代，有不少"卢伽尔"，即国王，因为该词被用来指一系列较小级别的统治者，就像那些直接统治王国之人，其王国又臣服于某个大国。但如果你能把"伽尔"和"卢伽尔"都附在自己的头衔里，你就会发现自己身处在精英人群中。在哈图西里和拉美西斯的时代，四位大王是赫梯、埃及、亚述和巴比伦的统治者。亚述和巴比伦的国土分别位于美索不达米亚的北部和南部。会员的准入要取决于被国外的统治者们接受为一名大王，而一旦他们接受了你，他们写信时就会称呼你为自己的"王室弟兄"。

但我们要清楚的是，我所说的俱乐部并非一个正式的组织，也没有成文的规章制度。"会员资格"的界定纯粹是靠其他"会员"对你的认可，要靠他们派到你的王国的外交使团以及你派到他们那儿的使团，要靠这些使团中所包含礼物的价值，要靠他们称你为大王和"王室弟兄"，要靠他们与你签订的条约，有时还要靠与你家庭达成的婚姻联盟。当然，得到外国统治者的认可有助于大大提高你在臣民中的地位。哈图西里的情况肯定是这样，他从拉美西斯那里寻求并得到了承认，被视作是合法的赫梯大王。我们可以从他们的通信中知道这一点。这样的认可对于一个篡夺了国家王位之人来说尤为重要，至少最初他是受到了其他两位大王即亚述和巴比伦的统治者的怠慢。

阿玛纳书信

通过追溯哈图西里和拉美西斯在位时期之前的近一个世纪，即所有法老里最具争议者之一的埃赫那吞（以前叫阿蒙霍特普四世）时期——他当时是埃及及其属地的霸主，我们知道了更多有关"王室弟兄"之间外交互动的情况。在中埃及的尼罗河东岸，埃赫那吞建造了一座新都城，并称其为埃赫塔吞，即"地平线上的阿吞"，就在现代被称为阿玛纳的遗址上。阿吞是太阳神，而埃赫那吞以牺牲埃及传统神灵为代价，专心致志地独尊一神。据说这导致他忽视了自己王国的事务，也包括他维护埃及作为一个国际强者地位的职责。但很多学者现在认为，他这种所谓"异端法老"的负面形象被过分夸大了，很大程度上是因为他臣民中的保守分子对其怀有敌意，尤其是这个国家的传统祭司集团。

事实上，埃赫那吞忽视自己王国的国际利益这一说法，似乎被我们最重要的一份材料给否定了，这些材料与公元前 14 世纪的近东国际关系有关。这就是 382 块泥板藏品，它们在 1887 年偶然被发现于阿玛纳，就在埃赫那吞的短命城市埃赫塔吞的遗址中。这些文件中有 350 封都是书信或书信的复本，是由埃赫那吞或他的父亲兼前任阿蒙霍特普三世（他的书信在其死后已经被保存并带到了这座新的城市）与外国统治者以及法老在叙利亚和巴勒斯坦的附庸之间的往来信件。[2] 正如这些信件所清楚地表明的，这位据说对自己王国事务和维护埃及国际舞台影响力漠不关心的法老，却与他在叙利亚和巴勒斯坦地区的附属国统治者以及外国统治者们保持着密切的交流，这就像他父亲所做的一样。

法老和他的"王室弟兄们"往来交换的不仅有书信，也有外交使团，这些"弟兄们"分别位于赫梯、米坦尼、巴比伦，最后是亚述。这就是法老总共要面对的四个伟大王国。但米坦尼在这个时候正要出局。它的帝国最后被法老的另一位通信人毁灭了，此人也就是赫梯的国王苏皮鲁流马，而暴发户亚述则迅速行动，填补了米坦尼倒台后留下的权力真空。事实上，在一封巴比伦国王布尔那布里亚什（Burnaburiash）给法老的诉苦信中，我们已经能够看到亚述崛起的端倪。[3] 亚述国王的代表曾出现在法老的宫廷。"他们怎么敢这样！"布尔那布里亚什抗议道，"亚述人是我的附庸！他们无权代表自己向你派遣代表团！"但亚述人受到了法老的款待，法老无疑是预见到了亚述即将要变成下一个伟大的王国，也就是不久将要灭亡的米坦尼帝国的继承者。巴比伦国王的担心则有着充分的理由。在余下的大部分青铜时代里，亚述和巴比伦成了死敌，并经常陷入冲突中。

除了少数例外，尽管在维系王室之间高层外交往来的通信中伴有很多争吵和抱怨，但在维持近东世界一个相当高层次的政治稳定方面，从一个"王室弟兄"到另一个"王室弟兄"的书信和外交使团却扮演了重要的角色。除了赫梯大王与米坦尼大王之间的经常冲突，赫梯似乎只与其他伟大王国发生了三场全面的冲突——两场是和埃及在叙利亚的卡迭什，一场是与亚述在美索不达米亚的北部，即尼赫瑞亚（Nihriya）之战（有关其中的最后一场，我们会在下一章说得更多）。

另一方面，像其他伟大的王国一样，赫梯几乎年年都要独立从事这样或那样的军事征战。在大部分情况下，这些征战都是针对反叛的附属国和暴动者，或者敌对的独立城市和国家，以及例如卡什卡人一样的山区部落。事实上，赫梯奋力维护着对附属国的权威，并抵御着敌对独立势力的进攻，这对其有限的军事资源提出了越来越高的要求，而随着帝国不可逆转地走向灭亡，这又给它的国家的人民以及其他地区的忠实臣民们强加了更多苦难。

第二十三章　为帝国的生存而战

当哈图西里死后将王位传给其儿子即另一位图塔里亚（通常被称为图塔里亚四世）时，王室家族就继承一事可能出现了新的问题。不仅是因为王族中乌尔黑-泰苏普的这一分支可能会将他们的一位成员推上王位而重新参与竞争，还因为哈图西里的另一个儿子奈里卡里（Nerikkaili），他已经被指定为王储，如今却被忽略，转而支持图塔里亚。我们的文献对此并没有任何解释，它也许涉及国家的一些重要顾虑。

然而还有猜测认为，图塔里亚被指定为继承人要归功于哈图西里的妻子普都海帕，其理由（并未证实）在于图塔里亚是她与哈图西里的亲生儿子，于是她试图把亲生儿子的利益提升到继子（？）奈里卡里的利益之上。那倒可能是真的，而且会给此事蒙上一股阴谋的气息，就像罗马的朱利亚·克劳狄王朝一样，后者也有类似的恶作剧味道。不管怎样，奈里卡里似乎欣然接受了自己被取代，并继续在王国事务中扮演着重要的角色。在哈图西里死前，也许是在此之前的一些年，他似乎一直在为让图塔里亚胜任国家最高职位做着准备，在很小的时候，图塔里亚就被任命为地位显赫的禁卫军之首，并被派往卡什卡地区征战，由此积累了大量的战斗经验。随着因影响自己大半生的疾病而变得日益虚弱，哈图西里可能甚至一度让图塔里亚作为自己的共同摄政者。

但图塔里亚的王冠从未轻松地戴在自己头上。纵观其统治，他困扰于对自身安危的严重担忧中，这不仅来自他的大家族成员，还来自他的直系亲属。在他的一次地方之行中，他的一个兄弟策划了一场阴谋来刺杀他。这场阴谋被及时发现，而这位兄弟及其同谋都被逮捕了。但整个恶劣事件让图塔里亚感到了前所未有的岌岌可危。从他给国家的高官和显贵们发出的一系列训诫条例中可以看出这一点，他在其中要求他们无条件地效忠。图塔里亚在这些训诫文里明确表示，他自己的安全的最大威胁可能来自他的家族成员：

> 我主有很多兄弟，而他的父亲有很多儿子。赫梯国里充满了王室的血脉：在赫梯，苏皮鲁流马的后代、穆尔西里的后代、穆瓦塔里的后代和哈图西里的后代都有很多。至于王位，你不能承认任何其他人（除了我，图塔里亚），必须只保护图塔里亚的孙子、曾孙和后代。如果任何时候有罪恶针对我主——（因为）我主有很多兄弟——倘若有人靠近另一人并这样说："我们为自己所选之人，不必是我主的儿子！"——这些话不能被（允许）！至于王位，你必须只保护我主以及我主的后代，你不能靠近任何人。[1]

一位忠实的臣民还是有野心的伪装者？

至少在最开始，图塔里亚觉得有一个他能够相信的亲密家族成员。讽刺的是，这位库伦塔是国王穆瓦塔里的儿子，同时是穆瓦塔里继承人乌尔黑-泰苏普的兄弟或者同父异母的兄弟，而乌尔黑-泰苏普又是被图塔里亚的父亲哈图西里赶下了台。图塔里亚和库伦塔是堂兄弟，而且在哈图西里统治时期就成了特别亲密的朋友——尽管哈图西里从库伦塔的兄弟手中夺得了王位。我们从一块青铜板文献里知道了这一点，它在1986年被偶然发现于都城斯芬克斯门外的一条路面下。[2]

该文献是身为国王的图塔里亚与库伦塔缔结的条约。此条约告诉我们，穆瓦塔里在自己第二个儿子仍然很小的时候，就将他托付给自己的弟弟哈图西里去照料，此时哈图西里在哈克皮什已被任命为当地的国王。穆瓦塔里此举也许是为了保护库伦塔的安全，让其远离王宫中的家庭内部纷争。库伦塔和哈图西里的家庭之间由此发展出一段亲密的关系，而在后者与乌尔黑-泰苏普的战争里，库伦塔显然还保持着对他叔叔的忠诚。随后哈图西里任命他为塔尔浑塔沙的国王，以示对其忠诚的奖励，而塔尔浑塔沙以前曾是穆瓦塔里的王室所在地，并且在哈图沙再次成为都城后仍然享有显赫的地位。

如今库伦塔对哈图西里继承人的效忠在青铜板条约中得以确认——其中除了先前哈图西里与库伦塔缔结条约里给予的许可，它还新增了许多特权，这是用来进一步嘉奖他的忠诚，并且/或者为了确保其忠诚的延续。这就是图塔里亚所能放心依靠的一个家庭成员。难道他能够做到吗？

这让我们陷入了一个谜团。在20世纪后期进行的哈图沙考古挖掘中，有三枚印鉴重见天日，上面刻着铭文"库伦塔，大王"。它们是作何用处的呢？让这个谜团变得更大的情形是，无论其地位有多显赫，除非他是整个赫梯世界的统治者，没有人能够使用"大王"这一头衔。那至少是标准的看法，即使以前在其他文献里知道了库伦塔这个名字，但其中没有任何文献表明他曾是赫梯世界至高无上的霸主。所以我们该如何解释这些印章呢？

过去有一种解释是，库伦塔一度确实在哈图沙成了大王，违背了对图塔里亚的效忠，并在图塔里亚夺回王位前短暂地霸占过王位。有迹象表明，在图塔里亚统治时期，哈图沙的一部分曾被破坏过，该迹象被视为支撑了这一观点，其结论就是，库伦塔暴力性地占领过这座城市。哈图沙在这一时期被部分破坏的证据如今不可全信。但我们能否排除这样一种可能性？即库伦塔至少是渴望过最高权力，并且提前制造了这些印章，以期获得一场成功的政变？在安纳托利亚南部靠近现代科尼亚有一个名为哈梯颇（Hatip）的地方，随着一块浮雕碑文的发现，这个谜团又加深了。这块浮雕描绘了一位准备战斗的神灵，它伴有一段铭文，读作"库伦塔，大王，穆瓦塔里之子，大王，英雄"。[3]

我们该如何将这一信息与库伦塔的印章结合在一起呢？有好几种可能性。第一种我已经提到过了：库伦塔背叛了他的堂兄弟，或者暂时即位变成了大王，或者在此等希望中打造了印章并刻写了铭文，但却在尝试中失败了。第二种可能是，库伦塔实际上在很短时间内成了大王，但仅仅是在他的堂兄弟去世之后。还有一个可能性我们将稍后再讨论。你也许会有自己的想法。

不断加剧的动乱遍及王国

图塔里亚除了在保证和维持他在大家族中的地位时可能面临的困难，这位国王在王国的很多方面都遇到了越来越多的问题。不断加剧的动乱遍及附属国，尤其是在西部。图塔里亚统治时期的铭文里提到了一次或多次国王在西部发动的征战，针对的就是长期困扰着赫梯的卢卡诸国，还有阿尔查瓦诸国之一的赛哈河国。在赛哈河国的前任统治者玛什吐里死后，王位就被一个暴发户攫取了，玛什吐里是图塔里亚的姑父和忠诚的赫梯臣民。正如我们已经提到过的一样，玛什吐里与图塔里亚的姑姑（他父亲哈图西里的姐姐）的婚姻未能生育子嗣，这让附属国的王位在他死后就被攫取了。它的新占有者立即断绝了与赫梯的所有关系，并率领自己的王国反叛赫梯，他显然是得到了阿黑亚瓦国王某种形式的支持或者是支持的承诺。[4]

这是发生的又一次重大危机，图塔里亚在尽可能早的时机对此做出了反应。也许是在他远征卢卡的相同背景下，这位国王深入到阿尔查瓦地区，对反叛势力实施了毁灭性打击，俘虏了暴发户国王及其家人，并把他们押送到哈图沙，同时还有很多战俘以及500匹马。图塔里亚选取了合法统治家族中的一员，并将其安置在该国王位上，这毫无疑问地重新得到了该国对赫梯王权的效忠，由此圆满结束了他在该地区的行动。

但是这位国王如何才能确信，一旦他班师回朝，他西部的各个国家就不会再爆发叛乱呢？特别是阿黑亚瓦在这一地区仍然活跃且存在威胁。在赢得阿黑亚瓦在该地区维持稳定的合作事宜上，图塔里亚之父哈图西里所做的任何尝试显然都失败了。因此，阿黑亚瓦仍然是赫梯的主要问题之一。而且至少只要它在安纳托利亚大陆上还有一个基地米拉瓦塔，其威胁就会如此继续下去。

现在是时候进行更多的猜测了。我从一块残片开始，它是一封书信，通常被学者们称为《米拉瓦塔书信》。[5] 在书信残存的片段里，未见发信人和收信人的名字。但是，我们能够想出，作者几乎肯定是图塔里亚，而其收件人是安纳托利亚西部一个重要且忠诚的赫梯附属国统治者。该信件之所以如此命名，是因为它记录了赫梯国王一场胜利的进攻，而书信的收件人就在米拉瓦塔的土地上。在这次进攻之后，米拉瓦塔的边疆得以重新界定，而书信的收件人被立即授予了对这片土地的统治权。事实上，他似乎已经作为一个地方霸主在行使这一权力，他的统治最北远至安纳托利亚西北部的维鲁沙王国，也就是古典时代的特洛亚地区。

这引发了几个问题。首先，谁是这个地区的霸主？我认为最佳答案是由戴维·霍金斯提供的。我早前就提到过（在第六章）的那座浮雕，即所谓卡拉贝尔碑，它位于伊兹密尔附近的一个山口。上面的铭文表明，浮雕上描绘的肖像是一个叫塔尔卡斯纳瓦的男人，他是阿尔查瓦地区米拉王国的统治者，米拉王国在当时是安纳托利亚西部国家中最强大的一个。霍金斯非常有说服力地提出，塔尔卡斯纳瓦是图塔里亚进攻米拉瓦塔的合作者。为了长久地解决西部疆域内不断出现的问题，图塔里亚现在可能已经把安纳托利亚西部许多地区的广泛权力授予了米拉国王，其范围南至米拉瓦塔，北抵维鲁沙。实际上，也许当地国王被授予的权力和国王在叙利亚的封侯所行使的权力大体相当。

所有这一切显然引出了一个重要问题。如果还有地方的话，阿黑亚瓦该安放进这一场景里的何处呢？我们已经注意到，至少在几十年前的穆瓦塔里统治时期，米拉瓦塔就已经臣服在阿黑亚瓦的霸权之下。但在米拉瓦塔书信里或者至少在其幸存部分里，完全没有提及阿黑亚瓦，因此我们不能确定，在赫梯进攻米拉瓦塔时，阿黑亚瓦是否仍然控制着米拉瓦塔的领土。

但我们可能有间接的证据表明，如果不是以前，那也是在图塔里亚统治的某段时间，阿黑亚瓦的国王就已经无法控制他在安纳托利亚的据点，因此不再是该地区有影响力的角色。这也许可以从一份条约草案里的段落中推断出来，该条约是由图塔里亚与他的一个叙利亚附庸沙乌什卡穆瓦（Shaushgamuwa）签订的，后者是阿穆鲁国的国王。在该条约的一项条款中，图塔里亚提供了所有"大王"的清单，他们都是外国统治者以及潜在的敌人：

> 这些国王都与我有着同等的地位，埃及国王，卡拉都尼亚（Karadunia= 加喜特巴比伦）国王，亚述国王，~~阿黑亚瓦国王~~。如果埃及国王是我主的朋友，那就让他也成为你的朋友；如果他是我主的敌人，那就让他也成为你的敌人［……］[6]

这一条款最有趣之处在于，它最初把阿黑亚瓦国王与图塔里亚放在了同等地位，然后当该条约仍为草稿，且其所刻写泥板仍然潮湿和柔软时，用一条线画在了阿黑亚瓦国王的名字上，以此抹去其名字。这向我表明，起草条约的书吏仅仅是从一份较早的条约里，也许是相当近期的文件中抄写复制而来，但阿黑亚瓦国王突然失去了这一地位；因此，至少在近东的背景下，他不再被认可为拥有"大王"头衔。如果他丧失了对米拉瓦塔的控制，或者出于任何原因从这里撤回了自己的主权，那就可以解释他被排除在名单之外的原因了。也许是当图塔里亚听到这一草稿时，他向书吏指出，阿黑亚瓦国王不应该再被包括在"大王"之列，于是他的这个提法就被划掉了。在最终的版本里，它将被完全删除。

亚述的威胁

图塔里亚在位期间的主要担忧之一便是害怕亚述侵略他的东部属地。公元前 1233 年，当一位新的国王图库尔提–尼努尔塔（Tukulti-Ninurta）登上亚述王位时，两个王国之间曾有一些建立持久和平的前景。最初，国王们还热情友好地相互写信。亚述屡次劫掠赫梯的边疆领土，而图库尔提–尼努尔塔又在美索不达米亚北部对该地的许多胡里人国家发动了公开的侵略扩张战争，尽管他的"王室弟兄"否认这些行为，但这让图塔里亚变得日益担忧。图塔里亚推断，如果这些国家落入图库尔提–尼努尔塔手中，亚述人很可能会把注意力转向西边的国家，越过幼发拉底河，直抵赫梯的属地。那赫梯最好还是先发制人，对亚述率先发起进攻。

由于不再接受图库尔提–尼努尔塔对赫梯保证的和平意愿，图塔里亚对他进行了一场先发制人的打击，通常被称为"尼赫瑞亚之战"，该地点可能是在现代迪亚巴克尔（Diyarbakır）的北边或东北区域。我们只有这场战争及其结果的亚述版本。它被保存在一封信里，这封信由图库尔提–尼努尔塔写给图塔里亚的附庸乌加里特，其目的可能是让这位国王脱离对赫梯的效忠。[7] 但是据我们的判断，赫梯的军队被打败了，包括图塔里亚在内的幸存者返回了家园，而获胜的亚述人完成了对胡里人土地的征服。图库尔提–尼努尔塔现在很可能把目光放在了图塔里亚曾试图阻止的事情上，一场越过幼发拉底河的全面入侵，于是征服了赫梯在叙利亚的一大片属地。然而，对赫梯人来说幸运的是，在图库尔提-尼努尔塔最后成为一场暗杀阴谋的牺牲品之前，他把自己的注意力转向了南方的巴比伦王国，并在这片土地上造成了严重的破坏。

图塔里亚的塞浦路斯远征

鉴于图塔里亚在安纳托利亚和叙利亚地区所面临的全部问题，有人应该会认为，目前已有足够多的问题让图塔里亚焦头烂额，无暇在更远的战场上采取行动——尤其考虑到他显然是在美索不达米亚北部被亚述人击败了。但随后，也许是在他统治末期，我们发现他开启了一场针对阿拉西亚土地的新冒险，此处是东地中海的岛屿，我们称为"塞浦路斯"。

他是如何到达那里的呢？由于赫梯的核心地区并没有出海口，国王们需要那些拥有沿海地区和海港的附属国或同盟国来提供船只，这样才能让赫梯人涉及海军行动的任何冒险得以成行。叙利亚的国家乌加里特和阿穆鲁恰好如此得天独厚。很可能其中一个或者两个都为图塔里亚提供了充足的海军资源，来对阿拉西亚发起进攻。[8] 他成功地攻克了这座岛屿，或者至少是岛屿的一部分，俘虏了阿拉西亚的国王及其家人，并将他们押送回国内，然后宣布阿拉西亚从此成为赫梯的附庸。我们不知道阿拉西亚做了何事，由此引发了赫梯的进攻。很可能是赫梯愈发依赖国外的谷物供应，而这些供应却又被中断了，引发这一中断的原因是，岛上的敌对政权或者以岛上港口为基地的海盗袭击了通过东地中海的船只，这些船上则装载了有利可图的货物。

尽管来自帝国几乎每个地区的压力与日俱增，尽管其对手亚述人让他遭受了毁灭性失败，但图塔里亚证明了自己是一位有能力的王国领袖，并在他的长期统治中，取得了一些重要的成功。其中特别是他在西部巩固了赫梯的权威，包括明显消除了阿黑亚瓦在该地区的影响，镇压了王国其他地区的反叛，稳定了叙利亚地区，以及征服了阿拉西亚。然而在他死后，他的王国几乎走到了尽头。在数年内，赫梯帝国及其都城将不复存在——尽管赫梯的大量神灵、它的勇士们以及最后的大王们都在尽一切努力来拯救它。

第二十四章　赫梯国的神灵主人们

一千个神灵

"千神之国!"——虽然这个让赫梯人引以为豪的夸赞有些言过其实，但赫梯的万神殿无疑有数百名成员。赫梯的军队从被占领敌国的神庙里带来了众神的雕像，将其作为战利品装上了马车，然后运回国内，并将其加入了他们的神灵同伴行列。他们也会被崇拜，并得到其征服者给他们的供奉。当签订赫梯条约需要向众神发誓时，他们也被包括在这份长长的神灵名单里。在赫梯宗教中，就像所有的多神教一样，"异教徒"一词并没有任何意义。俘获敌人的神灵是该敌人失败和屈服的最明显象征。但该敌人的神灵毕竟也是神灵，即便他们地位较低，但在征服者的国家里仍然享受神灵的待遇。

声称"千神"也反映出赫梯文明的兼收并蓄，这个文明的形成吸收了近东同时代以及先前时期的许多元素。因为外国诸神带来了他们本土传统文化的重要方面，这些成为赫梯文明结构中的一部分。当然，很多较小的神灵只不过是国家主神的地方叫法。例如在文献中我们就发现了无数个雷雨神、太阳神和伊什塔尔神（或者等同于伊什塔尔神的神灵），他们通常是在赫梯王国鲜为人知的地方。承认其中每一个神灵个体的宽容偶尔会被由此造成的不便所压倒。尤其是在识别一个被冒犯的神灵以及需要用适当仪式来平息它怒火的时候。

正如我们在第十三章提到的，不管是个人还是整个国家所遭受的各种各样的苦难，其原因都会被归结到神灵的愤怒。在苦难被治愈前，先要识别出被冒犯的神灵或者诸神。这意味着需要很长一段时间的神谕问询。因此，国王穆尔西里二世在得到自己的答案之前，他可能要经历一个漫长的试错过程，以此来找到是哪一位神灵造成了他的言语疾病。在这种情况下，一个叫作"玛努兹亚"（Manuzziya）的无名之地，来自此处的雷雨神最终被认为是他病痛的缘由。一旦确定此点，就可以进行下一步了——用规定的仪式来平息被冒犯的神灵，希望以此达到治愈的结果（我们在穆尔西里的案例中并未发现它是否奏效）。

我们在此能够看到，像犹太教、基督教和伊斯兰教这样的一神教比多神教所拥有的一大优势，它们更加高效实惠。一神论的神灵是无所不在的。他能够在每个地方和任何地方被祈祷，而不必被召唤到一个特定的犹太教会堂、基督教教堂或者伊斯兰教清真寺去，在那儿聆听你想告诉他或问他的话。而你的祷告也不会有机会误入歧途，不会到达一个错误的神灵那里——因为没有其他的神灵。在帝国后期，哈图西里三世的正妻——胡里人出身的王后普都海帕意识到"极端多神信仰"正变得相当失控，于是她至少在主要神灵上开始了一个融合的过程——那就是把赫梯神灵与他们对应的国外神灵相等同。因此，赫梯的主要女神——阿丽娜太阳女神被对应了胡里人的神灵海帕特（Hepat）。女神的丈夫——赫梯雷雨神对应了胡里人的神灵泰苏普，而这对夫妇的儿子在胡里人神灵里叫沙鲁玛，他被对应了奈里克雷雨神。赫梯万神殿的合理化从未真正地超越过这一点。但它确实反映出，在公元前13世纪，赫梯文明的很多方面，尤其是宗教方面逐步出现的胡里化。在她丈夫哈图西里以及儿子图塔里亚的明确支持下，王后普都海帕对此负有主要责任。亚泽勒卡亚的岩石圣所为我们提供了赫梯宗教胡里化最引人注目的视觉例子。

亚泽勒卡亚[1]

1834 年，当夏尔·特谢尔身处亚泽勒卡亚时，他完全困惑于自己所见到的景象。即便是现在，对于该遗址及其所属的文明，我们比他知道的（实际上他什么都不知道）要更多，但对洞室里雕刻的大量阴郁肖像及伴随的象形文字符号，我们仍然能够感受到很多的敬畏和神秘，他在穿过露天洞室时有同样的感受。包含这些洞室的大型露天岩石曾经是赫梯世界最神圣的圣地，它位于都城东北一公里处，在赫梯宗教节日日历中肯定扮演了一个重要的角色，尤其是帝国的最后一个世纪，自国王哈图西里三世在遗址前面建造了一间门房和神庙建筑群那一刻起。这几乎肯定是赫梯新年节日庆祝的所在地，也是在春天举行仪式的地方，所有的神灵都被聚集在这里。我们从圣所两间洞室墙上的诸神雕像中知道了这一点，它们是受哈图西里之子图塔里亚委托创作的。

亚泽勒卡亚雕像中最令人印象深刻的是"洞室 A"里的诸神队伍——它们共有 66 个——分成两列，彼此靠近，男性在左（有两个例外），女性在右（有一个例外），按各自的重要性以递减顺序排列。男性全副武装，头戴圆锥帽，常常是有角附着其上（角越多，神灵的重要性越大），身着短裙。女性则头戴高筒帽，其锯齿状如同城堡的城垛一般，还有长及脚踝的褶裙，男女都是脚穿足尖上翻的鞋。根据神灵一侧的卢

图 32　泰苏普与海帕特率领神灵队列，亚泽勒卡亚。

维语象形文字名字（虽然在很多情况下文字磨损严重而无法识读），我们知道了其中很多神灵的身份。这些神灵都有胡里语名字。因此，两队雕像分别由赫梯人的主神带领，即雷雨／天气神和阿丽娜太阳女神，但他们在此是其胡里语名字，即泰苏普和海帕特。

　　在洞室 A 后面，有一条狭窄的通道，两侧立有一对带翼的狮头恶魔，通向了一个更小和更窄的"洞室 B"。在该洞室的右侧是一条带状装饰，上面有 12 位手持镰形刀剑的男性神灵。他们叉开双腿，似乎在向右边的某物奔跑、疾走或者行军。一组相似的神灵也出现在洞室 A 中男性神灵队列的末尾，不过他们并没有武器。这些神灵意味

图 33　12 位神灵，亚泽勒卡亚。

着什么呢？

　　在回答这个问题之前，让我们来谈谈亚泽勒卡亚的其他主要浮雕。图塔里亚与该圣所的紧密联系可以通过其中两幅最引人注目的浮雕看出来。第一幅出现在洞室 A，就在神灵队列墙壁对面的墙上（见图 11）。它描绘了一位国王，身穿祭司服，手持一根长拐杖，其尾部呈圆圈状。我们认为它是一种风格化的曲柄杖，象征着国王作为人民的“牧羊人”或保护者的角色。图塔里亚可以通过一个王名辨认出来，那是雕琢在岩壁上的一块浮雕，位于他的头部左侧，刻有他的象形文字符号形式的名字，其顶端是一个带翼太阳圆盘。在洞室 B（图 34）的图塔里亚，这

图 34　图塔里亚和沙鲁玛，亚泽勒卡亚。

次被描绘成受其保护神沙鲁玛庇护的形象，沙鲁玛是泰苏普和海帕特之子。国王的保护神在身高上远远地超过了这位保持着谦逊姿态的国王，神灵用自己的手臂环抱国王的肩膀，并手握他的右腕。通过神灵的庇护性拥抱，沙鲁玛对图塔里亚权威的认可得以清晰地表达出来。

　　这幅图的左边是另一个有震撼力的雕像。它是一个肖像的雕刻，上面是一个人头（或者从它有角的圆锥帽来判断，更像是一位神灵的

图 35　剑神，亚泽勒卡亚。

头），中间则是两只狮子（或狮子皮）的前半身，狮头朝下；下面是一把剑的剑柄，剑刃似乎插向了地面。这幅肖像几乎肯定代表着冥府神灵内尔伽尔（Nergal）。对面墙上的12幅肖像很可能就是冥府的神灵。它们让人想起了一篇赫梯仪式文献，其中在与内尔伽尔相同的背景下提到了12位冥府神灵；还有另一篇仪式文献，描述了一位咒语祭司制作了被放逐到冥府的神灵陶像，其形状就是插入地下的一把剑。

那么我们该如何把所有这些信息都放在一起呢？目前，对洞室 B 所提出的最令人信服的解释是，它为国王图塔里亚提供了墓地。洞室 B 里的主要肖像面朝洞室的北端尽头，将注意力引向了可能竖立在那里的一座纪念雕像。这座雕像可能是一尊神像。但或者它还可能是国王的雕像，并被安放在他要被埋葬的地方？我们已经注意到了圣所和图塔里亚之间的密切联系。我们知道，赫梯国王被埋葬在名叫"黑库尔屋"的石屋里。无论是天然的还是人造的，还没有一座石制结构建筑被认为是王室陵墓。但很有可能的是，亚泽勒卡亚确实提供了这样一座规模宏大的陵墓，它是为赫梯末代诸王中的一位而建，这位国王还试图用其他方式来让自己的臣民印象深刻，于是他建造了这一丰碑，用以彰显其统治。

因此，亚泽勒卡亚是一个集死亡（在哈图沙和亚泽勒卡亚之间路途中的岩石壁龛和裂缝里，仍有许多墓葬，既有土葬也有火葬）和新生于一体的地方。死亡和新生之间的紧密关联常见于很多宗教信仰中，正如埃及人和基督教的死亡和复活观念所示，在万物循环的模式中，死亡和腐朽之后就是新的开始，新的生命。亚泽勒卡亚也许就是赫梯世界对这一观念的最突出表达。

关于圣所的最后几句话。群山和露天岩石与赫梯世界的神灵都紧密相连。它们有特殊的神秘力量，并确实被认为是众神的居住地。这让它们在赫梯宗教中有着重要的意义。山神的上半身被描绘成人类，下半身则用高山来代表，尽管常常在神灵尊卑秩序中地位很低，但在赫梯万神殿的神灵中仍占有显要的位置。岩石和群山是召唤众神来参加节日庆典的地方，这些节日庆典是为纪念他们而举办的。亚泽勒卡亚是召唤众神的主要场所。

如果你今天到访这一遗址，你可能需要花很多时间和耐心才能看清那里的一切。圣所的许多浮雕最初在雕刻时就很浅，现在已经磨损得很严重了。一天中的某一时间和一年中的某一季节，其中一些可能就很难看清，包括洞室 A 里的神灵大队列以及洞室 B 入口处的恶魔。在其他时间，它们却又很明显。图 32 描绘的是两者之间的一段神灵队列。当光线随着太阳角度的变化而变化，神灵似乎从他们的住所里慢慢出现，最初是微弱的，但随着节日中对他们的呼唤而逐渐清晰，这些节日就是为他们而举办的。

节日庆典年

新年节只是众多节日中的一个，它在赫梯人每年的宗教活动中占主导地位。这在重见天日的大量节日文献——尤其是在哈图沙的档案里——得以反映，它们远远超过了其他类型文献的总数量。当一块新的泥板出土时，你几乎能听到挖掘者的叹息声"别再是节日文献了"，但它会被证实就是那样。有 165 个甚至更多的节日被包含在宗教日历中，而且很可能还有许多其他纯粹是当地团体性质的节日，它们并未以书面记录的形式保存下来。

主要的节日都与每年的重要季节紧密联系，在一个生存如此依赖农业生产力的社会里，这是可以理解的。在四个最重要的节日中，有两个在春天举行，至少一个在秋天举办。有些节日持续了很多天，例如春天的安塔赫舒（AN. TAH. SUM）节日，它是为了纪念"阿丽娜太阳女神与赫梯国的众神"。这个节日持续38天，有一部分在都城举办，随后是在国内其他的宗教中心进行。前往这些中心进行朝拜是身为国王的一个重要职责，至少在某些中心还为国王提供了居所，在那里国王会举办多个节日庆典（也还有其他的原因）。就国王而言，他希望能亲自参加所有的重要节日，因为他是众神在世间的首席代表，倘若他没有参加，可能就会冒犯他的神灵主人们，有时还会为这个王国带来可怕的后果。他偶尔会为了履行自己参加某个节日的义务而推迟一场军事征战，尽管和其他职责一样，他有时也会把自己的宗教职责委托给家庭成员。

尽管我们可能觉得有足够多的节日文献，它们也确实让我们非常充分地了解了一个节日活动所包含的内容。事实上，这些文献作为节日举办的指南手册，详细记载了要遵守的所有程序、要演示的仪式、要使用的设备、要穿戴的礼服和众神及其崇拜者们所要消耗的食物。人们必须遵照指南，乃至其最后一个细节，因为出一点错误都可能会导致整个过程无效，由此会引发神灵或者众神的愤怒，而该节日即是为纪念这一神灵或众神所举办的。

事实上，众神直接参与了典礼和庆祝，因为他们真实地寄宿在自己的雕像上，而这些雕像会被从神庙最里面的壁龛请出来，然后列队带到不同的节日场所。庆祝活动的一部分可能发生在神庙的庭院里，还有一部分可能在其他的圣地，在空旷场所以及岩石圣所。让我们想象一下，闪耀的众神雕像鲜艳夺目，它们被镀上黄金或其他抛光金属，用珠宝装饰，并被运送在巡游的路线上。跟随其后的是坐在马车里的国王和王后，祭司和国内的其他显贵，全副武装的护卫队，节日中的其他参与者，包括乐师和其他艺人——杂技师、歌者和舞者。人们肯定聚集在每一个可用的有利位置来欣赏这个场面的盛况与壮观。

实话实说，节日文献并没有引人入胜的描写，因为它们充满了乏味且重复的细枝末节，不同文本之间并没有太大的差异。但它们确实为我们提供了庆典中的仪式、礼拜和仪式器具的详细描述，还有参与其中的人类和神灵所享用的宴会菜单，以及歌者与舞者所提供的娱乐活动，竞技者参与的体育竞赛也是节日项目中的一部分。它们让我们体验到了实践操作层面的赫梯宗教，并且是其最真实可见的形式。

你很可能会问，众神实际上是如何参与到宴会中。也许和其他宗教一样，当享用摆在其面前的食物时，他们会被谨慎地和其他参与者隔开。某些有特权的祭司被允许把众神盘子里剩下的东西吃光。

众神的人类面孔

赫梯人并不知道他们的众神实际上长成什么样子，因为当众神出现在凡人崇拜者面前时，他们可以采取任何想要的形式。他们有时也许会以抽象的形象出现，例如金盘或银盘，或者动物。后者最著名的例子就是一个场景中代表了雷雨神的一头公牛，此场景构成了一系列浮雕的一部分，这些浮雕位于如今被称为阿拉贾许于克遗址的墙壁上；此遗址很可能是阿丽娜太阳女神最重要的崇拜中心。公牛象征着男性的力量和生育力，代表了雷雨神的基本品质。在阿拉贾许于克，雷雨神出现在一个祭坛后面的底座上，国王和王后在此祭坛前向其表示敬意。

但是，大部分常见的神灵都有人类的面孔，或者至少在被自己的崇拜者召唤时，他们以人形雕像呈现，这些雕像为崇拜他们而立。向他们献祭神圣食物和酒水，以及他们参加节日宴会，这都表明了一种信仰，即他们和自己的凡人崇拜者一样，都要维持生存的需求。事实上，国王穆尔西里二世就曾警告过众神，如果他们不结束肆虐在赫梯国土上的大瘟疫，那整个国家的食物生产者和食物准备者将会死去，那就没有人活下来去供养他们的神灵主人们，更别说有任何东西能够供养给他们了。

如同很多文明中的神灵一样，这些神灵主人们很容易受到各种各样情感的影响，这些也是他们的凡人崇拜者所经历的情感。他们可能会发脾气、嫉妒、为自己所察觉到的或真正的怠慢而寻求报复，在给他们的祷文里，他们可能会受到责怪、反驳和规劝，并且有时他们也会忽视自己的职责。

赫梯神话

在赫梯世界留给我们的一小部分安纳托利亚本土神话里，其中有一则神话为上文的最后一点提供了最清楚的例子。该神话的主角是一位"消失的神灵"，他只不过是抛弃了自己的子民，去了某个未知的地方（显然在一神论信仰体系中这是不可能的）。有时伟大的雷雨神就是爱惹麻烦的神灵，但更常见的罪魁祸首是植物神铁列平，他是一个古老的哈梯神灵，是雷雨神的儿子。[2]

我们拥有的关于他的故事的几个残片版本里，常见的元素似乎有这些：因为这样或那样的原因，铁列平勃然大怒，他穿上鞋，抛弃了自己的土地。于是庄稼枯萎死亡，牛羊拒绝了自己的幼崽，人类和众神都在挨饿。雷雨神非常着急，便派出一只老鹰去寻找自己的儿子，但却徒劳无功。雷雨神亲自去找寻，但也失败了。最后，一只蜜蜂被派去寻找这位消失者，并在一片草地上发现了他，后者显然已经睡着了。蜜蜂蛰了他的手与脚，弄醒了他，并让他更加生气。他发泄了自己的怒火，释放了毁灭性的电闪雷鸣和大洪水，摧毁了房屋、牲畜、庄稼，给人类造成了严重的浩劫。最后，魔法女神卡姆卢塞帕（Kamrusepa）被派去与他讲和，并将他带回来。为了达成这一目的，她实施了一种仪式，消除了该神灵的愤怒，而通过在沿途路线上洒油和蜂蜜，他回归自己子民的道路也变得平坦了。

这不仅是讲述者为了娱乐当地民众而叙述的一个故事。我相信，它是一个重要的仪式，每年春天开始时都会在一个神圣的建筑里举办——一座神庙的庭院或一个露天圣地，从而确保在死寂的冬天之后，庄稼和牛羊可以在成长季里繁荣兴旺。事实上，这就是赫梯人对季节循环的记述方式。在希腊神话传统中，这一循环周期的解释是这样，大地女神得墨忒尔之女珀耳塞福涅被绑架到了冥府世界，因此得墨忒尔的悲伤令大地变得贫瘠。但当珀耳塞福涅在春天开始时回到了自己母亲的身边，万物就复苏了。在赫梯人的传统里，正是农业神的消失和回归解释了季节的循环。至少在他的例子中，交感巫术或模拟巫术都被用来确保他的回归，从表面上看涉及的就是洒油和蜂蜜，它们至少都是包括在了神灵回家的最后一段路线上，这样才能让他顺利地返回，同时用来欢迎他回家的还有适当的礼拜和仪式活动。

其他的赫梯神话也与春天开始时的万物复苏有关。宗教日历上重要的春季活动之一是普如里（Puruli）节，它的持续时间在一个月内。国王和王后主持的典礼开始于哈图沙，但随后节日的巡游经过了许多赫

261

梯城市，在到达其目的地之前会在各城停留，重复或举办更多的宗教仪式，其目的地是国内北部的奈里克城，此处是雷雨神的一个主要崇拜中心。

巨龙伊鲁岩卡（Illuyanka）的神话在这一节日中扮演了重要的作用，巨龙伊鲁岩卡代表了一种邪恶和破坏的力量。该神话有两个版本，其中一个的开头这样写道：

> 这是普如里节的文献［……］。那时他们这样说："让大地繁荣昌盛，让大地得到保护。"——当它繁荣昌盛时，他们就会举办普如里节。[3]

这则神话讲述了伊鲁岩卡从大地最深处出现，与雷雨神殊死搏斗的故事。这是一场激烈的较量，并非一边倒的形势。在最终取得胜利并杀死这条巨龙之前，雷雨神不得不求助于神灵和人类。大地再次得以保全。但下一年伊鲁岩卡将会从死亡中复活，战斗将会重新开始。凡人的参与反映出神和人之间需要合作，这样才能确保大地远离邪恶力量的威胁。

我相信，伊鲁岩卡的故事以及它与雷雨神的冲突实际上是演出来的，是在节日参与者面前的一场戏剧化表演，可能在节日路线上的不同地点重复上演。表演者将在戏剧中充当伊鲁岩卡、雷雨神和其他参与者的角色。毫无疑问，他们穿着适当的服装，配备武器和其他行头，这些通常与其他仪式用具一起保存在神庙的储藏室里。[4]

"来自我的报复"

关于众神的最后几句话。尽管神灵们有很多缺点，但他们是凡人崇拜者行为的最终裁决者。作为人类努力和生产的最终受益者，他们知道，确保人间的公平、道德和正义行为的实施才符合他们的利益。那些崇拜他们的人过着正当的生活，顺从他们以及国家的法律，这些人期待着来自神灵的保护和祝福的恩惠。但那些冒犯他们的人，不论是忽视他们的庆典或者有罪恶的行径——例如违背誓言，谋杀父亲或兄弟，或非法夺取另一人的合法权力——这些人都会受到神灵最严厉的打击。所有的凡人，包括国王，都要对自己的行为向众神负责。赫梯国的神灵主人们可以慷慨地给予他们祝福，但却无情地惩罚那些招致他们愤怒的人。

第二十五章　帝国的灭亡 [1]

濒临灭亡的边缘

　　所有象形文字铭文中最长的一段被刻写在一片崖面上，它位于赫梯都城里的一处露天岩石，如今被称为"尼桑塔什"（又称 Nişantepe，尼桑泰坡）。不幸的是，它已经风化到几乎晦涩难懂的境地。但是一些零星分散在各处的字词足以表明，该铭文包含了一段高奏凯歌的记载，这是最后一位赫梯国王苏皮鲁流马二世对敌人和叛乱臣民大获全胜的记录。毫无疑问，这里有对他西征的一段叙述，被较好地保存在"南堡（Südburg）铭文"中，它位于靠近城市卫城的宗教建筑群里。[2] "别担心，万事皆在掌控之下"，这似乎是苏皮鲁流马传递给自己臣民的信息。如果是这样，那这条信息完全就是一种妄想。

　　图塔里亚死于公元前 1209 年，在此后很短的时间内，他试图恢复的昔日辉煌的帝国明显已经处于严重的困境中。图塔里亚的儿子兼第一任继承人阿尔努旺达三世即位数月内就死亡了，他没有留下任何子嗣和继承人，于是事情开始变得很糟糕。他年轻的弟弟苏皮鲁流马如今很快继任王位，并让他的官员们宣誓效忠。这位苏皮鲁流马宣称，只是因为没有其他合法的王位继承人，自己才就任了王室的官职，这暗示着阿尔努旺达是他自己臣民违规的受害者。那当然不是严格意义上的真相。本是合法就任的国王乌尔黑-泰苏普被苏皮鲁流马的祖父哈图西里推翻了，但其后代们依然存在。他们仍然打算把自己成员中的一人推上王位吗？倘若如此，他们会在安纳托利亚南边的塔尔浑塔沙王国里谋划这一行动吗？乌尔黑-泰苏普的兄弟库伦塔在这个王国就任为当地的统治者。

此时苏皮鲁流马最不需要的就是王族内部日益加剧的动荡，因为帝国的附属国也愈发难以驾驭，并越来越公然挑衅赫梯的权威。西南部的叛乱迫使国王对该区域发动了至少一场重大战役，如"南堡铭文"所述，他在此征服了许多国家，并使之臣服，这些国家位于或者靠近卢卡地区。苏皮鲁流马随后也许挥师向东，进入了塔尔浑塔沙的国土和城市，结束了征战。

或者他进入塔尔浑塔沙了吗？

此处有一个小问题。现在学者们都说，我们不能确定在这篇铭文中提及了塔尔浑塔沙。实际问题在于，象形文字文献中提及的这个地方被叫作"雷雨神（的城市）"，雷雨神的名字在卢维语里是塔尔浑塔。因此得出的结论是，在"南堡铭文"中有如此叫法的城市就是塔尔浑塔沙。但是，很多城市都将雷雨神奉为主神，它们也许都会被称为"雷雨神（的城市）"，例如安纳托利亚北部的奈里克。即便如此，我仍然认为在这篇铭文中，两次被称作雷雨神城市的这座城很可能就是塔尔浑塔沙。

但是，这并不能完全解决我们的问题，因为从铭文上看，此时苏皮鲁流马与塔尔浑塔沙的关系，以及他进入该地的意图都不清楚。他父亲在那儿建立的政权如今公开反叛了？他进入塔尔浑塔沙去重申自己对当地王国的权威，并可能罢黜了它当时的统治者？重构我们故事的这一部分，就又像是在丢失大部分线索的情况下，去尝试着解决一个谜团。让我们看看从幸存的东西里能推断出什么。下面就是其中的一些：

1. 乌尔黑–泰苏普的（同父异母？）兄弟库伦塔仍然对哈图西里及其儿子兼继承人图塔里亚保持忠诚，并被赋予了对重要封侯国塔尔浑塔沙的统治权。此前在乌尔黑–泰苏普的父亲穆瓦塔里统治期间，塔尔浑塔沙城已经变成了赫梯的都城。乌尔黑–泰苏普将都城迁回了哈图沙。

2. 在靠近现代科尼亚的哈梯颇，发现了一篇象形文字铭文，其中把穆瓦塔里之子库伦塔视作一位"大王"。哈梯颇可能坐落在塔尔浑塔沙的北部边界附近。

3. 在哈图沙发现的三枚印章上的印文有库伦塔的名字，并且称他是一位"大王"。

4. 在安纳托利亚中南部的三个遗址里发现了象形文字铭文，它们可能属于这一时期，是由一位名叫哈尔塔普（Hartapu）的统治者委托制作的。这些铭文将此人视作一位"大王"，并且是"穆尔西里之子"，这位"穆尔西里"也被称作"大王"。[3]

5. 穆尔西里三世是乌尔黑–泰苏普的官方王位名字。哈尔塔普的父亲和乌尔黑–泰苏普也许因此是一致的。倘若如此，哈尔塔普可能就是库伦塔的侄子。

6. 我们因此有了这三位统治者的一条家谱，穆尔西里

（乌尔黑-泰苏普？）、库伦塔（他的儿子）和哈尔塔普（库伦塔的侄子），他们三人都有或者假设有"大王"的头衔。

7. 但是，哈图西里及其直系后代图塔里亚、阿尔努旺达三世和苏皮鲁流马二世也都有这一头衔。

8. 传统的观点是，只有王位在哈图沙的赫梯最高统治者才能称自己"大王"。这一点适用于哈图西里和他的继承人们。

9. 至少有两位王族旁系成员，他们的基地位于塔尔浑塔沙，但也宣称了自己的"大王"身份。

10. 在"南堡铭文"里，苏皮鲁流马宣称对安纳托利亚南部许多国家取得了一次成功的军事征战，向西远至卢卡诸国。他也提到了（我们已得出的结论）塔尔浑塔沙的国土和城市。但他在这一段落里的所作所为我们却并不清楚。他肯定是进入了该国和该城，但我们不能确定其原因。他是想征服它，还是因为别的原因进去的呢？

我可以邀请你扮演侦探的角色，尝试从这些片段中重构出一个可信的场景，从而描绘出此时王室家族里所发生的事情吗？当你在为此思考的时候，让我提出两种可能性的建议。

首先，王族中的乌尔黑-泰苏普这一支脉从未放弃希望，他们要重夺主要的奖项，即哈图沙的王位。虽然库伦塔最初忠于篡位者及其后代，但至少在表面上，他还能把塔尔浑塔沙作为一个基地，用来抵抗哈图沙的政权，并最终宣告了自己的地位，即称自己为"大王"。他的侄子兼可能的继承人哈尔塔普随之效仿，宣称了自己的"大王"头衔，并且还通过将其父穆尔西里（乌尔黑-泰苏普）命名为（合法的）赫梯大王，以此来重申他自己对王位的权利。

在他的几篇铭文里，哈尔塔普讲述了他作为一名伟大的军事征服者的资格，他得到了雷雨神的支持和祝福。这些铭文具有挑衅的性质，而刻写它们的纪念碑则散布在塔尔浑塔沙的北部国土甚至更远的地方（很可能还有更多的纪念碑都没有幸存下来），这都可能表示了在早期阶段对哈图沙的背叛，并试图赢得当地民众的支持。苏皮鲁流马对安纳托利亚南部的征战，可能是对塔尔浑塔沙政权引发的叛乱的回应，而且也许是以王国的征服而告终。

苏皮鲁流马登上王位时，帝国正处在濒危边缘，这一看法可能促使以塔尔浑塔沙为基地的政权开始去竞逐主要的奖项——整个赫梯王国的伟大王权。尽管苏皮鲁流马突然且出乎意料地登上了赫梯王位，帝国权力的缰绳也牢牢掌握在他的手中，但为了反击塔尔浑塔沙的这一行动，苏皮鲁流马尽早给出明确的证据显得十分必要。通过在安纳托利亚南部的军事进程，并使许多反叛的国家臣服就范，他试图以此来证明这一点。他以全面征服塔尔浑塔沙和消灭那儿的政权结束了他的征战。在哈图沙被称作尼桑塔什的崖面上，有一段长篇象形文字铭文，如今几乎是字迹模糊，它是苏皮鲁流马这一成就的公开记录，在这段记录里，他在南部获胜的征战无疑占据着重要的位置。

这是一种场景。第二种场景完全不同，库伦塔和哈尔塔普并未反抗哈图沙政权，而是与之合作。为了阻止帝国的瓦解，苏皮鲁流马，也或许是其父图塔里亚就已经把塔尔浑塔沙的实际主权，可能还包括了安纳托利亚南部的大片相邻土地，都分配给了库伦塔及其继任者们，这就像穆瓦塔里早前把安纳托利亚北部大片区域的主权分配给自己的弟弟哈图西里一样。自从苏皮鲁流马一世在叙利亚将自己的儿子任命为第一批封侯，这些卡赫美士与阿勒颇的封侯们也行使了类似的统治。因此，我们所看到的，王族的这两条分支之间并非是冲突，而是他们之间对帝国不同区域统治权的一种分配吗？

我对第二种场景的主要保留意见是，库伦塔和哈尔塔普使用了"大王"的头衔。卢伽尔"国王"这一头衔是没有问题的。叙利亚的封侯们都是这样称呼的，当穆瓦塔里将哈图西里任命为王国北部的统治者时，后者也同样有这样的称呼。但即使在分享权力的安排中，哈图沙王位的最后占有者们是否曾经允许其他人，不管他们的地位有多尊贵，都可以享有"大王"（LUGAL. GAL）的头衔？这样可能表明其地位与哈图沙政权的地位相等？

竭力保住赫梯国

苏皮鲁流马进入塔尔浑塔沙的原因，可能与他生涯中另外一件重要的事情有关系。在阿拉西亚（塞浦路斯）海岸，苏皮鲁流马的军队与敌人的舰船进行了数次成功的海战（这些在赫梯历史上是仅有的海战记录），随后他入侵了该岛，就像他父亲图塔里亚曾经做过的一样，而且很可能将其恢复为赫梯的属地。图塔里亚明显未能在该岛乃至其部分区域建立起任何短暂统治。记住一点，因为赫梯的核心区没有出海口，苏皮鲁流马的舰队船只肯定是来自沿海的盟国，例如乌加里特和阿穆鲁。

这引发了另一个有趣的问题。在陆地上面临诸多问题的帝国末期的统治者们为何突然将注意力转向了地中海东部的一个岛屿？我认为，该问题的大部分答案可以通过考察赫梯末代诸王所面临的另一个问题来解决。有充分的理由相信，在这个时候，赫梯国土尤其是核心区域正日益遭受粮食短缺的困扰。长期的干旱和饥荒可以解释这一点。事实上，恶劣的自然条件也许造成了粮食的严重减产。但我认为，人为条件至少也起了很大的作用。

我们再回到赫梯最严重的问题之一，即它长期缺乏劳动力。这不仅影响了保证部队军事行动的能力，对维持国内足够的粮食生产水平也同样重要，还有满足赫梯的其他重要需求。许多健壮的劳动力被从他们的土地上抽调去参加长年累月的军事征战，这不可避免地为王国的人口带来了伤亡，因为即便是成功的征战肯定也会造成重大伤亡，整个王国的人力资源由此不断减少。在过去，由于战争和例如瘟疫一样的其他因素所造成的人口损失，可以从军事征服之后带回国内的大量俘虏里得到补充，其劳动力得到了补给，王国的军队规模也得以扩大。但在王国的最后一个世纪里，来自被征服地区的新劳动力和战斗人员的供应大大减少了——赫梯属地上的每一次动荡都要求有更多的王国军事资源，这样才能恢复对反叛臣民的控制。

现在几乎肯定出现了把王国壮丁从农田调配到防卫军的情况，而且比以往任何时候的规模都要大，这迫使赫梯人愈发地依赖国外进口的谷物。在"永恒条约"之后，赫梯国王的代表们安排了从埃及经由赫梯控制的安纳托利亚南部海岸港口运抵国内的大量谷物。赫梯的叙利亚附属国，尤其是乌加里特和阿穆鲁，也都被要求提供船只来运送谷物，经由安纳托利亚东南沿海的港口乌拉，再转陆路运输至国内。如果从埃及或叙利亚而来的供应路线被切断或严重地扰乱，那就会引发严重的问题。

来自陆地和海上的进攻

在这一点上，我们应该把另一个因素引入到我们的故事里——所谓的"海上民族"。埃及法老拉美西斯三世在位时期（公元前1184—前1153年）的记录告诉我们，在公元前12世纪早期，来自海上的一大批人横扫了近东世界的许多地方，从安纳托利亚到塞浦路斯，越过叙利亚和巴勒斯坦的大部分地区，在他们身后都留下了毁灭的痕迹，直到最后在迦南和埃及海岸被法老的军队击退。尽管通常被称为"海上民族"，但他们的足迹广泛涉及陆地和海洋。其中一些在拉美西斯的一位前任美楞普塔（Merneptah）在位时期（公元前1213—前1203年）就已经袭扰了埃及三角洲。在位于梅迪内特哈布（Medinet Habu）的神庙墙壁上，

图36　舍尔登（Sherden）勇士（海上民族的一支），卢克索。

拉美西斯告诉我们这些掠夺者留下的毁灭踪迹，以及他对他们的胜利。[4]

即便我们承认拉美西斯描述的基本事实，但很显然这些所谓海上民族的活动并非仅仅是军事行动。他们涉及大量的人，包括了家庭和他们的随身物品，他们正在寻找新地方来定居。随着青铜时代末期的广泛动荡，他们许多人很可能就此离开了原本的家园，也许是在安纳托利亚西部以及其他一些地方。很多人可能既是这些动荡的受害者，也是肇事者，他们为了寻找新的家园，被迫表现出掠夺性的一面。此外，拉美西斯可能是把很多年发生的事情都浓缩成了一个单独的事件，这些事情也许能追溯到150年前，即法老埃赫那吞统治时期对塞浦路斯和埃及沿海的侵袭。[5]

不管怎样，很可能自公元前13世纪后期开始，随着赫梯王国变得愈发不稳定，由敌军和海盗操控的船只威胁和严重干扰了地中海东部的海上交通，连同安纳托利亚和叙利亚沿海的港口亦是如此。乌加里特似乎是一个非常脆弱的目标，尤其据说是苏皮鲁流马剥夺了附属国自己的防卫力量，因为他命令将附属国的兵力重新部署到其他受威胁地区。这就是一封信中告诉我们的内容，此信由乌加里特的最后一位国王阿穆拉比（Ammurapi）写给阿拉西亚国王："敌人的船只已经来了，并且烧毁了我的城池，在我的国家做了可怕之事。我所有的军队和战车都在赫梯国，而我所有的船只都在卢卡。我的国土上没有留下任何防御力量！"其他书信里也警告说，随着大量海上掠夺者逼近海岸，乌加里特面临着迫在眉睫的危险。[6]

不管阿穆拉比是否夸大了他的困境，地中海东部及其海港被敌军扰乱，这很可能促使图塔里亚和苏皮鲁流马都对阿拉西亚（此处很可能自愿或非自愿地为敌军船只提供了基地）发动了进攻，而且苏皮鲁流马

图 37　乌加里特。

还在阿拉西亚沿岸以外有海军行动。这些行动的主要目标之一就是必须确保粮食运输通道的安全，这些粮食对于维持赫梯国内人口生存至关重要。从法老美楞普塔的一篇铭文里，我们能够看到这一危机的严重性，他说到自己已经派出一船谷物，用以"竭力保住赫梯国"。而在一封由赫梯宫廷发给乌加里特一位末代国王的信中，它紧急要求一艘船和船员运送 450 吨谷物到乌拉，从此处再运往赫梯国内。这封信说道："它是生死攸关的事情！"[7] 有些学者认为，这一说法可能被夸大了。但即便如此，文献确实表明，在赫梯的最后岁月里，它愈发依赖来自埃及与赫梯附属国的进口谷物。

这将我们带回到了塔尔浑塔沙以及苏皮鲁流马宣称自己进入其中这件事情上。在我们刚才讨论的背景下，我们能够看到一个具体的、令人信服的缘由，为何国王不能允许敌对势力占领这块土地及其都城。因为塔尔浑塔沙覆盖了安纳托利亚南部沿海的大部分区域。而乌拉很可能也就在它的疆域内，通过海路而来的货物由此运输到国内，它可能是最重要的海港。敌人占领这片土地，就可能会剥夺至少一条赫梯的重要补给路线。这也许为苏皮鲁流马进入塔尔浑塔沙提供了理由，即要么是消灭那里的反叛政权，要么是确保它不落入或者留在敌人的手中。

一座被遗弃的都城

这一切的结果是什么？让我提出一个可能的答案——但需要警告的是，我所说的话几乎完全再次基于推测。我的建议和另外一个问题有关。帝国末期的都城发生了什么？长期以来的一种假设是，它最后陷入了敌军的包围，并被占领、掠夺和焚毁了，而国王随着他的城市一起灭亡了。这与君士坦丁堡及其最后统治者在将近 2700 年以后所遭受的命运十分相似。现在这种假设已经被抛弃了。

数年前我在哈图沙的时候，曾参加了托尔加·奥尔内克（Tolga Örnek）有关赫梯人的纪录片，一天晚上，于尔根·泽赫邀请了电影摄制组与他共进晚餐。于尔根当时是哈图沙的考古领队。他告诉我们，他最近在该城市的卫城和其他部分进行了考古挖掘，并从中获得了一些有趣的结果。这些结果显示，哈图沙并没有在最后一场单独的火灾中被大火吞没。恰恰相反，有明显的证据表明，最后一位国王苏皮鲁流马是有计划地从宫殿区和其他主要建筑里转移了一切贵重物品，包括重要的泥板（也许还有金属板？）档案，并确实抛弃了这座即便是已经没落但仍然完好无损的城市。毫无疑问，他带走了一大批随从，包括他的家人和顾问、他的首席官僚，还有其他一些对城市基础建设有重要作用的人，以及王室民兵卫队。我们不知道离开此城的人数规模，或者包含了多少亚精英人口——或者有多少人听天由命地留了下来。

当然，这种新情况引发了两大问题。苏皮鲁流马不可能没有想好去哪儿，就直接走到了安纳托利亚的荒郊野外。因此，他和他的随行人员都去了哪里？另外一个主要问题是，为什么他们起初离开这座城市时——它仍然完好无损，而且也没有迹象表明它正处在敌人进攻的紧迫威胁之下？事实上，似乎在他们离开后，这座城市继续存在了一段时间，也许是几个星期或者数月，也许更长，直到它最终毁灭，并被掠夺者或者敌军洗劫了一切仍然值得夺取的东西。然后剩下的就被付之一炬。后来在该遗址上有一个铁器时代的定居点。但是赫梯人的都城及其统治的帝国却被人们遗忘了，直到现代它才被重新发现。

因此，为何苏皮鲁流马撤离了哈图沙？让我们回想一下，赫梯国王放弃自己的都城，这是赫梯历史上已知的第三次。第一次是在公元前14世纪上半叶图塔里亚三世统治时期，此时赫梯国陷入敌人的全面进攻之下。这位国王被迫离开此城，临时居于东部某地，在此他组织了反攻，收复了自己的王国。第二次是在公元前13世纪早期，穆瓦塔里二世把自己的都城迁到了塔尔浑塔沙。这在一定程度上也许为他与埃及之间迫在眉睫的决战提供了更方便的基地。在第一次时，哈图沙被敌人毁坏。第二次时，它被置于一位地方行政官的指挥下。但是，穆瓦塔里并未打算把王座迁回那里，只是在他的儿子乌尔黑-泰苏普统治下，哈图沙才被恢复为帝国的都城。

那这第三次如何呢？让我继续自己的推测。有可能是又有一位国王决定把自己的王座南迁到塔尔浑塔沙，就像穆瓦塔里的所作所为一样。苏皮鲁流马在他的"南堡铭文"里记录他进入了塔尔浑塔沙，这也许为将它恢复成伟大赫梯王国的新中心铺平了道路。当苏皮鲁流马离开哈图沙时，他所前往的地方也许就是此处。而据我们所知，在哈图沙地位下降以后，他可能已经任命了一位行政官员对其进行了统治，正如穆瓦塔里的所作所为一样。但是，我们并没有任何此类的证据，因为该王国的书面记录如今已经结束了。也许有一天，塔尔浑塔沙主城遗迹会重见天日。倘若如此，可能会发现一份档案，它也许会证实我的猜想——或者完全推翻它。

但如果我的猜想正确，那塔尔浑塔沙为何再次成为帝国的行政中心也许有很多种原因。其中最为重要的是，随着帝国的崩溃，较之于哈图沙，塔尔浑塔沙可以为王室行政管理提供一个更安全的基地，而哈图沙所在的地方靠近帝国的边缘，此处愈发难以控制。在粮食短缺似乎越来越严重的时候，都城坐落在或者靠近安纳托利亚南部沿海，这将更方便从埃及和叙利亚进口谷物。而且其位置也能更有利于组织和开展海军行动，对付威胁其海路补给线的敌军。

让我提出迁移的另一种可能性。在所有其他威胁要吞噬它的危机中，哈图沙及赫梯国的核心区再次遭受了一场瘟疫的爆发？倘若如此，这场瘟疫是否与通过运送谷物来满足该地食物短缺的紧急努力有关？这些谷物的运送因为时间紧迫，所以并没有仔细检查是否携带了疾病的害虫？对哈图沙谷物仓的检查表明，像这样的食物储存区显然并没有类似的害虫。但在帝国末期的绝望时刻，未经检查的货物吸引了携带疾病的啮齿动物和跳蚤，这也许加速了瘟疫的进一步爆发，此类瘟疫已在穆尔西里二世统治时期让赫梯国满目疮痍。撤离哈图沙，至少是其精英分子和"其他要员"的撤离，作为出现瘟疫时的最早迹象，它也许为国王决定迁都他处提供了一部分解释。这同样发生在公元17世纪查理二世统治时期的英格兰，当时暴发了一场腺鼠疫，它让国王及其随行人员放弃了伦敦，最初把王室迁到了索尔兹伯里，直到那里也暴发了瘟疫，然后才迁到了牛津。

公元前12世纪早期见证了赫梯帝国以及近东世界很多较小权力中心的轰然倒塌。在接下来的时期内，也就是所谓的铁器时代，昔日青铜

图38 一部解释赫梯世界缘何终结的恐怖科幻小说。

时代的一些城市和邦国也一起消失了，就像富庶的赫梯附属国乌加里特一样。但也有其他一些幸存下来并获得了新生，就像黎凡特的比布鲁斯和提尔。在安纳托利亚东南部和叙利亚北部，也出现了很多王国，其统治者们保留了古老赫梯帝国独具一格的特征。例如，这些王国的统治阶层采用了卢维语象形文字，在公共石碑上记录他们的军事和建筑成就，还有他们对众神的宗教崇拜（曾用于赫梯官方档案的楔形文字如今完全消失）。

这些王国的一些统治者采用了往日著名赫梯国王的名字——例如拉巴尔那、苏皮鲁流马、穆瓦塔里、哈图西里和图塔里亚。赫梯帝国的艺术和宗教元素常常被嵌入他们统治地区的文化和物质文明里。基于所有这些原因，我们通常把这些铁器时代的国家称为新赫梯王国。[8] 赫梯王室家族的一个旁支至少有数代人曾在铁器时代统治了幼发拉底河边上的卡赫美士，除此之外关于这些国家如何出现，以及它们实际上与青铜时代的赫梯世界有何种紧密联系，我们却了解甚少。但我们不能排除这种可能性，即这些国家中的一个也许就源自赫梯最后一位大王的最终避难之地。

也许有一天，我们会发现关键的信息，包括文字记录，其中就有关于到底是什么对赫梯帝国造成了最后的打击，为何这座都城会被最后一位国王遗弃，以及他在哪儿建立了新的都城。在考古挖掘和文字记录上，这些问题的答案也许依然存在，我们所要做的一切就是去找出它们在哪儿。

附录一　赫梯的统治者

（所有时间都是大概的。）

（在大括号 { } 中的名字表示按时间应该被分组在一起的国王。故此公元前 1560—前 1525 年的这段时间覆盖了三位国王的统治时间，即兹坦达、阿穆那和胡兹亚，因为我们不知道他们各自统治的时间。）

拉巴尔那的前任（们）	?
拉巴尔那	?—公元前 1650 年
*哈图西里一世	公元前 1650—前 1620 年
穆尔西里一世	公元前 1620—前 1590 年
汉提里一世	公元前 1590—前 1560 年
{兹坦达一世	
阿穆那	公元前 1560—前 1525 年
胡兹亚一世 }	
铁列平	公元前 1525—前 1500 年
{阿鲁瓦穆那（Alluwamna）	
塔胡尔瓦伊里（Tahurwaili）	
汉提里二世	公元前 1500—前 1400 年
兹坦达二世	

胡兹亚二世

穆瓦塔里一世 }

{** 图塔里亚一世 / 二世（新王国的开始）

阿尔努旺达一世　　　　　　　　　　公元前 1400—前 1350 年

哈图西里二世?

图塔里亚三世 }

苏皮鲁流马一世　　　　　　　　　　公元前 1350—前 1322 年

阿尔努旺达二世　　　　　　　　　　公元前 1322—前 1321 年

穆尔西里二世　　　　　　　　　　　公元前 1321—前 1295 年

穆瓦塔里二世　　　　　　　　　　　公元前 1295—前 1272 年

乌尔黑–泰苏普（穆尔西里三世）　　公元前 1272—前 1267 年

哈图西里三世　　　　　　　　　　　公元前 1267—前 1237 年

图塔里亚四世　　　　　　　　　　　公元前 1237—前 1209 年

阿尔努旺达三世　　　　　　　　　　公元前 1209—前 1207 年

苏皮鲁流马二世　　　　　　　　　　公元前 1207—?

* 我建议，哈图西里之前可能有唯一一个以其姑母为统治
者的例子，她的个人名字是塔瓦娜娜。

** 目前还不确定，拥有这一名字的新王国早期统治者是一
位还是两位。

附录二　赫梯历史要事梗概

（所有时间都是大概的。）

古王国

拉巴尔那（？—公元前 1650 年）是赫梯王朝的缔造者（？），他通过军事征服把赫梯王国扩大到了安纳托利亚半岛东边的大半部分地区。

哈图西里一世（公元前 1650—前 1620 年）把哈图沙确定为赫梯都城，并在叙利亚和安纳托利亚西部进行了广泛的军事征服。

在王族内部的叛乱和派系斗争之后，哈图西里指定自己的孙子穆尔西里为他的继承人。

穆尔西里一世（公元前 1620—前 1590 年）统治时期值得一提的是，他成功越过托罗斯的军事征战，包括征服了阿勒颇和巴比伦。

穆尔西里被自己的姐夫兼继任者汉提里暗杀，由此开启了该王国一段衰弱和动荡的时代（公元前 1590—前 1525 年）。这一时期的主要特征是王位继承争端不断，还有胡里人的入侵，胡里人作为一支主要势力出现在美索不达米亚北部、叙利亚北部以及安纳托利亚东部。

铁列平（公元前 1525—前 1500 年）取得王位，他收复了赫梯国曾失去的一些土地，并颁布了王位继承的固定原则。他与安纳托利亚东南部国家基祖瓦特那的统治者缔结了赫梯历史上已证实的第一份和约。

铁列平的继任者们统治时期（公元前 1500—前 1400 年）的证据不足，进一步显示了该时代的衰弱。

新王国

图塔里亚一世 / 二世拥有了王位（约公元前 1400 年或者更早一点），通过在叙利亚和安纳托利亚西部发动成功的征战，开始把赫梯重建为一股主要的势力。但他和他的继承人阿尔努旺达一世面临着来自他们属地上更广泛的动乱，以及来自敌对独立国家对他们核心疆域不断增长的威胁。

公元前 14 世纪上半叶，反赫梯活动在所谓的"集中入侵"中达到高潮。赫梯的国土陷入了来自四面八方敌军的进攻。这些进攻尤其发生在图塔里亚三世统治时期。在图塔里亚表面上撤离都城，并把行动基地迁到东部的一个临时新驻地之后，哈图沙被洗劫一空。

图塔里亚及其战友苏皮鲁流马收复了赫梯国被入侵的土地，将敌军赶回他们自己国家的过程由苏皮鲁流马完成。

苏皮鲁流马在图塔里亚死后（公元前 1350 年）取得王位，在一系列旷日持久的军事征战后，他摧毁了赫梯的劲敌——胡里人的米坦尼王国，并把赫梯提升到了近东世界最强大王国的地位。

他可能死于瘟疫（公元前 1322 年），他的儿子阿尔努旺达二世继位不久便去世了，这导致了他另外一个儿子穆尔西里二世（公元前 1321—前 1295 年）的继位。穆尔西里完全恢复了赫梯对安纳托利亚和叙利亚北部属地的统治权。

穆尔西里二世让自己的儿子穆瓦塔里二世（公元前 1295—前 1272 年）继承了王位，在穆瓦塔里二世统治时期，赫梯与埃及的关系恶化，最终导致了穆尔西里*军队和法老拉美西斯二世军队之间的一场重要战役，战争地点位于叙利亚奥龙特斯河的卡迭什（公元前 1274 年）。这场战役本身以僵局告终，但穆瓦塔里随后赢得了对有争议区域的控制，这些区域曾是本次冲突的主要原因。

穆瓦塔里的王位由他的儿子乌尔黑-泰苏普（公元前 1272—前 1267 年）继承，在一场短暂的内战之后，乌尔黑-泰苏普的权力又被自己的叔叔哈图西里三世夺取。

在哈图西里统治期间（公元前 1267—前 1237 年），他与拉美西斯二世签订了一份和约（公元前 1259 年），这标志着与埃及所有敌对状态的结束。哈图西里对安纳托利亚西部发动了进一步的征战，但收效甚微。

哈图西里的儿子兼继承人图塔里亚四世（公元前 1237—前 1209 年）面临着附属国日益加剧的动荡，并且被亚述国王击败，此战发生在美索不达米亚北部。随着米坦尼王国的没落，亚述在该地区以一股主要势力的姿态出现。

图塔里亚的第二任继承人苏皮鲁流马二世（公元前 1207—？）统治时期，在公元前 12 世纪早期很多青铜时代晚期中心普遍崩溃的背景下，赫梯王国终结了。埃及的记录将这一崩溃与我们称为"海上民族"的入侵者群体联系起来。尽管很多人都怀疑埃及记录的历史正确性，但据称这些群体通过海陆两方面横扫了近东世界的大半个西部，在他们身后留下了一条毁灭之路。

---

* 此处可能是作者笔误或者印刷错误，根据上下文来看应该是穆瓦塔里。——译者注

注　释

（带 * 号的表示赫梯与其他文献的英译本。）

第三章　赫梯时代的黎明

1. 比利·简·科林斯的著作也讨论了下文所含赫梯历史与文明的多个方面，见 *The Hittites and their World* (Atlanta, 2007)。

2. 虽然我们不能确定该王国的所有居民是否或者在多大程度上这样称呼自己。

3. 有关青铜时代和《圣经》中的赫人之间的可能联系，见 Trevor Bryce, *The World of the Neo-Hittite Kingdoms* (Oxford, 2012), pp. 64 – 75，和 Billie Jean Collins, *The Hittites and their World*, pp. 197–218。

4. *Mark Chavalas, *The Ancient Near East* (Oxford, 2006), pp.228–235 (P. Goedegebuure 翻译)。

5. 赫梯最早期统治者之间的家族关系有很大的不确定性。在下文以及本书的后面部分，我将哈图西里一世视作第一位拉巴尔那的孙子兼继任者，尽管我也认可他继承了自己姑母塔瓦娜娜的可能性。但是也还有其他的可能性，参见例如 Richard Beal, "The Predecessors of Hattusili I", in G. Beckman, R. Beal, and G. McMahon (eds), *Hittites Studies in Honor of Harry A. Hoffner Jr.* (Winona Lake, 2003), pp.

13–35。

6. 有关这一插曲，见 *William Hallo and K. Lawson Younger (eds), *The Context of Scripture* (3 vols.) (Leiden, Boston, 2002) 2/3, p. 81，§ 20 (G. Beckman 翻译)。

7. *Chavalas, *Ancient Near East*, pp. 219–222 (G. Beckman 翻译)。

第四章　一位生病国王的遗产

1. *Chavalas, *Ancient Near East*，222–228 (P. Goedegebuure 翻译), *Hallo and Younger, *Context of Scripture* 2/3, pp. 79–81 (G. Beckman 翻译)。

第六章　一个帝国的环境

1. 描绘了青铜时代中晚期赫梯王国国土及其同时代的一系列地图，见 Trevor Bryce and Jessie Birkett-Rees, *Atlas of the Ancient Near East* (London and New York, 2016), pp. 106–154。

2. 见 J. David Hawkins, "Tarkasnawa, King of Mira 'Tarkondemos' Boğazköy Sealings and Karabel", *Anatolian Studies* 48 (1998), pp. 1–10。

3. *Gary Beckman, Trevor Bryce and Eric Cline, *The Ahhiyawa Texts* (Atlanta, 2011), pp. 134–139.

第七章　打造一个帝国

1. *Gary Beckman, *Hittite Diplomatic Texts* (Atlanta, 1999), pp. 93–95.

2. 见 Bryce, *The Kingdom of the Hittites* (Oxford, 2005), pp. 124–127，参考文献和引用段落。

3. *William Moran, *The Amarna Letters* (Baltimore and London, 1992), p.

101, no. 31.

第八章 雄狮还是猫咪?

1. *Beckman, Bryce, Cline, *The Ahhiyawa Texts*, pp. 69–100.

2. 阿尔努旺达似乎是书信的收件人,他也许仍然在共同摄政时期。

3. 来自 *Itamar Singer, *Hittite Prayers* (Atlanta, 2002), p. 42。

4. *Beckman, *Hittite Diplomatic Texts*, pp. 13–17.

第九章 从濒临灭亡到霸权的开端

1. 关于这些书信的讨论和翻译文本的节选,见 Trevor Bryce, *Letters of the Great Kings of the Ancient Near East* (London and New York, 2003/14), pp. 170–186。

2. 来自 *Albrecht Goetze, *Kizzuwatna and the Problems of Hittite Geography* (New Haven, 1940), pp. 21–22。

3. 现存残片的翻译见 *Hans Güterbock, "The Deeds of Suppiluliuma as told by his son, Mursili II", *Journal of Cuneiform Studies* 10 (1956), pp. 41–68, 75–98, 101–130。

第十章 最伟大的王国

1. 来自 *Moran, *The Amarna Letters*, p. 114, no. 41, lines 7–13。假设埃赫那吞和阿玛纳档案在埃赫那吞死后持续了数年,我已推断该信的收件人要么是斯蒙卡拉(Smenkhkare,埃赫那吞的共同执政者和短命继承人),要么是斯蒙卡拉的继承人图坦卡蒙。在外交术语中,埃赫那吞可能被称为他们任何一人的"父亲",虽然他与他们的确切关系仍不明确。

2. *同上，pp. 41–42, no. 17, lines 30–38。

3. 有关该书信及其后来的结果的记载包含在苏皮鲁流马的传记里。翻译的段落见 Bryce, *Letters of the Great Kings*, pp. 187–198。

4. *Beckman, *Hittite Diplomatic Texts*, pp. 41–58.

5. *同上，p. 41。

第十一章　诸神的中间人：赫梯的大王

1. 因此可参见 Bryce, *Life and Society in the Hittite World* (Oxford, 2002), p. 176。

2. 见 *J. David Hawkins, *The Hieroglyphic Inscription of the Sacred Pool Complex at Hattusa (Südburg)* (Wiesbaden, 1995), p. 89 (Emirgazi inscription) § 34, with note, p. 101。

第十二章　别无选择的国王

1. *Hallo and Younger, *Context of Scripture* 2/3, pp. 82–90 (R. Beal 翻译)。

2. 来自 *Singer, *Hittite Prayers*, pp. 52–53。

3. Siro Trevisanato，"The Hittite Plague, an Epidemic of Tularemia and the First Record of Biological Warfare"，*Medical Hypotheses* 69 (2007), pp. 1371–1374.

第十三章　健康、卫生和治疗

1. 摘选自《致神庙官员的训文》，见 *James Pritchard (ed.) *Ancient Near Eastern Texts Relating to the Old Testament* (3rd edn), (Princeton, 1969),

p. 207 (A. Goetze 翻译)。

2. * 全文出处同上。

3. 见 Bryce, *Life and Society*, p. 206。

4. *Gary Beckman in Jack Sasson(ed.), *Civilizations of the Ancient Near East* (New York, 1995) 3/4, p. 2010.

5. 摘选自 *Gabriella Frantz-Szabó in Sasson，同上 3/4, p. 2014。

6. 见 Jared Miller, "Paskuwatti's Ritual: Remedy for Impotence or Antidote to Homosexuality?", *Journal of Ancient Near Eastern Religions* 10 (2010), pp. 83–89。

7. 有关借给赫梯的埃及医生，见 Kenneth Kitchen, *Pharaoh Triumphant* (Warminster, 1982), pp. 91–92。

8. 关于这一主题的更详细论述，见 Gary Beckman, "Birth and Motherhood among the Hittites", in S. Budin and J. Turfa (eds), *Women in Antiquity* (London and New York, 2016), pp. 319–328。

第十四章　司法与普通百姓

1. *Harry A. Hoffner, *The Laws of the Hittites: A Critical Edition* (Leiden, New York, Köln, 1997a) 以及 "Hittite Laws" in M. Roth (ed.), *Law Collections from Mesopotamia and Asia Minor* (Atlanta, 1997b), pp. 213–247。下文这些法典的所有译文都出自 Hoffner 或者改编自他的译文。

2. *Oliver Gurney, *The Hittites* (London, 1990), p. 76.

3. *Pritchard, *Ancient Near Eastern Texts*, p. 211 (A. Goetze 翻译)。

4. *Laws of Hammurabi § 229, Martha Roth 翻译，*Law Collections*, p. 125。

5. * Hittite Laws § 10.

6. *同上 §106。

7. 塔兰特、米那（mina）和舍客勒是重量的基本单位。在不同的文明中使用时，它们相互间的比例换算有所差异。但大体上说，1塔兰特大致等于60米那，而1米那约为60舍客勒。因为1米那平均重约半公斤，1塔兰特重约30公斤。这些度量单位的价值都取决于它们所构成金属的性质。因此1塔兰特黄金比1塔兰特白银或者青铜更贵重。

8. Bryce, *Life and Society*, p. 38.

第十五章　请勿言性，我们是赫梯人

1. 来自 *Beckman, *Hittite Diplomatic Texts*, pp. 31–32, §§25–26（苏皮鲁流马一世与哈亚沙的胡卡那之间的条约）。

2. *Hittite Laws §193.

3. 参见第十三章注释4。

4. 见 Harry Hoffner, "The *Arzana* House", in K. Bittel, Ph. Houwink ten Cate, and E. Reiner (eds), *Anatolian Studies Presented to Hans Gustav Güterbock* (Istanbul, 1974), pp. 113–122。

5. 参见 Billie Jean Collins, "Women in Hittite Religion", in S. Budin and J. Turfa (eds), *Women in Antiquity* (London and New York, 2016), p. 332。

第十六章　女人、婚姻与奴隶

1. *Pritchard, *Ancient Near Eastern Texts*, p. 354 (A. Goetze 翻译)。

2. *Gurney, *The Hittites*, p. 148.

3. 根据霍夫纳对法典第171条的翻译，见 Hoffner, "Legal and Social

Institutions of Hittite Anatolia”, in Sasson (ed.), *Civilizations* 1/4, p. 567, 以及 *The Laws of the Hittites*, p. 171。

4. *Hittite Laws § 28a.

5. *Hammurabi's Laws §§ 175, 176a 和 b, Roth 翻译, *Law Collections*, pp. 115–116。

6. *Beckman, *Hittite Diplomatic Texts*, pp. 131–135.

7. *Kitchen, *Pharaoh Triumphant*, p. 88.

8. 对这一时期更具体的描述以及文本参考, 见 Bryce, *Kingdom of the Hittites*, pp. 310–312。

9. 见 Bryce, *Life and Society*, p. 163。

第十七章　与埃及的战争

1. 有关阿穆鲁恐怖分子更详细的描述, 以及相关阿玛纳书信的参考和翻译, 见 Bryce, *Ancient Syria* (Oxford, 2014), pp. 46–61。

2. 例如在《哈图西里三世的自辩词》里所证实的, *Hallo and Younger, *Context of Scripture* 1/3, pp. 200, 201, §§ 6, 8 (Th. van den Hout 翻译)。

3. *同上, §8。

4. *Beckman, *Hittite Diplomatic Texts*, pp. 87–93.

5. *Hallo and Younger, *Context of Scripture* 2/3, pp. 32–40 (K. Kitchen 翻译)。

6. 例如 Kitchen, *Pharaoh Triumphant*, pp. 53–62; Healy, *Qadesh 1300 BC* (Oxford, 1993); Spalinger, *War in Ancient Egypt* (Oxford, 2005), pp. 209–234。

7. 基于拉美西斯的数据, 有关赫梯军队的规模见 Beal, *The Organisation*

of the Hittite Military (Heidelberg, 1992), pp. 291–292。

第十八章　国王的所有兵马：赫梯军事机器

1. 有关这一话题的更详细描述，见 Beal, *Organisation of the Hittite Military* 以及 "Hittite Military Organization", in J. Sasson (ed.), *Civilizations* 1/4, pp. 545–554；Bryce, *Hittite Warrior* (Oxford, 2007)。

2. *Annelies Kammenhuber, *Hippologia Hethitica* (Wiesbaden, 1961).

3. 见 Beal, *Organisation of the Hittite Military*, pp. 32–33, 197–198。

4. 有关赫梯国王与附属国及国际统治者之间的条约节选，见 *Beckman, *Hittite Diplomatic Texts*, pp. 11–124。

5. * 译文同上，p. 88。

6. * 同上，p. 70。

7. 摘选自穆尔西里 "十年《年代记》" 的第 4 年，R. Beal 翻译，见 *Hallo and Younger, *Context of Scripture* 2/3, p. 86。

第十九章　将要成为国王之人

1. *Hallo and Younger, *Context of Scripture* 1/3, pp. 199–204（Th. van den Hout 翻译）。

2. 来自 *Beckman, *Hittite Diplomatic Texts*, p. 149。

3. *Beckman, *Hittite Diplomatic Texts*, pp. 96–100 (该版本发现于哈图沙)。

4. *Beckman, Bryce, Cline, *Ahhiyawa Texts*, pp. 101–122.

第二十章　权力合伙人：赫梯国伟大的王后们

1. 见 Bryce, *Kingdom of the Hittites*, p. 389，注释 33—34 的相关参考和

讨论。

2. *Hallo and Younger, *Context of Scripture* 1/3, pp. 181–182 (H. Hoffner 翻译)。

3. 相关参考和进一步讨论，见 Bryce, *Kingdom of the Hittites*, pp. 93–94。

4. 相关参考和进一步讨论，同上，pp. 207–210。

5. 相关参考和进一步讨论，同上，pp. 298–299。

第二十一章　神庙与官府之城：都城

1. 相关参考和进一步讨论，见 Bryce, *Life and Society*, pp. 230–256; Seeher, *Hattusha Guide. A Day in the Hittite Capital* (Istanbul, 2011)。

2. 该城市的逐渐衰落可能要追溯到穆瓦塔里迁都塔尔浑塔沙的时候。

3. 有关这一主题详细的第一手描述，见 Seeher, *A Mudbrick City Wall at Hattusha. Diary of a Reconstruction* (Istanbul, 2007)。

第二十二章　精英联谊会：王室弟兄俱乐部

1. 有关近东大王们之间往来书信的详细讨论，见 Bryce, *Letters of the Great Kings*。

2. *Moran, *Amarna Letters*。阿玛纳档案也许扩展到了埃赫那吞死后的最初几年里。见第十章注释 1。

3. 同上，pp. 18–19, no. 9。

第二十三章　为帝国的生存而战

1. 该文档全文和其他类似文档的参考见 Bryce, *Kingdom of the Hittites*, pp. 299–301。

2. *Beckman, *Hittite Diplomatic Texts*, pp. 114–124; *Hallo and Younger, *Context of Scripture* 2/3, pp. 100–106 (H. A. Hoffner 翻译)。

3. 相关参考和进一步细节，见 Bryce, *The World of the Neo-Hittite Kingdoms* (Oxford, 2012), p. 21。

4. *Beckman, Bryce, Cline, *Ahhiyawa Texts*, pp. 154–157.

5. * 同上，pp. 123–133。

6. * 同上，pp. 50–67。

7. 相关参考和译文节选，见 Bryce, *Kingdom of the Hittites*, pp. 316–318。

8. 相关参考和进一步细节，同上，pp. 321–323。

第二十四章　赫梯国的神灵主人们

1. 相关细节描述，见 Seeher, *Gods Carved in Stone. The Hittite Rock Sanctuary of Yazılıkaya* (Istanbul, 2011)。

2. *Hoffner, *Hittite Myths* (Atlanta, 1998), pp. 14–20.

3. 来自 Hoffner。两个版本的翻译见 *Hoffner，同上，pp. 10–14。

4. 对该神话的进一步讨论，见 Bryce, *Life and Society*, pp.215–219。

第二十五章　帝国的灭亡

1. 对青铜时代文明崩溃的具体描述，见 Cline, *1177 BC. The Year Civilization Collapsed* (Princeton, 2014)。

2. *Hawkins, *The Hieroglyphic Inscription of the Sacred Pool Complex at Hattusa (Südburg)* (Wiesbaden, 1995), pp. 21–22.

3. 这些铭文的进一步相关参考，见 Bryce, *Neo-Hittite Kingdoms*, pp. 21–22。

4. *Pritchard, *Ancient Near Eastern Texts*, pp. 262–263 (J. A. Wilson 翻译)。

5. 见最近的 Marc Van De Mieroop, *A History of the Ancient Near East* (3rd edn) (Oxford, 2016), pp. 207–208。关于海上民族的概况，见 Elezier Oren, *The Sea Peoples and Their World: A Reassessment* (Philadelphia, 2000)，以及 Cline, *1177 BC*。

6. 对文本参考的进一步讨论和相关文本的翻译，见 *Bryce, *Ancient Syria*, pp. 90–93。

7. 该文本和其他相关材料，见 Bryce, *Kingdom of the Hittites*, pp. 331–332。

8. 见 Bryce, *Neo-Hittite Kingdoms*。

参考文献

（带＊号的表示赫梯与其他文献的英译本。）

Beal, Richard H., *The Organisation of the Hittite Military* (Heidelberg, 1992).

——— "Hittite Military Organization", in Jack M. Sasson (ed.), *Civilizations of the Ancient Near East* (New York, 1995) 1/4, pp. 545–554.

——— "The Predecessors of Hattusili I", in G. Beckman, R. Beal, and G. McMahon (eds), *Hittite Studies in Honor of Harry A. Hoffner Jr.* (Winona Lake, 2003), pp. 13–35.

*Beckman, Gary M., *Hittite Diplomatic Texts* (Atlanta, 1999).

——— "Birth and Motherhood among the Hittites", in S. L. Budin and J. M. Turfa (eds), *Women in Antiquity* (London and New York, 2016), pp. 319–328.

*Beckman, Gary M., Bryce, Trevor R., and Cline, Eric H., *The Ahhiyawa Texts* (Atlanta, 2011).

*Bible (New International Version).

Bittel, Kurt, Houwink ten Cate, Philo, and Reiner, Erica (eds), *Anatolian Studies Presented to Hans Gustav Güterbock* (Istanbul, 1974).

Bryce, Trevor R., *Life and Society in the Hittite World* (Oxford, 2002).

——— *Letters of the Great Kings of the Ancient Near East* (London and New York, 2003/14).

———— *The Kingdom of the Hittites* (new edn) (Oxford, 2005).

———— *Hittite Warrior* (Oxford, 2007).

———— *The World of the Neo-Hittite Kingdoms* (Oxford, 2012).

———— *Ancient Syria* (Oxford, 2014).

Bryce, Trevor R. and Birkett-Rees, Jessie, *Atlas of the Ancient Near East* (London and New York, 2016).

Budin, Stephanie. L. and Turfa, Jean. M. (eds), *Women in Antiquity* (London and New York, 2016).

*Chavalas, Mark W. (ed.), *The Ancient Near East* (Oxford, 2006).

Cline, Eric H., *1177 BC. The Year Civilization Collapsed* (Princeton, 2014).

Collins, Billie Jean, *The Hittites and their World* (Atlanta, 2007).

———— (2016), "Women in Hittite Religion", in S. L. Budin and J. M. Turfa (eds), *Women in Antiquity* (London and New York, 2016), pp. 329–341.

Frantz-Szabó, Gabriella, "Hittite Witchcraft, Magic, and Divination", in Jack M. Sasson (ed.), *Civilizations of the Ancient Near East* (New York, 1995) 3/4, pp. 2007–2019.

Goetze, Albrecht, *Kizzuwatna and the Problems of Hittite Geography* (New Haven, 1940).

Gurney, Oliver R., *The Hittites* (rev. edn) (London, 1990).

*Güterbock, Hans G., "The Deeds of Suppiluliuma as told by his son, Mursili II", *Journal of Cuneiform Studies* 10 (1956), pp. 41–68, 75–98, 101–130.

*Hallo, William W. and Younger, K. Lawson (eds), *The Context of Scripture* (3 vols) (Leiden, Boston, 2002).

*Hawkins, J. David, *The Hieroglyphic Inscription of the Sacred Pool Complex at*

Hattusa (Südburg) (Wiesbaden, 1995).

———— "Tarkasnawa, King of Mira 'Tarkondemos' Boğazköy Sealings and Karabel", *Anatolian Studies* 48 (1998), pp. 1–31.

Healy, M. (1993), *Qadesh 1300 BC* (Oxford, 1993).

Hoffner, Harry A., "The *Arzana* House", in K. Bittel, Ph. Houwink ten Cate, and E. Reiner (eds), *Anatolian Studies Presented to Hans Gustav Güterbock* (Istanbul, 1974), pp. 113–122.

———— "Legal and Social Institutions of Hittite Anatolia", in J. M. Sasson (ed.), *Civilizations of the Ancient Near East* (New York, 1995) 1/4, pp. 555–569.

———— **The Laws of the Hittites: A Critical Edition* (Leiden, New York, Köln, 1997a).

———— * "Hittite Laws" in M. T. Roth (ed.), *Law Collections from the Ancient World* (Atlanta, 1997b), pp. 213–247.

———— **Hittite Myths* (Atlanta, 1998).

*Kammenhuber, Annelies, *Hippologia Hethitica* (Wiesbaden, 1961) (in German).

Kitchen, Kenneth A., *Pharaoh Triumphant* (Warminster, 1982).

Mieroop, Marc Van De, *A History of the Ancient Near East* (3rd edn) (Oxford, 2016).

Miller, Jared. L., "Paskuwatti's Ritual: Remedy for Impotence or Antidote to Homosexuality?", *Journal of Ancient Near Eastern Religions* 10 (2010), pp. 83–89.

*Moran, William L., *The Amarna Letters* (Baltimore and London, 1992).

Oren, Eliezer (ed.), *The Sea Peoples and Their World: A Reassessment* (Philadelphia, 2000).

*Pritchard, James B., *Ancient Near Eastern Texts Relating to the Old Testament* (3rd edn) (Princeton, 1969).

*Roth, Martha T. (ed.), *Law Collections from Mesopotamia and Asia Minor* (2nd edn) (Atlanta, 1997).

Sasson, Jack M. (ed.), *Civilizations of the Ancient Near East* (4 vols) (New York, 1995).

Seeher, Jürgen, *A Mudbrick City Wall at Hattuša. Diary of a Reconstruction* (Istanbul, 2007).

——— *Hattusha Guide. A Day in the Hittite Capital* (rev. edn) (Istanbul, 2011).

——— *Gods Carved in Stone. The Hittite Rock Sanctuary of Yazılıkaya* (Istanbul, 2011).

*Singer, Itamar, *Hittite Prayers* (Atlanta, 2002).

Spalinger, Anthony J., *War in Ancient Egypt* (Oxford, 2005).

Stavi, Boaz, *The Reign of Tudhaliya II and Suppiluliuma I* (Heidelberg, 2015).

Trevisanato, Siro I., "The Hittite Plague, an Epidemic of Tularemia and the First Record of Biological Warfare", *Medical Hypotheses* 69 (2007), pp. 1371–1374.

索　引

译后记

　　似乎是命运使然，2011年暑假，我在东北师范大学校内湖边的凉亭里"啃"下了特雷弗·布赖斯的《赫梯人的王国》；2021年暑假，我坐在首都师范大学的办公室里为他的新书《安纳托利亚勇士：赫梯人简史》作译后记，这也算是对自己过去十年的学习做了一个完美的总结。刚得知要翻译这本书的时候，我的内心在兴奋之余却又十分忐忑。之所以兴奋，这要归结于这本书应该是国内赫梯学领域的第一本译著；而之所以忐忑，则主要是担心自己能力不足，最后"搞砸"了这个"第一"。但鉴于自己在这一领域业已浸淫了近十载，也勉强算得上是一只脚跨进了学术殿堂的门槛，故还算是有点底气来应下这门差事。

　　赫梯文明抑或古代安纳托利亚文明研究（即赫梯学）在国际上显然属于小众学科，在国内更完全可以被划归到"绝学"的范畴，普通大众对此听闻者寥寥无几，研究者也更是屈指可数。因此，作者特雷弗·布赖斯在引言中就已明确提出此书的对象是"学生和普通读者"，这无疑也给像我这样从事专业研究的译者奠定了基调——既要有一定的学术性，又要兼顾趣味性。布赖斯是赫梯学领域的一位知名学者，他著述颇丰，在赫梯政治史和社会文化史方面的著作几乎是赫梯学专业入门的必读书目，因此他完全能够轻车熟路地驾驭这本书的写作。与此同时，为了兼顾"学生和普通读者"，布赖斯还大量采用了通俗易懂甚至是口语化的表达。那如何让故纸堆里的枯燥知识，变成俏皮风趣又能发人深省的大众读物？这不仅是作者在著书过程中需要考虑的问题，同样也值得译者在翻译过程中去反复推敲。

这本书的谋篇布局比较独特，它在整体框架上并非是把政治史与社会文化史进行割裂式地组合，而是将二者有机地结合在了一起。因此，我们看到作者在叙述赫梯王国历史脉络时经常会穿插着数个章节来讲述赫梯人的社会文化。诚然，这样的写作方式有助于更好地理解赫梯历史与文化，但无疑也会弱化普通读者对赫梯王国历史连续性的认识。从本书的具体知识点来看，作者利用有限的文献资料，结合自己的推断与大胆猜测来尝试着破解赫梯学术界内一些长期悬而未决的问题，例如赫梯人早期的历史，尤其是哈图西里一世迁都哈图沙城以前的历史；再如《玛都瓦塔的罪证》、苏皮鲁流马一世如何获得赫梯王位、库伦塔的青铜板条约及其同名印章、《米拉瓦塔书信》、"南堡铭文"以及哈尔塔普铭文等诸多问题。对于这些问题的解读明显带有作者非常强烈的个人风格，这种风格在他 2005 年的《赫梯人的王国》一书中已然存在。我们暂且不论这些解读是否完全合理，但却肯定给读者们留下了很多思考的空间，也让我们对这些问题的认识角度更加多元化。此外，作者书中还涉及一些社会文化方面的知识，这在国内相关书籍里都相当少见，例如赫梯人的日常生活、军事机器以及都城哈图沙，等等。

从这本书中我们还能够看到，赫梯学不仅是局限于历史学科，它还涉及考古学、语言学、古文字学、古文献学、民俗学等多个学科，因此我们完全可以从多个学科的角度来对赫梯学进行深入的研究和探讨。中国的赫梯学研究和教学工作已经走过了三十余年的时间，最初是在东北师范大学由外国专家来培养学生，如今已在北京大学形成了我们自己完整的硕博培养体系，并逐渐开始向国内其他院校传播开来，这一过程可谓筚路蓝缕，但好在依然能够薪火相传。在本人过去的学习、工作中以及本书的翻译期间，恩师李政教授尽心提点，帮助颇多，在此表示诚挚的谢意。同时也要感谢商务印书馆李红燕女士邀约翻译此书，并在翻译过程中提出了诸多宝贵的修改意见。至于本书译稿中因个人能力和水平有限而存在的瑕疵和纰漏，本人将一力承担，望读者们多多批评和指正。

最后希望这本小书能够引起"学生和普通读者"的兴趣与关注，如果有人能够因此书而想进一步了解和学习我们的冷门专业，这更将是一个意外之喜，那此点星火也许就能够"燎原"到更为广阔的未来！

蒋家瑜

2021 年 7 月于首都师范大学文科楼

图书在版编目（CIP）数据

安纳托利亚勇士：赫梯人简史 /（澳）特雷弗·布赖斯著；蒋家瑜译. — 北京：商务印书馆，2022

ISBN 978 - 7 - 100 - 20738 - 6

I.①安… Ⅱ.①特… ②蒋… Ⅲ.①安纳托利亚—古代史 Ⅳ.①K374.2

中国版本图书馆CIP数据核字（2022）第026762号

安纳托利亚勇士：赫梯人简史

〔澳〕特雷弗·布赖斯 著

蒋家瑜 译

李政 审校

商 务 印 书 馆 出 版
（北京王府井大街36号 邮政编码100710）
商 务 印 书 馆 发 行
北京中科印刷有限公司印刷
ISBN 978 - 7 - 100 - 20738 - 6
审 图 号：GS（2021）7678号

2022年4月第1版　　　开本880×1230　1/32
2022年4月北京第1次印刷　印张10⅜

定价：68.00元